Außergerichtliche Streitschlichtung nach dem Gütestellen- und Schlichtungsgesetz Nordrhein-Westfalen (GüSchlG NRW)

Europäische Hochschulschriften

Publications Universitaires Européennes
European University Studies

Reihe II
Rechtswissenschaft

Série II Series II
Droit
Law

Bd./Vol. 4233

PETER LANG
Frankfurt am Main · Berlin · Bern · Bruxelles · New York · Oxford · Wien

Ulrich Thewes

Außergerichtliche Streitschlichtung nach dem Gütestellen- und Schlichtungsgesetz Nordrhein-Westfalen (GüSchlG NRW)

PETER LANG
Europäischer Verlag der Wissenschaften

Bibliografische Information Der Deutschen Bibliothek
Die Deutsche Bibliothek verzeichnet diese Publikation in der Deutschen Nationalbibliografie; detaillierte bibliografische Daten sind im Internet über <http://dnb.ddb.de> abrufbar.

Zugl.: Hagen, FernUniv., Diss., 2005

D 708
ISSN 0531-7312
ISBN 3-631-54181-3

www.peterlang.de

Meinen Eltern

Vorwort

In Zeiten knapper Staatsfinanzen und andauernder Forderungen nach einem schlanken Staat ist die außergerichtliche Streitbeilegung zu einem häufig gebrauchten Schlagwort geworden. Ihre Förderung gilt als zentrales Instrument, die Gerichte von der zunehmenden Zahl bürgerlicher Rechtsstreitigkeiten zu entlasten. Mit der Öffnungsklausel des § 15 a EGZPO hat der Bundesgesetzgeber die außergerichtliche Streitschlichtung institutionalisiert. In acht Bundesländern wurde die Öffnungsklausel umgesetzt und damit das präforensische Schlichtungserfordernis als Zulässigkeitsvoraussetzung bestimmter zivilprozessualer Klagen eingeführt. Die vorliegende Untersuchung beleuchtet die Anwendungsprobleme sowie die tatsächlichen Auswirkungen der Umsetzung der bundesrechtlichen Öffnungsklausel am Beispiel des Gütestellen- und Schlichtungsgesetzes Nordrhein-Westfalen.

Die Arbeit wurde im Wintersemester 2004/2005 von dem Fachbereich Rechtswissenschaft der FernUniversität in Hagen als Dissertation angenommen. Rechtsprechung und Literatur sind bis September 2004 berücksichtigt.

Mein besonderer Dank gilt Frau Prof. Dr. Barbara Völzmann-Stickelbrock, die die Arbeit betreut, das Erstgutachten erstattet und meine Promotion in jeder Hinsicht unterstützt und gefördert hat. Herrn Prof. Dr. Karl August Prinz von Sachsen Gessaphe danke ich für die Übernahme des Zweitgutachtens.

Herzlich danke ich meiner Freundin, ohne deren Unterstützung diese Arbeit nicht möglich gewesen wäre.

Warburg, im Mai 2005 Ulrich Thewes

Inhaltsverzeichnis

Literaturverzeichnis

Adams, Michael/ Blankenburg, Erhard	Der Einfluss der Rechtsschutzversicherungen auf den Geschäftsanfall der Gerichte in: DRiZ 1983, S. 353 ff.
Alternativkommentar	Kommentar zur Zivilprozessordnung Reihe Alternativkommentare Berlin 1987 (zit.: AK-ZPO/Bearbeiter)
Anders, Monika/ Gehle, Burkhard	Das Assessorexamen im Zivilrecht 7. Auflage, Düsseldorf 2002 (zit.: Anders/Gehle, Assessorexamen)
Baum, Andrea	Vermögensrechtliche und nichtvermögensrechtliche Streitigkeiten im Zivilprozess Bonn 2000 (zit.: Baum, Zivilprozess)
Baumbach, Adolf/ Lauterbach, Wolfgang/ Albers, Jan/ Hartmann, Peter	Zivilprozessordnung mit Gerichtsverfassungsgesetz und anderen Nebengesetzen 58. Auflage, München 2000 (zit.: Baumbach/Bearbeiter, ZPO, 58. Auflage) 62. Auflage, München 2004 (zit.: Baumbach/Bearbeiter, ZPO)
Behrens, Fritz	Außergerichtliche Streitschlichtung in Zivilsachen in: RuP 1997, S. 73 ff.

ders.	Die außergerichtliche Streitschlichtung nach dem Modell Nordrhein-Westfalen in: DRiZ 1997, S. 236 ff.
Beunings, Rita	Die obligatorische Streitschlichtung im Zivilprozess in: AnwBl 2004, S. 82 ff.
Birner, Marietta	Das Multi-Door Courthouse Köln 2003 (zit.: Birner, Courthouse)
Birner, Marietta	Institutionalisierung von außergerichtlichen Verfahren in: ZKM 2003, S. 149 ff.
Birnstiel, Birgit	Empfehlungen des Schlichtungsausschusses der Landesnotarkammer Bayern zur Handhabung des obligatorischen Schlichtungsverfahrens gemäß § 15 a EGZPO i.V.m. dem Bayerischen Schlichtungsgesetz in: MittBayNot 2000, Sonderheft zu Ausgabe 4, S. 8 ff.
Böckstiegel, Karl-Heinz	Schlichten statt Richten in: DRiZ 1996, S. 267 ff.
Böhm, Klaus E.	Obligatorische Streitschlichtung in Nordrhein-Westfalen in: AnwBl 2000, S. 596
Boysen, Uwe	Alle Jahre wieder – zu einem neuen Entlastungsgesetz für die Rechtspflege in: ZRP 1996, S. 291 ff.

Breidenbach, Stephan	Mediation - Struktur, Chancen und Risiken von Vermittlung im Konflikt München 1995 (zit.: Breidenbach, Mediation)
Breidenbach, Stephan/ Gläßer, Ulla	Befähigung zum Schlichteramt - Zum Erfordernis einer qualitätssichernden Ausbildung aller im Rahmen des neuen § 15 a EGZPO tätig werdenden Streitmittler in: ZKM 2001, S. 11 ff.
Breidenbach, Stephan/ Henssler, Martin	Mediation für Juristen 2. Auflage, Köln 1999 (zit.: Breidenbach/Henssler/Bearbeiter, Mediation für Juristen)
Busse, Felix	Die obligatorische Streitschlichtung – Eine Herausforderung für die Anwaltschaft in: AnwBl 1997, S. 522 f.
Clausen, Hinrich	Das DAV-Modell einer obligatorischen anwaltlichen Streitschlichtung – ein akzeptables Modell? in: AnwBl 1997, S. 530 f.
Curtius, Constanze/ Schwarz, Renate	Verordnete Mediation – Ein Erfahrungsbericht in: FPR 2004, S. 191 ff.
Dassler, Holger	Schlichtungsverfahren in NRW bei Ankündigung des Ausbleibens des Antragsgegners in: AnwBl 2001, S. 336 f.
Deckers, Stefan	Anmerkung zu LG Baden-Baden, Urteil vom 28.6.2001 – 3 S 24/01 in: WuM 2002, 33 f.

ders. | Umgehung des obligatorischen Schlichtungsverfahrens – AG Rosenheim, NJW 2001, 2030 ff. in: SchsZtg 2001, S. 241 ff.

Dieckmann, Jochen | Neue gesetzgeberische Wege zur außergerichtlichen Streitschlichtung in: ZG 2000, S. 1 ff.

ders. | Das nordrhein-westfälische Ausführungsgesetz zu § 15 a EGZPO in: NJW 2000, S. 2802 ff.

Duve, Christian | Alternative Dispute Resolution (ADR) – die außergerichtliche Streitbeilegung in den USA in: BB 1998, Beilage 10, S. 9 ff.

ders. | Brauchen wir ein Recht der Mediation? in: AnwBl 2004, S. 1 ff.

ders. | Was ist eigentlich Alternative Dispute Resolution (ADR)? Überblick über die außergerichtliche Streitbeilegung in den USA in: BB 1998, Beilage 9, S. 15 ff.

Eckardt, Bernd/ Dendorfer, Renate | Der Mediator zwischen Vertraulichkeit und Zeugnispflicht – Schutz durch Prozessvertrag in: MDR 2001, S. 786 ff.

Eichele, Karl | Obligatorische vorgerichtliche Schlichtung? in: ZRP 1997, S. 393 ff.

Einsel, Reinhard	Was ist japanisch am japanischen Zivilprozessrecht? in: Das Japanische im japanischen Recht, S. 473 ff. München 1994 (zit.: Einsel, Zivilprozessrecht)
Entringer, Freya	Projekt Gerichtsnahe Mediation in Niedersachsen – Praktische Erfahrungen mit Familienmediation in: FPR 2004, S. 196 ff.
Erman, Walter	Bürgerliches Gesetzbuch 10. Auflage, Köln 2000 (zit.: Erman/Bearbeiter, BGB)
Ernst, Jürgen F.	Obligatorische Streitschlichtung im Zivilprozess – Chancen und Probleme in: 62. Deutscher Juristentag (1998), S. O 51 ff. (zit.: Ernst, DJT 62)
Feix, Karina	Die Verankerung einvernehmlicher Streitbeilegung im deutschen Zivilprozessrecht Bonn, 2004 (zit.: Feix, Streitbeilegung)
Fisher, Roger/ Ury, William	Das Harvard-Konzept Limitierte Jubiläumsausgabe, Frankfurt/Main 2000 (zit.: Fisher/Ury, Harvard-Konzept)
Foerste, Ulrich	Die Güteverhandlung im künftigen Zivilprozess in: NJW 2001, S. 3103 ff.

Fricke, Martin	Geschlichtet und verfristet? – Probleme im Güteverfahren nach § 15 a EGZPO mit Verjährung und Leistungsfreiheit nach § 12 Abs. 3 VVG in: VersR 2000, S. 1194 ff.
Friedrich, Fabian M.	Aktuelle Entscheidungen zu § 15 a EGZPO in: NJW 2002, S. 3223 ff.
ders.	Anmerkung zu LG München, Endurteil v. 9.7.2003 – 15 S 2004/03 in: MDR 2003, S. 1313 f.
ders.	Die Anerkennung der alternativen Streitbeilegung durch die neuere Gesetzgebung im Zivil- und Zivilprozessrecht in: JR 2002, S. 397 ff.
ders.	Zum Nachholen des obligatorischen außergerichtlichen Schlichtungsverfahrens gem. § 15 a EGZPO nach Klageerhebung in: NJW 2002, S. 798 ff.
Frommel, Monika	Rechtsschutzversicherungen und der steigende Geschäftsanfall der Gerichte in: AnwBl 1982, S. 9 ff.
Gerhardt, Walter	100 Jahre Entlastung der Zivilgerichte in: JR 1998, S. 133 ff.
Gerner, Erich	Rechtseinheit im Verfahrensrecht in: NJW 1950, S. 722 ff.

Götz, Peter	Das Nachbarrecht in der Schlichtung in: MittBayNot 2000, Sonderheft zu Ausgabe 4, S. 37 ff.
Goll, Ulrich	Obligatorische Streitschlichtung im Zivilprozess – Chancen und Probleme in: ZRP 1998, S. 314 ff.
Gottwald, Walther	Alternative Streitbeilegung (Alternative Dispute Resolution, ADR) in Deutschland – Wege, Umwege, Wegzeichen in: FPR 2004, S. 163 ff.
ders.	Erprobungsspielräume für gerichtsverbundene Modellversuche in: AnwBl 2000, S. 265 ff.
ders.	Modelle der freiwilligen Streitschlichtung unter besonderer Berücksichtigung der Mediation in: WM 1998, S. 1257 ff.
Graf-Schlicker, M.-L./ Schmidt, Uwe	Obligatorische außergerichtliche Streitschlichtung durch das Schiedsamt in: SchsZtg 2000, S. 177 ff.
Greger, Reinhard	Diversion statt Flaschenhals in: ZRP 1998, S. 183 ff.
ders.	Die Verzahnung von Mediation und Gerichtsverfahren in Deutschland in: ZKM 2003, S. 240 ff.

ders. | Vom „Kampf ums Recht“ zum Zivilprozeß der Zukunft
in: JZ 1997, S. 1077 ff.

Grilli, Peter J. | Vom Anwalt zum Schlichter - Ein amerikanischer Mediator berichtet
in: AnwBl 1997, S. 533 ff.

Grisebach, Klaus | Das DAV-Modell zur obligatorischen Schlichtung – weitergedacht
in: AnwBl 1997, S. 528 ff.

Groth, Klaus-Martin/ v. Bubnoff, Daniela | Gibt es „gerichtsfeste“ Vertraulichkeit bei der Mediation?
in: NJW 2001, S. 338 ff.

Grunsky, Wolfgang | Grenzen der Rechtsgewährung im Zivilverfahrensrecht
in: Grenzen der Rechtsgewährung – Die Vorträge und Referate des Deutschen Richtertages 1983 in München, S. 121 ff.
Köln 1983
(zit.: Grunsky, Rechtsgewährung)

Hacke, Andreas | Der ADR-Vertrag – Vertragsrecht und vertragliche Gestaltung der Mediation und anderer alternativer Konfliktlösungsverfahren
Heidelberg 2001
(zit.: Hacke, ADR-Vertrag)

Haft, Fritjof | Intuitives und rationales Verhandeln
in: BB 1998, Beilage 10, S. 15 ff.

ders. | Verhandlung und Mediation - Die Alternative zum Rechtsstreit
2. Auflage, München 2000
(zit.: Haft, Mediation)

Hager, Günter | Konflikt und Konsens – Überlegungen zu Sinn, Erscheinung und Ordnung der alternativen Streitschlichtung
Tübingen 2001
(zit.: Hager, Konsens)

Hansens, Heinz | Die ZPO-Reform - Praktische Auswirkungen auf die Tätigkeit des Rechtsanwalts
in: AnwBl 2002, S. 125 ff.

Hartmann, Peter | Das neue Gesetz zur Förderung der außergerichtlichen Streitbeilegung
in: NJW 1999, S. 3745 ff.

Heck, Wolfgang | Obligatorische Streitschlichtung in Baden-Württemberg
in: AnwBl 2000, S. 596 ff.

Hehn, Marcus/ Rüssel, Ulrike | Der Mediator – kein Schlichter oder (Schieds-)Richter
in: ZKM 2001, S. 62 ff.

Heitmann, Steffen | Möglichkeiten der Justizentlastung
in: DRiZ 1998, S. 124 ff.

Henssler, Martin/ Koch, Ludwig | Mediation in der Anwaltspraxis
Bonn 2000
(zit.: Henssler/Koch/Bearbeiter, Mediation)

Heßler, Hans-Joachim | Das Bayerische Schlichtungsgesetz: Einführung und Erwartungen an dessen Umsetzung
in: MittBayNot 2000, Sonderheft zu Ausgabe 4, S. 2 ff.

ders. | Diskussionsbeitrag
in: 62. Deutscher Juristentag (1998), S. O 82 ff.
(zit.: Heßler, DJT 62)

v. Hodenberg | Aufsatz
in: JW 1924, S. 364 ff.

Hoffmann-Riem, Wolfgang | Justizdienstleistungen im kooperativen Staat
in: JZ 1999, S. 421 ff.

ders. | Konfliktbewältigung in einer angebotsorientierten Rechtsschutzordnung
in: ZRP 1997, S. 190 ff.

Hohendorf, Andreas | Die neue Strafrichterzuständigkeit des § 25 Nr. 2 GVG
in: NJW 1995, S. 1454 ff.

Hohmann, Jutta | Wege der Streitbeilegung aus Sicht der Anwaltschaft
in: FPR 2004, S. 168 ff.

Ishibe, Masasuke | Das Schlichtungswesen aus rechtshistorischer und rechtsvergleichender Sicht
in: Recht und Verfahren, S. 215 ff.
Heidelberg 1993
(zit.: Ishibe, Schlichtungswesen)

Jaekel, Christian — Schlichtungsverfahren in NRW bei unbekanntem Aufenthalt des Schuldners
in: AnwBl 2001, S. 168

Jansen, Nicola — Die außergerichtliche obligatorische Streitschlichtung nach § 15 a EGZPO
St. Augustin, 2001
(zit.: Jansen, Streitschlichtung)

dies. — Die historische Entwicklung des Güteverfahrens in Deutschland
in: ZKM 2003, S. 24 ff.

Jauernig, Othmar — Zivilprozessrecht
28. Auflage, München 2003
(zit.: Jauernig, Zivilprozessrecht)

Jenkel, Carolin — Der Streitschlichtungsversuch als Zulässigkeitsvoraussetzung in Zivilsachen
Berlin 2002
(zit.: Jenkel, Streitschlichtungsversuch)

Jhering, Rudolf von — Der Kampf ums Recht
13. Auflage, Wien 1897
(zit.: Jhering, Recht)

Jordans, Roman — Der rechtliche Charakter von Ombudsmann-Systemen und ihren Entscheidungen
in: VuR 2003, S. 253 ff.

Karlsruher Kommentar — Kommentar zur Strafprozessordnung
5. Auflage, München 2003
(zit.: KK/Bearbeiter, StPO)

Katzenmeier, Christian | Zivilprozeß und außergerichtliche Streitbeilegung
in: ZZP 115, S. 51 ff.

Kempe, Axel | Die Stellung des Rechtsanwalts im obligatorischen Schlichtungsverfahren nach § 15 a EGZPO
in: AnwBl 2003, S. 393 ff.

Kimmelmann, Wolfgang/
Winter, Ralf | Klageänderung und obligatorisches Güteverfahren - AG Brakel, NJW-RR 2002, 935
in: JuS 2003, S. 951 ff.

Klatt, Hans-Adolf | Die Rechtsschutzversicherung als Gegenstand der Rechtstatsachenforschung
in: Soziologie des Rechts – Festschrift für Erhard Blankenburg zum 60. Geburtstag, S. 551 ff.
Baden-Baden 1998
(zit.: Klatt, Festschrift für Blankenburg)

Klos, Inga | Anwaltliche Pflichten bei Vergleichsverhandlungen
in: NJW 2004, Heft 26, S. XXVI.

Köper, Roman | Die Rolle des Rechts im Mediationsverfahren
Berlin 2003
(zit.: Köper, Mediationsverfahren)

Kraus | Ist ein bei Erhebung der Privatklage noch nicht vorgenommener Sühneversuch nachholbar?
in: NJW 1953, S. 173 ff.

Lackmann, Rolf	Zwangsvollstreckungsrecht 6. Auflage, München 2003 (zit.: Lackmann, Zwangsvollstreckungsrecht)
Lauer, Jürgen	Erfahrungen mit der außergerichtlichen Streitbeilegung in Ausführung des § 15 a EGZPO in: NJW 2004, S. 1280 ff.
Leeb, Hermann	Entlastung der Justiz – Notwendigkeit, Gefahren, Chancen in: BB 1998, Beilage 10, S. 3 ff.
Lehmann, Rudolf	Aufsatz in: JW 1925, S. 698 ff.
Leipold, Dieter	Der Schlichtungsgedanke zwischen Realität und Utopie in: Recht und Verfahren, S. 237 ff. (zit.: Leipold, Schlichtungsgedanke)
Mähler, Gisela/ Mähler, Hans-Georg	Mediation im Spektrum außergerichtlicher Konfliktbeilegung in: AnwBl 1997, S. 535 ff.
Mähler, Hans-Georg/ Mähler, Gisela	Missbrauch von in der Mediation erlangten Informationen in: ZKM 2001, S. 4 ff.
Mankowski, Peter	Ablehnung eines Mediationsangebots und Prozesskostenhilferecht in: ZKM 2003, S. 197 ff.

ders.	Gibt es gesetzliche Kostenanreize zur Mediation bereits unter geltendem Recht? in: ZKM 2004, S. 8 ff.
ders.	Kurzkommentar zu AG Wuppertal, Urt. v. 30.11.2001, 36 - C 366/01, abgedruckt in ZInsO 2002, S. 91 in: EWiR 2002, S. 347 f.
Meyer, Georg Emil	Aufsatz in: JW 1925, S. 701 ff.
Meyer-Goßner, Lutz	Strafprozessordnung 47. Auflage, München 2004 (zit.: Meyer-Goßner, StPO)
Meyer-Teschendorf, Klaus G./ Hofmann, Hans	Eine neue Balance zwischen rechtsstaatlicher Sicherheit und Optimierung der Justiz in: ZRP 1998, S. 132 ff.
Monßen, Hans-Georg	Bringt die ZPO-Reform den Durchbruch für die Mediation in: ZKM 2003, S. 116 ff.
ders.	Die gerichtsnahe Mediation in: AnwBl 2004, S. 7 ff.
Morasch, Hellmut/ Blankenburg, Erhard	Schieds- und Schlichtungsstellen – ein noch entwicklungsfähiger Teil der Rechtspflege in: ZRP 1985, S. 217 ff.

Morasch, Hellmut	Schieds- und Schlichtungsstellen in der Bundesrepublik Köln, 1984 (zit.: Morasch/Bearbeiter, Schlichtungsstellen)
Münchener Kommentar zum Bürgerlichen Gesetzbuch	Band 6, Sachenrecht, §§ 854 – 1296 4. Auflage, München 2004 (zit.: MüKo/BGB/Bearbeiter)
Münchener Kommentar zur Zivilprozessordnung	Band 1, §§ 1 – 354 2. Auflage, München 2000 (zit.: MüKo/ZPO/Bearbeiter)
	Aktualisierungsband ZPO-Reform 2002 und weitere Reformgesetze 2. Auflage München 2002 (zit.: MüKo/ZPO/Bearbeiter, Akt.)
	Band 3, §§ 803 - 1066, EGZPO, GVG, EGGVG, Internationales Zivilprozessrecht 2. Auflage, München 2001 (zit.: MüKo/ZPO/Bearbeiter)
Musielak, Hans-Joachim	Kommentar zur Zivilprozessordnung 3. Auflage, München 2002 (zit.: Musielak/Bearbeiter, ZPO)
ders.	Reform des Zivilprozesses in: NJW 2000, S. 2769 ff.
Nelle, Andreas/ Hacke, Andreas	Obligatorische Mediation: Selbstwiderspruch oder Reforminstrument? in: ZKM 2001, S. 56 ff.

Nickl, Werner	Außergerichtliche Streitbeilegung nach § 15 a EGZPO durch Mediation? in: AnwBl 2004, S. 12 ff.
Nicklisch, Fritz	Alternative Formen der Streitbeilegung und internationale Handelsgerichtsbarkeit in: Festschrift für Karl Heinz Schwab 1990, S. 381 ff. (zit.: Nicklisch, Streitbeilegung)
Nikisch, Arthur	Zivilprozeßrecht 2. Auflage, Tübingen 1952 (zit.: Nikisch, Zivilprozeßrecht)
Nöh-Schüren, Dagmar	Justizielle schiedsgerichtliche Experimente - Chance oder Nullsummenspiel in: ZRP 1998, S. 448 ff.
Oberheim, Rainer	ZPO-Reform Update 1 – Grundzüge in: JA 2002, S. 408 ff.
von Olenhusen, Peter Götz	Gerichtsmediation - Richterliche Konfliktvermittlung im Wandel in: ZKM 2004, S. 104 ff.
Ott, Stefanie Katrin	Außergerichtliche Konfliktbeilegung in Zivilsachen Tübingen 2000 (zit.: Ott, Konfliktbeilegung)
Otto, Kai-A.	Der Anspruch auf ein Verfahren innerhalb angemessener Zeit Pfaffenweiler 1995 (zit.: Otto, Verfahren)

Palandt, Otto	Bürgerliches Gesetzbuch 64. Auflage, München 2004 (zit.: Palandt/Bearbeiter, BGB)
Peters, Louis	Anwaltliche Fragezeichen bei geplanter obligatorischer außergerichtlicher Streitschlichtung in: AnwBl 1997, S. 531 ff.
Pohle, Rudolf	Das neue einheitliche Zivilprozeßrecht in: MDR 1950, S. 642 ff.
Ponschab, Reiner/ Brinkmann, Marcus C.	Obligatorische Streitschlichtung in Bayern in: MittBayNot 2000, Sonderheft zu Ausgabe 4, S. 29 ff.
Ponschab, Reiner/ Kleinhenz, Barbara	Richter oder Schlichter? - Streitbeilegung innerhalb und außerhalb des Gerichts in: DRiZ 2002, S. 430 ff.
Ponschab, Reiner	Streitschlichtung – Anwaltssache in: AnwBl 1997, S. 520 ff.
Prütting, Hanns	Außergerichtliche Streitschlichtung Handbuch für die Praxis München 2003 (zit.: Prütting/Bearbeiter, Streitschlichtung)
ders.	Mediation und gerichtliches Verfahren – ein nur scheinbar überraschender Vergleich in: BB 1999, Beilage 9, S. 7 ff.

ders.	Obligatorische Streitschlichtung im Zivilprozess - Chancen und Probleme, Kongressvortrag in: 62. Deutscher Juristentag (1998), S. O 11 ff. (zit.: Prütting, DJT 62)
ders.	Rechtsmittelreform 2000 oder: Der Staat spart und der Rechtsstaat leidet Köln 2000 (zit.: Prütting, Rechtsmittelreform)
ders.	Richterliche Gestaltungsspielräume für alternative Streitbehandlung in: AnwBl 2000, S. 273 ff.
ders.	Schlichten statt Richten? in: JZ 1985, S. 261 ff.
ders.	Streitschlichtung nach japanischem und deutschem Recht in: Recht in Ost und West – Festschrift zum 30-jährigen Jubiläum des Instituts für Rechtsvergleichung der Waseda Universität, S. 719 ff. Waseda 1988 (zit.: Prütting, Festschrift Waseda Universität)
Prütting, Hanns/ Stickelbrock, Barbara	Zwangsvollstreckungsrecht Köln 2002 (zit.: Prütting/Stickelbrock, Zwangsvollstreckungsrecht)
Rennen, Günter	Die Rechtsschutzversicherungen und die Geschäftslast der Zivil- und Strafgerichtsbarkeit in: DRiZ 1983, S. 347 ff.

Risse, Jörg	Die Rolle des Rechts in der Wirtschaftsmediation in: BB 1999, Beilage 9, S. 1 ff.
ders.	Die Zukunft der Mediation – Chancen des amerikanischen Modells in Deutschland in: Mediation in der notariellen Praxis, S. 77 ff. Köln 2002 (zit.: Risse, Zukunft)
ders.	Wirtschaftsmediation in: NJW 2000, S. 1614 ff.
Röhl, Klaus F.	Evaluierung des nordrhein-westfälischen Ausführungsgesetzes zu § 15 a EGZPO – Gutachten erstellt im Auftrag des Landes Nordrhein-Westfalen (zit.: Röhl, Gutachten)
ders.	Obligatorische Streitschlichtung vor dem Zivilprozess: Eine neue Aufgabe für das Schiedsamt in: SchsZtg 2000, S. 317 ff.
Rosenberg, Leo	Lehrbuch des Deutschen Zivilprozeßrechts 3. Auflage, Berlin 1931 (zit.: Rosenberg, Zivilprozeßrecht)
Rosenberg, Leo/ Schwab, Karl Heinz/ Gottwald, Peter	Zivilprozessrecht 16. Auflage, München 2004 (zit.: Rosenberg/Schwab/Gottwald, Zivilprozessrecht)

Rüssel, Ulrike	Das Gesetz zur Förderung der außergerichtlichen Streitbeilegung – der Weg zu einer neuen Streitkultur? in: NJW 2000, S. 2800 ff.
dies.	Schlichtungs-, Schieds- und andere Verfahren außergerichtlicher Streitbeilegung - Versuch einer begrifflichen Klarstellung in: JuS 2003, S. 380 ff.
Sachs, Michael	Grundgesetz, Kommentar 2. Auflage, München 1999 (zit.: Sachs/Bearbeiter, GG)
Schack, Haimo	Die nichtvermögensrechtliche Streitigkeit in: MDR 1984, S. 456 ff.
Schellhammer, Kurt	Zivilprozessreform und erste Instanz in: MDR 2001, S. 1081 ff.
ders.	Zivilprozess, Gesetz – Praxis – Fälle 10. Auflage, Heidelberg 2003 (zit.: Schellhammer, Zivilprozess)
Scherpe, Jens	Zur Notwendigkeit einer Rahmengesetzgebung für die außergerichtliche Streitbeilegung in Deutschland in: VuR 2002, S. 231 ff.
ders.	Gebühren bei außergerichtlicher Streitbeilegung – Zur Anwendbarkeit von § 65 BRAGO auf private Einrichtungen in: AnwBl 2004, S. 14 ff.

Schilken, Eberhard	Probleme der außergerichtlichen obligatorischen Streitschlichtung aufgrund der Öffnungsklausel nach § 15 a EGZPO in: Festschrift für Ishikawa 2001, S. 471 ff. (zit.: Schilken, Festschrift für Ishikawa)
Schläger, Edwin	Wie wirken sich § 15 a EGZPO und das Bayerische Schlichtungsgesetz auf Wohnraummiet- und Wohnungseigentumssachen aus? in: ZMR 2000, S. 503 ff.
von Schlieffen, Katharina Gräfin	Mediation im System der außergerichtlichen Streitbeilegung in: Mediation in der notariellen Praxis, S. 3 ff. Köln 2002 (zit.: von Schlieffen, Mediation)
Schmidt, Frank H.	Wirtschaftsmediation – die nicht gesehene Chance in: BB 1998, Beilage 10, S. 6 ff.
Schmidt, Uwe	Persönliches Erscheinen, Vertretung und anwaltlicher Beistand – Anmerkungen zur Änderung des Schiedsamtsgesetzes in Nordrhein-Westfalen im Zusammenhang mit der Einführung der obligatorischen außergerichtlichen Streitschlichtung in: SchsZtg 2001, S. 272 ff.
ders.	Die obligatorische außergerichtliche Streitschlichtung in: DAR 2001, S. 481 ff.
ders.	Außergerichtliche Streitschlichtung in: NJW 2004, Heft 26, S. XVI.

Schmidt-von Rhein, Georg	Zivilprozess und außergerichtliche Streitschlichtung in: ZKM 2000, S. 201 ff.
Schubert, Karin	Immer Richten statt Schlichten? in: NJ 1997, S. 337 f.
Schulte, Günter	Der Entwurf eines hessischen Ausführungsgesetzes zu § 15 a des Gesetzes betreffend die Einführung der Zivilprozessordnung in: SchsZtg 2001, S. 8 ff.
ders.	Das schleswig-holsteinische Ausführungsgesetz zu § 15 a EGZPO in: SchsZtg 2002, S. 165 ff.
Schumann, Ekkehard	Anmerkung zu ArbG Münster, Urteil v. 21.10.1982 – 3 Ca 531/82, abgedruckt in BB 1983, S. 504 ff. in: BB 1983, S. 506 ff.
Schuster, Kerstin	Rechtsbefriedung durch Schlichtungsstellen Hamburg 2002 (zit.: Schuster, Rechtsbefriedung)
Schütze, Rolf A.	Alternative Streitschlichtung – Zur Übertragbarkeit ausländischer Erfahrungen in: ZVglRWiss 97 (1998), S. 117 ff.

ders. — Formelle und informelle Streitbeilegung
in: Das Recht vor der Herausforderung eines neuen Jahrhunderts: Erwartungen in Japan und Deutschland, S. 335 ff.
Tübingen 1998
(zit.: Schütze, Streitbeilegung)

Schwackenberg, Wolfgang — Einführung einer obligatorischen Streitschlichtung
in: AnwBl 1997, S. 524 ff.

Schwarzmann, Johannes/ Walz, Robert — Das Bayerische Schlichtungsgesetz - Kommentar und Leitfaden zur Verhandlungsführung für den Schlichter
München 2000
(zit.: Schwarzmann/Walz, Schlichtungsgesetz)

Serwe, Andreas — Gütestellen- und Schlichtungsgesetz Nordrhein-Westfalen - Handbuch
München 2002
(zit.: Serwe, Schlichtungsgesetz)

Sieg, Karl — Zum Rechtsschutz auf Staatskosten
in: NJW 1992, S. 2992 ff.

Soergel, Hans Th. — Bürgerliches Gesetzbuch mit Einführungsgesetz und Nebengesetzen
Band 2, Allgemeiner Teil, §§ 104 – 240
13. Auflage, Stuttgart 1999
(zit.: Soergel/Bearbeiter, BGB)

Stadler, Astrid — Außergerichtliche obligatorische Streitschlichtung – Chance oder Illusion?
in: NJW 1998, S. 2479 ff.

Staudinger, J. von	Kommentar zum Bürgerlichen Gesetzbuch mit Einführungsgesetz und Nebengesetzen Buch 3, Sachenrecht, §§ 903 – 924 Neubearbeitung, Berlin 2002 (zit.: Staudinger/Bearbeiter, BGB)
Stein, Friedrich/ Jonas, Martin	Kommentar zur Zivilprozessordnung Band 1, Einleitung, §§ 1 - 40 22. Auflage, Tübingen 2003 (zit.: Stein/Jonas/Bearbeiter, ZPO) Band 9, §§ 916 – 1068, EGZPO 22. Auflage, Tübingen 2002 (zit.: Stein/Jonas/Bearbeiter, ZPO)
Stickelbrock, Barbara	Gütliche Streitbeilegung in: JZ 2002, S. 633 ff.
dies.	Inhalt und Grenzen richterlichen Ermessens Köln 2002 (zit.: Stickelbrock, Ermessen)
dies.	Kurzkommentar zu OLG Düsseldorf, ZIP 2003, S. 542 in: EWiR 2003, S. 665 f.
Strempel, Dieter	Außergerichtliche Konfliktlösung (Mediation) in: ZRP 1998, S. 319 ff.
ders.	Alternativen in der Ziviljustiz in: JZ 1983, S. 596 ff.

Stürner, Rolf	Die Aufgabe des Richters, Schiedsrichters und Rechtsanwalts bei der gütlichen Streiterledigung in: JR 1979, S. 133 ff.
Teschner, Armin	Regress nach Vergleichsreue – Anwaltshaftung für Richterfehler? in: OLGR 2004, S. K 33 ff.
Thomas, Heinz/ Putzo, Hans	Zivilprozessordnung mit Gerichtsverfassungsgesetz, den Einführungsgesetzen und europarechtlichen Vorschriften 26. Auflage, München 2004 (zit.: Thomas/Putzo/Bearbeiter, ZPO)
Trossen, Arthur	Der Richter als geborener Mediator in: ZKM 2003, S. 41 f.
Unberath, Hannes	Keine vorschnelle Abweisung der Klage wegen Fehlens der obligatorischen Streitschlichtung in: JR 2001, S. 355 ff.
Väth, Erhard	Derzeitige Aspekte einer weiteren Entwicklung für eine noch wirksamere vorgerichtliche Streitschlichtung durch Schiedsfrauen und Schiedsmänner sowie Friedensrichterinnen und Friedensrichter in: SchsZtg 2002, S. 237 ff.
Vultejus, Ulrich	Unterschiedliche Leistungen der Justizminister in: ZRP 1997, S. 433 ff.

Wada, Yoshitaka	Rethinking Formality and Informality in Dispute Resolution in: Das Recht vor der Herausforderung eines neuen Jahrhunderts: Erwartungen in Japan und Deutschland, S. 316 ff. Tübingen 1998 (zit.: Wada, Dispute Resolution)
Wagner, Gerhard	Dikussionsbeitrag in: 62. Deutscher Juristentag (1998), S. O 79 ff. (zit.: Wagner, DJT 62)
ders.	Alternative Streitbeilegung und Verjährung in: NJW 2001, S. 182 ff.
ders.	Gerichtlich veranlasste Mediation: England als Vorreiter in: ZKM 2004, S. 100 ff.
ders.	Obligatorische Streitschlichtung im Zivilprozess: Kosten, Nutzen, Alternativen in: JZ 1998, S. 836 ff.
Wagner, Klaus-R.	Einsatzmöglichkeiten notarieller Streitvermeidung und Streitentscheidung in: NJW 2001, S. 2128 ff.
Walter, Gerhard	Dogmatik der unterschiedlichen Verfahren zur Streitbeilegung in: ZZP 103, S. 141 ff.
Wasilewski, Rainer	Streitverhütung durch Rechtsanwälte Köln, 1990 (zit.: Wasilewski, Streitverhütung)

Wassermann, Rudolf — Der Teufel steckt im Detail – neuer Anlauf zur Justizreform
in: NJW 1999, S. 2646 ff.

ders. — Neue Streitkultur?
in: NJW 1998, S. 1685 ff.

Weiß, Frank — Obligatorische Streitschlichtung im Zivilprozess - Chancen und Probleme, Kongressvortrag
in: 62. Deutscher Juristentag (1998), S. O 37 ff.
(zit.: Weiß, DJT 62)

Weltrich, Herbert — Noch einmal: Schlichten statt Richten - Außergerichtliche Streitbeilegung in Arzthaftungssachen
in: DRiZ 1996, S. 473 ff.

Wesche, Steffen — Obligatorische Schlichtung für kleine Streitwerte - Eine kritische Zwischenbilanz aus der Praxis
in: MDR 2003, S. 1029 ff.

Wetekamp, Axel — Obligatorische Streitschlichtung in Bayern und ihre Folgen für den Mietprozess
in: NZM 2001, S. 614 ff.

Wieczorek, Bernhard/ Schütze, Rolf A. — Zivilprozessordnung und Nebengesetze
Erster Band, Einleitung; §§ 1 – 127 a
3. Auflage, Berlin 1994
(zit.: Wieczorek/Schütze/Bearbeiter, ZPO)

Wilke, Axel — Schlichten statt Prozessieren – Der Beitrag des Notars
in: MittBayNot 1998, S. 1 ff.

Zietsch, Udo/ Roschmann, Kristin | Die Regelungen des vorprozessualen Güteverfahrens – Erläuterungen zur Umsetzung der Regelung in § 15 a EGZPO durch die einzelnen Landesgesetzgeber
in: NJW 2001, Beilage zu Heft 51, S. 3 ff.

Zöller, Richard | Zivilprozessordnung – Kommentar
24. Auflage, Köln 2004
(zit.: Zöller/Bearbeiter, ZPO)

Bezüglich der Abkürzungen wird verwiesen auf:

Kirchner, Hildebert/ Butz, Cornelie | Abkürzungsverzeichnis der Rechtssprache
5. Auflage, Berlin 2003

Einleitung

A) Thematische Einführung

Seit dem 9. Mai 2000 ist in Nordrhein-Westfalen die Erhebung bestimmter zivilprozessualer Klagen erst zulässig, nachdem ein außergerichtlicher Schlichtungsversuch erfolglos durchgeführt wurde[1]. Der Anwendungsbereich der Schlichtungsobligation als zivilprozessuale Zulässigkeitsvoraussetzung ist im Gütestellen- und Schlichtungsgesetz Nordrhein-Westfalen (GüSchlG NRW) geregelt, welches auf der bundesrechtlichen Öffnungsklausel des § 15 a des Gesetzes betreffend die Einführung der Zivilprozessordnung (EGZPO) beruht.

In den achtziger und zu Beginn der neunziger Jahre nahm die Zahl zivilgerichtlicher Klageverfahren insbesondere vor den Amtsgerichten in erheblichem Umfang zu. In Nordrhein-Westfalen entwickelten sich die Eingänge in amtsgerichtlichen Zivilsachen wie folgt: im Jahr 1980 lag die Zahl bei 297.039; sie erreichte in den Jahren 1990 374.891, 1993 451.303, 1994 446.213 und 1995 427.547[2]. Auf Bundesebene entwickelten sich die Eingangszahlen in etwa vergleichbar. Der signifikanteste Anstieg erfolgte auf Bundesebene von 1.456.460 im Jahr 1994 auf 1.751.448 im Jahr 1995[3].

Da gleichzeitig die öffentlichen Haushalte wenig Spielraum für die Einstellung weiterer Richter boten und die Belastungsgrenze bei den Richtern erreicht schien[4], suchte die Rechtspolitik nach Mitteln und Wegen, die Ge-

---

[1] Zum Begriff der Schlichtung vgl. Rüssel, JuS 2003, S. 380; Hehn/Rüssel, ZKM 2001, S. 62 ff.; die Begriffe Güteverfahren und Schlichtungsverfahren werden im Folgenden entsprechend der unterschiedlichen Verwendung in § 15 a EGZPO und den Landesausführungsgesetzen synonym angewendet.

[2] Justizministerium des Landes Nordrhein-Westfalen, Justiz in Zahlen 2003, 1.1 Amtsgerichtliche Zivilsachen.

[3] Statistisches Bundesamt, Statistisches Jahrbuch 1998, S. 351.

[4] Vgl. Behrens, RuP 1997, S. 73; ders., DRiZ 1997, S. 236 f.; Heitmann, DRiZ 1998, S. 124; Hoffmann-Riem, ZRP 1997, S. 190; ders., JZ 1999, S. 421; für den strafrichterlichen Bereich: Hohendorf, NJW 1995, S. 1454, 1456; die Bewertung von Feix, Streitbeilegung, S. 38, dass die abfallende Tendenz der Eingangszahlen in Zivilsachen bei den Amtsgerichten Ende der neunziger Jahre bei gleichzeitigem Anstieg der Zahl der Amtsrichter das Entlastungsbedürfnis der Justiz reduziert habe, lässt außer Acht, dass die Amtsgerichte mit zahlreichen weiteren Geschäften belastet wurden (Betreuungsrecht, Insolvenzrecht) und die Geschäfte in anderen Bereichen weiter anstiegen (in Fa-

richte von der zunehmenden Anzahl zu entscheidender Rechtsstreite zu entlasten. Dabei wurde der Fokus neben einer Vereinfachung der Verfahren und der „Aktivierung der Binnenreserven“[5] insbesondere auf die Verlagerung der Konfliktlösung von den staatlichen Gerichten auf außergerichtliche Streitbeilegungsstellen gerichtet[6]. Nach langen Diskussionen wurde schließlich die bundesrechtliche Regelung des § 15 a EGZPO geschaffen, mit der das obligatorische außergerichtliche Schlichtungsverfahren gesetzlich verankert wurde.

Mit der Einführung des § 15 a EGZPO versucht der Gesetzgeber, die gewünschte stärkere Inanspruchnahme außergerichtlicher Konfliktlösungsangebote durch eine Schlichtungsobligation für bestimmte Verfahren zu erreichen. Alternativ hierzu hätte die Möglichkeit bestanden, die Infrastruktur und Attraktivität der bereits bestehenden außergerichtlichen Streitbeilegungsinstitutionen zu verbessern oder - langfristig - einen Bewusstseinswandel durch die Vermittlung der Erkenntnisse der Mediation in sämtlichen Erziehungs- und Ausbildungsstufen herbeizuführen[7]. Dabei dürfte der erhoffte kurzfristige Entlastungseffekt der tragende Entscheidungsparameter für die Einführung der präforensischen Schlichtungsobligation gewesen sein[8].

---

miliensachen in Nordrhein-Westfalen von 121.099 im Jahr 1995 auf 148.243 im Jahr 2002 (das entspricht einem Anstieg von 22,4 %), in Betreuungssachen in Nordrhein-Westfalen von 146.136 im Jahr 1995 auf 237.768 im Jahr 2002 (das entspricht einem Anstieg von 62,7 %), vgl. Justizministerium des Landes Nordrhein-Westfalen, Justiz in Zahlen 2003, 1.2 und 1.3), so dass das Mitte der neunziger Jahre festgestellte Entlastungsbedürfnis auch weiterhin fortbestehen dürfte (so i.E. auch Greger, ZKM 2003, S. 240, 244).

[5] Vgl. Leeb, BB 1998, Beilage 10, S. 3, 4, der damit die Stärkung des Einzelrichterprinzips sowie die Einschränkung der Rechtsmittel überschreibt.

[6] Vgl. Meyer-Teschendorf/Hofmann, ZRP 1998, S. 132, 134.

[7] Feix, Streitbeilegung, S. 25.

[8] So auch Ponschab/Brinkmann, MittBayNot 2000, Sonderheft zu Ausgabe 4, S. 29, 31; Boysen, ZRP 1996, S. 291, 293; Röhl, Gutachten, S. 14; zur gesetzgeberischen Begründung vgl. Kapitel I; zu nachfrageerhöhenden Alternativansätzen vgl. Kapitel V.

I. Öffnungsklausel des § 15 a EGZPO

Der Bundesgesetzgeber schuf durch das Gesetz zur Förderung der außergerichtlichen Streitbeilegung vom 15.12.1999[9] mit § 15 a EGZPO eine Möglichkeit für die jeweiligen Landesgesetzgeber, die Zulässigkeit bestimmter Klageverfahren von der vorherigen erfolglosen Durchführung eines Schlichtungsverfahrens abhängig zu machen[10]. § 15 a EGZPO ist mit Wirkung zum 1.1.2000 in Kraft getreten.

II. Umsetzungen in den Landesgesetzen

Die Regelung des § 15 a EGZPO ist in folgenden Landesgesetzen - teilweise unter Einschränkungen, teilweise mit Erweiterungen[11] - umgesetzt worden:

- Baden-Württembergisches Gesetz zur obligatorischen außergerichtlichen Streitschlichtung vom 28. Juni 2000[12] (Schlichtungsgesetz - SchlG)

- Bayerisches Gesetz zur obligatorischen außergerichtlichen Streitschlichtung in Zivilsachen und zur Änderung gerichtsverfassungsrechtlicher Vorschriften vom 25. April 2000[13] (Bayerisches Schlichtungsgesetz – BaySchlG)

- Gesetz zur Fortentwicklung des Schlichtungsrechts im Land Brandenburg vom 5. Oktober 2000[14] (BbgSchl/GüteStG)

- Hessisches Gesetz zur Ausführung des § 15 a des Gesetzes betreffend die Einführung der Zivilprozessordnung vom 6. Februar 2001[15] (GüSchlG Hess)

---

[9] BGBl. I S. 2400.

[10] Die Ausgestaltung als Öffnungsklausel geht zurück auf die bereits im Jahre 1996 vom Bundesrat gem. Art. 76 Abs. 1 GG eingebrachte Gesetzesinitiative (BR-Drucks. 605/96, Art. 2, S. 14 f.); zur Notwendigkeit einer Rahmengesetzgebung für die außergerichtliche Streitbeilegung vgl. Scherpe, VuR 2002, S. 231 ff.

[11] Die Befugnis der Landesgesetzgeber zur Einschränkung des Anwendungsbereichs und Erweiterung der Ausschlussgründe folgt aus § 15 a Abs. 5 2. Halbs. EGZPO.

[12] GVBl. S. 470.

[13] GVBl. S. 268.

[14] GVBl. S. 134.

[15] GVBl. S. 98.

- Gesetz über die Anerkennung von Gütestellen im Sinne des § 794 Abs. 1 Nr. 1 der Zivilprozessordnung und die obligatorische außergerichtliche Streitschlichtung in Nordrhein-Westfalen vom 9. Mai 2000[16] (Gütestellen- und Schlichtungsgesetz – GüSchlG NRW)

- Saarländisches Gesetz Nr. 1464 zur Ausführung des § 15 a des Gesetzes betreffend die Einführung der Zivilprozessordnung und zur Änderung von Rechtsvorschriften vom 21. Februar 2001[17] (Landesschlichtungsgesetz – LSchlG)

- Schiedsstellen- und Schlichtungsgesetz des Landes Sachsen-Anhalt in der Fassung der Bekanntmachung vom 22. Juni 2001[18] (SchStG)

- Schleswig-Holsteinisches Gesetz zur Ausführung von § 15 a des Gesetzes betreffend die Einführung der Zivilprozessordnung vom 11. Dezember 2001[19] (Landesschlichtungsgesetz – LSchliG).
In den übrigen Bundesländern befinden sich teilweise die Ausführungsgesetze noch im Gesetzgebungsverfahren, teilweise sind Umsetzungen bislang nicht geplant[20]. Es ist davon auszugehen, dass die Bundesländer, die eine Umsetzung planen, zunächst die für Anfang 2005 in Aussicht genommenen wissenschaftlichen Untersuchungen, insbesondere die beabsichtigten Evaluierungen abwarten werden, um dann über eigene Ausführungsgesetze zu § 15 a EGZPO zu entscheiden[21].

---

[16] GVBl. S. 321.
[17] Amtsbl. S. 532.
[18] GVBl. LSA S. 214.
[19] GVOBl. 2002 S. 218.
[20] Vgl. Zietsch/Roschmann, NJW 2001, Beilage zu Heft 51, S. 3 ff.
[21] Väth, SchsZtg 2002, S. 237; zu den geplanten Evaluierungen vgl. Dieckmann, NJW 2000, S. 2802; die Evaluierung des nordrhein-westfälischen Ausführungsgesetzes zu § 15 a EGZPO liegt mit dem im Auftrag des Landes Nordrhein-Westfalen erstellten Gutachten von Prof. Dr. Klaus Röhl unter Mitarbeit von Assessor jur. Matthias Weiß bereits vor.

III. Historische Ursprünge des obligatorischen Schlichtungsverfahrens

Der Gedanke der Streitschlichtung ist dem deutschen Zivilprozessrecht nicht neu[22]. In der nationalen Rechtsgeschichte des 20. Jahrhunderts[23] gibt es für die Schlichtung als obligatorisches zivilprozessuales Vorverfahren einen historischen Vorläufer. Mit der Verordnung über das Verfahren in bürgerlichen Rechtsstreitigkeiten vom 13. Februar 1924 wurde die Vorschrift des § 495 a in die Zivilprozessordnung eingefügt[24]. Diese ordnete für alle amtsgerichtlichen Prozesse ein obligatorisches Güteverfahren vor dem Amtsrichter, wahlweise vor einer außergerichtlichen Schiedsstelle an[25]. Ausnahmen galten für Urkunden- und Wechselprozesse (§ 495 a Nr. 3 ZPO (1924)), für Widerklagen (§ 495 a Nr. 4 ZPO (1924)) und für Verfahren, in denen die Zustellung an den Gegner im Ausland oder durch öffentliche Bekanntmachung erfolgen musste (§ 495 a Nr. 5 ZPO (1924)). Unmittelbar in die streitige Verhandlung konnte zudem dann eingetreten werden, wenn wegen des Anspruchs bereits ein Güteantrag wegen Aussichtslosigkeit des Anspruchs zurückgewiesen worden war (§ 495 a Nr. 2 ZPO (1924)) oder wenn nach dem Ermessen des Gerichts die alsbaldige Klageerhebung durch einen sonstigen wichtigen Grund gerechtfertigt war (§ 495 a Nr. 6 ZPO (1924)).

Die Regelung wurde 1950 durch das Gesetz zur Wiederherstellung der Rechtseinheit auf dem Gebiete der Gerichtsverfassung, der bürgerlichen Rechtspflege, des Strafverfahrens und des Kostenrechts[26] wieder abgeschafft. Es wurde überwiegend die Auffassung vertreten, die in die Neure-

---

[22] Vgl. Jansen, ZKM 2003, S. 24 ff.; Stadler, NJW 1998, S. 2479, 2480; teilweise wird deshalb im Zusammenhang mit § 15 a EGZPO und den Ausführungsgesetzen der Länder von einer „Renaissance“ der Schieds- und Schlichtungsverfahren gesprochen, vgl. Rüssel, JuS 2003, S. 380; Prütting, BB 1999, Beilage 9, S. 7, 10; zur Entwicklung in der jüngeren rechtspolitischen Diskussion vgl. die Nachweise bei Katzenmeier ZZP 115, S. 51 f.

[23] Vgl. zu noch früheren Vorläufern Feix, Streitbeilegung, S. 19 f.; zur Konfliktlösung in vorstaatlichen Gesellschaften vgl. Hager, Konsens, S. 3 ff.

[24] Sog. „Emminger-Novelle“; RGBl. I S. 135, 141 ff.

[25] Vgl. § 495 a Nr. 1 ZPO (1924).

[26] Gesetz vom 12. September 1950, BGBl. S. 455, 473.

gelung gesetzten Erwartungen hätten sich nicht bestätigt[27]. Die Kritik an dem obligatorischen amtsgerichtlichen Güteverfahren richtete sich insbesondere gegen dessen vorprozessualen Zeitpunkt. Dieser wurde für eine gütliche Einigung als ungünstig empfunden, da der Sachverhalt nicht hinreichend klar und die Parteien im Regelfall nicht von vornherein vergleichsbereit seien[28]. Der Verfahrensgang wurde als zu unübersichtlich und im Hinblick auf die Verzögerungs- und Verschleppungsmöglichkeiten des Schuldners kritisiert[29]. Zudem wurde darauf hingewiesen, dass die erfolgreiche Bewältigung der zahlreichen Güteverfahren eine Vervielfachung der Richterzahl notwendig mache[30]. Eine maßgebliche Entlastung sei durch das Güteverfahren nicht zu erreichen, da der Richter sich auch zur Durchführung der Güteverhandlung in den Rechtsstreit einarbeiten müsse[31].

IV. Alternative Streitbeilegung in anderen Rechtsordnungen

Auch andere Rechtsordnungen sehen verschiedene Formen der alternativen Streitbeilegung vor. Beispielhaft genannt sei zunächst der französische Zivilprozess in dem der Kläger vor dem „tribunal d'instance" entweder einen vorgeschalteten Gütetermin („conciliation") oder ein streitiges Urteilsverfahren beantragen kann[32]. Außerdem besteht die Möglichkeit der Aussetzung des gerichtlichen Verfahrens zur einvernehmlichen Durchführung einer außergerichtlichen Mediation[33]. In Japan kommt dem sog. Chotei-Verfahren im Bereich der alternativen Streitbeilegung besondere Bedeutung zu[34]. Es handelt sich um ein gerichtliches Vorverfahren, in dem unter Anleitung eines Richters und zweier Laien ein Schlichtungsgespräch zwi-

---

27 Vgl. die Begründung zu dem Entwurf eines Gesetzes zur Wiederherstellung der Rechtseinheit auf dem Gebiete der Gerichtsverfassung, der bürgerlichen Rechtspflege, des Strafverfahrens und des Kostenrechts, BT-Drucks. 530, Anlage I a, S. 20; Rosenberg, Zivilprozeßrecht, S. 371; Gerner, NJW 1950, S. 722, 725; Pohle, MDR 1950, S. 642, 645.

28 Vgl. Nikisch, Zivilprozeßrecht, S. 312; v. Hodenberg, JW 1924, S. 364, 369.

29 Vgl. Lehmann, JW 1925, S. 698, 700; Rosenberg, Zivilprozeßrecht, S. 371.

30 Meyer, JW 1925, S. 701 f.

31 Vgl. v. Hodenberg, JW 1924, S. 364, 369.

32 Art. 829 Nouveau Code de Procédure Civile (NCPC); vgl. dazu auch Stadler, NJW 1998, S. 2479, 2481.

33 Art. 131-1 bis 131-15 NCPC; vgl. Prütting/Prütting, Streitschlichtung, Rn. 28; ders., DJT 62, S. O 11, O 21.

34 Vgl. Prütting/Prütting, Streitschlichtung, Rn. 26 f.; ders., DJT 62, S. O 11, O 20; ders., Festschrift Waseda Universität, S. 719, 722 f.

schen den Parteien durchgeführt wird. Überwiegend tritt der Richter dabei nicht in Erscheinung, so dass die Schlichtung zunächst allein von den Laien betrieben wird[35]. Der Richter prüft allerdings am Ende des Verfahrens die Gesetzmäßigkeit des Schlichtungsergebnisses[36]. Weitere Beispiele alternativer Streitbeilegungsansätze finden sich in der Schweiz. So sieht das Zivilverfahren aller Kantone einen Friedens- oder Gemeinderichter vor, der teilweise Nichtjurist ist und in den sog. Bagatellverfahren eine echte Richterfunktion übernimmt und abschließend entscheidet[37]. Darüber hinaus sehen viele Verfahrensordnungen der Kantone ein dem eigentlichen Gerichtsverfahren vorgelagertes obligatorisches Sühneverfahren vor dem Friedensrichter vor[38].

Im amerikanischen Rechtsraum boomen bereits seit einiger Zeit die Verfahren der sog. „alternative dispute resolution“ (ADR)[39]. An den dortigen Universitäten hat sich die ADR inzwischen sogar als eigenständige wissenschaftliche Disziplin etabliert[40]. Bei den Verfahren der ADR handelt es sich um verschiedene Formen alternativer Streitbeilegung[41], insbesondere Arbitration (Schiedsverfahren), Conciliation (Versöhnung), Mediation (Vermittlung) und das Mini-trial (strukturierte Vergleichsverhandlungen)[42].

Die in allen Ansätzen zum Ausdruck kommende Erkenntnis, dass die Lösung von Konflikten im Wege der Verhandlung und des gegenseitigen Nachgebens von größerer Kultiviertheit ist als das sture Beharren auf dem

---

[35] Prütting, DJT 62, S. O 11, O 20.
[36] Prütting, DJT 62, S. O 11, O 20.
[37] Vgl. dazu Stadler, NJW 1998, S. 2479, 2481.
[38] Vgl. Stadler, NJW 1998, S. 2479, 2481.
[39] Vgl. dazu Duve, BB 1998, Beilage 9, S. 15 ff.; Stickelbrock, JZ 2002, S. 633; Ott, Konfliktbeilegung, S. 14; Gottwald, AnwBl 2000, S. 265, 266 f.; Birner, ZKM 2003, S. 149 ff.; Hacke, ADR-Vertrag, S. 22; Birner, Corthouse, S. 23 ff.; Böckstiegel, DRiZ 1996, S. 267, 272; Jenkel, Streitschlichtungsversuch, S. 17 f.; zur historischen Entwicklung der ADR, insbesondere der Mediation in den USA vgl. Risse, Zukunft, S. 77, 80 ff.
[40] Wagner, JZ 1998, S. 836.
[41] In der Literatur wird kritisiert, dass die ADR in Deutschland fast vollständig auf die Mediation reduziert ist, vgl. Gottwald, FPR 2004, S. 163, 164.
[42] Vgl. Katzenmeier, ZZP 115, S. 51, 59; Duve, BB 1998, Beilage 10, S. 9, 11 ff.; Nicklisch, Streitbeilegung, S. 381, 384 f.; Jenkel, Streitschlichtungsversuch, S. 32 ff.; die Mediation wird von den verschiedenen Formen der ADR als die „Riesin“ angesehen, vgl. Gottwald, AnwBl 2000, S. 265, 267.

eigenen Standpunkt, setzt sich inzwischen auch in Deutschland wieder durch[43]. Die gütliche Streitbeilegung gilt als „modernes soziales Management", Streitentscheidung durch Urteil hingegen als „biederes juristisches Handwerk, das eine überholte oder überhaupt untaugliche Normativität zelebriere"[44]. Neben diesen soziologischen Aspekten wird der einvernehmlichen außergerichtlichen Schlichtung von Rechtsstreitigkeiten zudem der pragmatische Vorteil der kürzeren Verfahrensdauer, der günstigeren Kostenstruktur sowie der größeren Flexibilität zugesprochen[45].

Der Gesetzgeber hat zudem die gütliche Streitbeilegung als mögliches Instrument zur Nutzung von Einsparpotenzialen erkannt[46]. In Zeiten knapper Staatsfinanzen kann dieses Argument erhebliche Kreativität der Legislative freisetzen, wenn nur der fiskalische Entlastungsfaktor hoch genug eingeschätzt wird.

B) Ziel der Untersuchung

Bereits vor der Einführung des § 15 a EGZPO wurde das obligatorische außergerichtliche Schlichtungsverfahren ambivalent beurteilt. Während es bei den Rechtspolitikern und Teilen der Rechtswissenschaft auf große Zustimmung stieß[47], wurden aus anderen Teilen der Rechtswissenschaft und aus den Reihen der Rechtspraktiker schnell kritische Stimmen laut, die auch nach der Einführung des § 15 a EGZPO und der landesrechtlichen

[43] Vgl. Stickelbrock, JZ 2002, S. 633; kritisch zum Begriff der „Kultur" im Zusammenhang mit der außergerichtlichen Streitschlichtung: Wassermann, NJW 1998, S. 1685.

[44] Katzenmeier, ZZP 115, S. 51, 52; Hoffmann-Riem, JZ 1999, S. 421, 422, sieht in der Befassung staatlicher Gerichte mit Rechtsbeziehungen sogar einen Ausdruck eines Versagens gesellschaftlicher Eigenregulierung.

[45] Schmidt-von Rhein, ZKM 2000, S. 201, 204.

[46] Wagner, JZ 1998, S. 836 f.

[47] Der Rechtsausschuss beriet die Vorlage am 29.6.1999 und empfahl den Gesetzentwurf fraktionsübergreifend mit lediglich zwei marginalen Änderungen (BT-Drucks. 14/1306). Das Gesetz wurde im Bundestag in zweiter und dritter Lesung am 9.9.1999 einstimmig angenommen. Der Diskussionsbedarf war so gering, dass die Reden nur zu Protokoll genommen wurden (vgl. Plenarprotokoll 14/53, Stenographischer Bericht, 53. Sitzung); grundsätzlich positiv auch: Rüssel, NJW 2000, S. 2800, 2802; Dieckmann, NJW 2000, S. 2802; Behrens, RuP 1997, S. 73 ff.; ders., DRiZ 1997, S. 236 ff.; Goll, ZRP 1998, S. 314 ff.; Schubert, NJ 1997, S. 337 f.; Leeb, BB 1998, Beilage 10, S. 3 ff.; Heßler, DJT 62, S. O 82 ff.

Ausführungsgesetze nicht verstummten[48]. Es wurden insbesondere Zweifel geäußert, ob das beabsichtigte Gesetz die angestrebten Ziele werde erreichen können[49]. Kritisch wurde vor allem die obligatorische Ausgestaltung des Schlichtungsversuchs bewertet[50], die mangelnde Differenzierung nach der Schlichtungstauglichkeit der in den Anwendungsbereich einbezogenen Streitigkeiten[51], die weitgehende Möglichkeit der Umgehung durch das Mahnverfahren[52] sowie der in den Landesgesetzen geplante Wegfall der Möglichkeit, ein Ordnungsgeld zu verhängen[53]. Kritisiert wurde zudem die durch die verschiedenen landesrechtlichen Umsetzungen drohende Rechtszersplitterung[54].

Es gibt bislang noch keine umfassende wissenschaftliche Arbeit, die sich zugleich mit den Anwendungsproblemen und tatsächlichen Auswirkungen

---

[48]Eichele, ZRP 1997, S. 393 f.; Wassermann NJW 1998, S. 1685, 1686; ders., NJW 1999, S. 2646, 2647; Wagner, NJW 2001, S. 182, 183; ders., JZ 1998, 836 ff.; Hartmann, NJW 1999, S. 3745, 3746; Stadler, NJW 1998, S. 2479; Greger, ZRP 1998, S. 183, 184; Stickelbrock, JZ 2002, 633, 637; Peters, AnwBl 1997, S. 531; Nöh-Schüren, ZRP 1998, S. 448, 449; Strempel, ZRP 1998, S. 319, 322; Böhm, AnwBl 2000, S. 596; Boysen, ZRP 1996, S. 291, 293; Resolution der 15. Bundesvertreterversammlung des Bundes Deutscher Schiedsmänner und Schiedsfrauen e.V., SchsZtg 2000, S. 30 f.

[49]Boysen, ZRP 1996, S.291, 293; Greger, ZRP 1998, S. 183, 184; Wagner, JZ 1998, S. 836, 841 f.; Wassermann, NJW 1998, S. 1685, 1686; Stadler, NJW 1998, S. 2479, 2481; Prütting, BB 1999, Beilage 9, S. 7, 10; Stickelbrock, JZ 2002, S. 633, 638; Jansen, Streitschlichtung, S. 357 ff.

[50]Jansen, Streitschlichtung, S. 225; Schilken, Festschrift für Ishikawa, S. 474; Stadler, NJW 1998, S. 2479, 2481; Greger, ZRP 1998, S. 183, 184; Busse, AnwBl 1997, S. 522, 523; Stickelbrock, JZ 2002, S. 633, 638; Kempe, AnwBl 2003, S. 393.

[51]Schilken, Festschrift für Ishikawa, S. 474; Jansen, Streitschlichtung, S. 230 f.; Greger, ZRP 1998, S. 183, 184.

[52]Ott, Konfliktbeilegung, S. 64 f.; Stadler, NJW 1998, S. 2479, 2483; Wagner, JZ 1998, S. 836, 842; Greger, ZRP 1998, S. 183, 184.

[53]Resolution der 15. Bundesvertreterversammlung des Bundes Deutscher Schiedsmänner und Schiedsfrauen e.V., SchsZtg 2000, S. 30, 31; a.A. allerdings Stein/Jonas/Schlosser, ZPO, § 15 a EGZPO Rn. 14, der das außergerichtliche obligatorische Schlichtungsverfahren ohne Ordnungsgeld als das Äußerste und gerade noch Zumutbare ansieht.

[54]Ott, Konfliktbeilegung, S. 39; Stadler, NJW 1998, S. 2479, 2481; Baumbach/Albers, ZPO, § 15 a EGZPO Rn. 2; Wassermann, NJW 1998, S. 1685, 1686; Gottwald, WM 1998, S. 1257, 1264; Wagner, JZ 1998, S. 836, 845; Stickelbrock, JZ 2002, S. 633, 634; Greger, ZRP 1998, S. 183, 184; Eichele, ZRP 1997, S. 393 ff.; vgl. zudem Schilken, Festschrift für Ishikawa, S. 471 f., der die Öffnungsklausel als „Experimentierklausel" bezeichnet; ebenso Prütting/Prütting, Streitschlichtung, Rn. 1 und 81 f.; Prütting, AnwBl 2000, S. 273, 275; zur Zulässigkeit von Experimenten in Zivilsachen vgl. Gottwald, AnwBl 2000, S. 265 ff.

der auf § 15 a EGZPO gründenden Landesgütestellen- und Schlichtungsgesetze befasst[55]. Die vorliegende Untersuchung soll diese Themen am Beispiel des GüSchlG NRW beleuchten. Der Umfang der tatsächlichen Auswirkungen soll anhand der bislang vorliegenden Zahlen ermittelt und kritisch analysiert werden. Soweit dies möglich erscheint, sollen Lösungsansätze angeboten werden, mit deren Hilfe die ursprünglichen Hauptziele der außergerichtlichen obligatorischen Streitschlichtung (Entlastung der Justiz in Zivilsachen, kostengünstigere Konfliktbereinigung, schnellere Verfahren, Förderung der konsensualen Streitbeilegung zur Sicherung dauerhaften Rechtsfriedens[56]) besser erreicht werden können.

C) Gang der Untersuchung

Die vorliegende Arbeit ist in fünf Kapitel gegliedert. In Kapitel I wird zunächst die Begründung des Gesetzgebers dargestellt. Die Gesetzesbegründung soll vorab dargestellt werden, weil die Kenntnis der gesetzgeberischen Intention Voraussetzung für das Verständnis der Anwendungs- und Auswirkungsprobleme des Schlichtungserfordernisses ist.

Sodann sollen der Anwendungsbereich und die Ausschlussgründe des obligatorischen außergerichtlichen Schlichtungsverfahrens am Beispiel des Gütestellen- und Schlichtungsgesetzes Nordrhein-Westfalen (GüSchlG NRW) untersucht werden (Kapitel II).

Das Kapitel III beschäftigt sich mit der rechtlichen Qualifikation und den rechtlichen Auswirkungen des Schlichtungserfordernisses.

---

[55] Die Dissertationen von Feix, Jansen, Jenkel, Maunz, Ott und Schuster befassen sich mit den Anwendungsproblemen nicht oder nur in Teilbereichen. Die Dissertation von Feix legt den Schwerpunkt hinsichtlich der tatsächlichen Auswirkungen auf die Frage, welchen Beitrag das Zivilprozessrecht für die Förderung einer konsensorientierten Streitkultur leistet und leisten kann.

[56] Vgl. zu den Zielen den ursprünglichen Gesetzentwurf des Bundesrates, BR-Drucks. 605/96 S. 52 ff., den Gesetzentwurf der Fraktion der CDU/CSU, BT-Drucks. 14/163 S. 15, den Gesetzentwurf der Fraktionen SPD und BÜNDNIS 90/DIE GRÜNEN, BT-Drucks. 14/980 S. 1 ff.

Das den Schwerpunkt der Arbeit bildende Kapitel IV dient der Untersuchung der tatsächlichen Auswirkungen und Schwächen der Schlichtungsobligation und versucht, Erklärungsansätze für die geringen Auswirkungen und die geringe Akzeptanz des obligatorischen außergerichtlichen Schlichtungsverfahrens aufzuzeigen.

In Kapitel V soll in einer Schlussbetrachtung die Einführung der außergerichtlichen obligatorischen Streitschlichtung abschließend bewertet und die Perspektive der Schlichtungsobligation über das Jahr 2005 hinaus kommentiert werden.

Kapitel I - Gesetzgeberische Begründung

Der Anwendungsbereich und die Ausschlussgründe des in Nordrhein-Westfalen bestehenden Schlichtungserfordernisses sind in §§ 10, 11 und 15 GüSchlG NRW geregelt. Die Regelungen gründen auf § 15 a EGZPO, decken sich in weiten Teilen mit dessen inhaltlichen Vorgaben und sind ihrem Wortlaut nach bewusst eng an die bundesgesetzliche Öffnungsklausel angelehnt[57]. Deshalb werden neben den Begründungen des nordrhein-westfälischen Gesetzes auch die Begründungen des Bundesgesetzgebers zur Öffnungsklausel dargestellt, da diesen für das Verständnis und die Auslegung des landesrechtlichen Ausführungsgesetzes zentrale Bedeutung zukommt.

Die wesentlichen gesetzgeberischen Begründungen werden isoliert vorab dargestellt, weil sie sowohl für die Lösung der Anwendungsprobleme als auch für die Bewertung der tatsächlichen Auswirkungen der Einführung der Schlichtungsobligation argumentativ heranzuziehen sind.

A) Allgemeine Begründungen

Die mit der Einführung der Schlichtungsobligation verbundenen allgemeinen Ziele wurden von dem Bundes- und dem Landesgesetzgeber unterschiedlich begründet.

I. Begründungen des Bundesgesetzgebers

Der Bundesgesetzgeber beabsichtigte, mit der Einführung des § 15 a EGZPO die Zivilgerichte zu entlasten und die konsensuale Streitbeilegung im Interesse der Parteien zu fördern[58]. Die Einführung des obligatorischen Schlichtungsverfahrens sollte, so die Begründung des Gesetzentwurfs der Fraktionen SPD und Bündnis 90/DIE GRÜNEN, dazu dienen, die knappen Ressourcen in der Justiz besser zu nutzen und gleichzeitig Bürgerfreundlichkeit, Transparenz und Friedensfunktion von Recht und Justiz zu bewahren und zu fördern[59]. In die gleiche Richtung ging bereits die vom Bundes-

---

[57] LT-Drucks. (NRW) 12/4614 S. 35.

[58] BT-Drucks. 14/980 S. 5.

[59] BT-Drucks. 14/980 S. 1.

rat 1996 eingebrachte Gesetzesinitiative[60]. Das Bedürfnis nach einer Entlastung der Justiz wurde und wird vor allem damit begründet, dass die Eingangszahlen auf hohem Niveau stagnierten, dass die Komplexität der Verfahren zunehme und dass durch Gesetzesänderungen, etwa im Bereich des Betreuungs- oder des Insolvenzrechts, der Geschäftsanfall gerade im Bereich der Amtsgerichte stark gestiegen sei[61].

Die richterliche Tätigkeit solle auf die Entscheidung von Rechtsfragen konzentriert werden[62]. Neben der Entlastung der Justiz diene die Verlagerung der Konfliktregelung von den Gerichten auf alternative Streitschlichtungsstellen der rascheren und kostengünstigeren Bereinigung von Konflikten[63]. Außerdem könnten in einem Schlichtungsverfahren auch Tatsachen berücksichtigt werden, die für die Lösung des Konflikts der Parteien von wesentlicher oder ausschlaggebender Bedeutung, rechtlich jedoch irrelevant seien[64]. Vermittelnde Lösungen seien auch möglich, wenn im streitigen Verfahren nur voll zu Lasten der einen und zu Gunsten der anderen Partei entschieden werden könne[65].

Der Bundesgesetzgeber hat die Regelung bewusst als Öffnungsklausel mit Umsetzungsmöglichkeit durch die Länder ausgestaltet. Er hat dies damit begründet, dass nicht in allen Ländern unmittelbar eine hinreichende Anzahl von Gütestellen zur Verfügung stünde, so dass bei einer unmittelbaren bundesrechtlichen Regelung für bürgerlich-rechtliche Streitigkeiten (etwa entsprechend der strafverfahrensrechtlichen Regelung des § 380 StPO) der

---

[60]BR-Drucks. 605/96; dass dieses Ziel auch heute noch aktuell ist, zeigt der jüngste Entwurf eines Gesetzes zur Beschleunigung von Verfahren der Justiz (Justizbeschleunigungsgesetz), den der Bundesrat am 11.7.2003 beschlossen hat (BR-Drucks. 397/03); in dem Gesetzentwurf wird für das Zivilverfahren unter anderem vorgeschlagen, die Fixierung gerichtlicher Vergleiche zu vereinfachen, eine begrenzte Bindungswirkung strafgerichtlicher Feststellungen für den Zivilprozess einzuführen, zivilprozessuale Wertgrenzen anzuheben sowie die Zweierbesetzung bei Landgericht und Oberlandesgericht zu eröffnen.

[61]Vgl. die bereits zum Gesetzentwurf der Fraktion der CDU/CSU geführte Plenums-Diskussion vom 28.1.1999, Plenarprotokoll 14/19 S. 1340 ff.

[62]BT-Drucks. 14/980 S. 1.

[63]BT-Drucks. 14/980 S. 5.

[64]BT-Drucks. 14/980 S. 5.

[65]BT-Drucks. 14/980 S. 5.

Zugang zu den Gerichten nicht ohne erhebliche zeitliche Verzögerung gewährleistet gewesen wäre[66]. Im Übrigen könnten aufgrund der unterschiedlichen landesrechtlichen Umsetzungen die Ergebnisse der im einzelnen durchgeführten Projekte Grundlage für eine spätere rechtspolitische Entscheidung sein, ob und wie mit Hilfe von Institutionen der außergerichtlichen Streitschlichtung bundeseinheitlich eine – wenn auch erst auf mittlere Sicht wirksame – dauerhafte Entlastung der Justiz erreicht werden könne[67].

II. Begründungen des nordrhein-westfälischen Landesgesetzgebers

In Nordrhein-Westfalen wurde die allgemeine Begründung des Ausführungsgesetzes entgegen der bundesrechtlichen Vorgabe darauf konzentriert, dass das vorrangige rechtspolitische Vorhaben nicht die Entlastung der Justiz sei; vielmehr liege der rechtspolitisch bedeutsame Aspekt darin, durch die Einführung des Schlichtungsgesetzes zu einer Änderung der Streitkultur zu kommen[68]. Ziel sei eine zeitnahe, kostengünstige und den beiderseitigen Interessen entsprechende Konfliktlösung; diese könne in vielen Fällen ohne die Inanspruchnahme der Gerichte erzielt werden[69]. Dies führe zugleich zu einem sachgerechten Einsatz der knapp bemessenen personellen Ressourcen in der Justiz.

Bereits im Jahre 1997 hatte der nordrhein-westfälische Justizminister die Justizentlastung als nur vordergründige, einseitige Betrachtungsweise bezeichnet und die gesellschaftspolitische Perspektive als entscheidend eingestuft[70].

---

[66]BT-Drucks. 14/980 S. 5; für diese Ausgestaltung bereits die Beschlussempfehlung des Rechtsausschusses zu dem vom Bundesrat in der 13. Legislaturperiode eingebrachten Gesetzentwurf zur Vereinfachung des zivilgerichtlichen Verfahrens und des Verfahrens der freiwilligen Gerichtsbarkeit (BT-Drucks. 13/11042).

[67]BT-Drucks. 14/980 S. 5.

[68]NRW-Justizminister Dieckmann in seiner Rede anlässlich der ersten Lesung des Gesetzes, zitiert nach Graf-Schlicker/Schmidt, SchsZtg 2000, S. 177.

[69]LT-Drucks. (NRW) 12/4614 S. 28.

[70]Behrens, RuP 1997, S. 73; ders., DRiZ 1997, S. 236 f.

B) Begründungen der einzelnen Regelungen

Hinsichtlich der einzelnen Regelungen gehen die Begründungen des Bundes- und des nordrhein-westfälischen Landesgesetzgebers von Folgendem aus:

I. Öffnungsklausel

Der Anwendungsbereich des § 15 a Abs. 1 EGZPO wurde bewusst auf Fallgestaltungen im Vorfeld der zivilgerichtlichen Klageerhebung reduziert. Damit sollten die in anderer Weise als durch Klage eingeleiteten Verfahren, wie z.B. das Mahnverfahren, die Verfahren über Arrest und einstweilige Verfügung oder Schiedsverfahren, vom Anwendungsbereich des obligatorischen Schlichtungsverfahrens ausgenommen werden[71].

1. § 15 a Abs. 1 Nr. 1 EGZPO

Hinsichtlich des sachlichen Anwendungsbereichs stellt die Gesetzesbegründung darauf ab, dass die Verfahren geringen Streitwerts schon deshalb für die obligatorischen Schlichtungsverfahren besonders geeignet seien, weil der Streitwert und die wirtschaftliche Bedeutung der Sache in keinem angemessenen Verhältnis zu Kosten und Zeitaufwand eines gerichtlichen Verfahrens stünden[72].

Für die vermögensrechtlichen Streitigkeiten wurde der Anwendungsbereich zudem auf amtsgerichtliche Verfahren beschränkt. Der Gesetzgeber klammerte insofern die landgerichtlichen Verfahren mit Bagatellwerten bewusst aus, und zwar deshalb, weil er davon ausging, diese Verfahren erfassten zumeist Spezialmaterien, für die die Vorschaltung eines Schlichtungsverfahrens keine sachgerechte Erledigung verspreche, z.B. in Fiskus- und Amtshaftungssachen nach § 71 Abs. 2 Nr. 1 und Nr. 2 GVG, gesellschaftsrechtlichen Klagen nach §§ 246, 249 AktG, § 51 GenG, §§ 61, 75 GmbHG, Patentstreitigkeiten nach § 143 PatG oder Markenstreitsachen nach §§ 125 e, 140 MarkenG[73].

---

[71] BT-Drucks. 14/980 S. 6.

[72] BT-Drucks. 14/980 S. 6.

[73] Vgl. zu dem ursprünglich vom Bundesrat initiierten Gesetzgebungsverfahren (BR-Drucks. 605/96 S. 52 ff.): BT-Drucks. 13/11042 S. 33.

2. § 15 a Abs. 1 Nr. 2 EGZPO

Die Erfassung der in § 15 a Abs. 1 Nr. 2 EGZPO geregelten nachbarrechtlichen Streitigkeiten wurde damit begründet, dass bei deren Beilegung die Wiederherstellung und Erhaltung der Sozialbeziehung im Vordergrund stehen müsse[74]. Das könne eher durch eine einverständlich getroffene zukunftsorientierte Regelung erreicht werden als durch eine gerichtliche Entscheidung[75]. Bei Streitigkeiten wegen der in § 906 BGB geregelten Immissionen, die von einem gewerblichen Grundstück ausgingen, eigne sich das obligatorische vorgerichtliche Güteverfahren hingegen nicht, da es in diesen Fällen an den persönlich geprägten nachbarlichen Beziehungen zwischen den Parteien fehle, die wesentlicher Grund für ein obligatorisches Schlichtungsverfahren seien. Zudem sei in solchen Verfahren häufig die Einschaltung von Sachverständigen und die Klärung schwieriger Rechtsfragen notwendig, was ihnen die Eignung für ein obligatorisches Schlichtungsverfahren nehme[76].

3. § 15 a Abs. 1 Nr. 3 EGZPO

Die Einbeziehung der Ansprüche wegen Verletzung der persönlichen Ehre, soweit diese nicht in Presse oder Rundfunk begangen werden, wurde damit begründet, dass es sich in aller Regel um in rechtlicher und tatsächlicher Hinsicht einfache Konflikte handele, die durch eine persönliche Erörterung mit den Parteien beigelegt werden könnten[77]. Außerdem werde durch ihre Einbeziehung im Hinblick auf das strafrechtliche Sühneverfahren (§ 380 StPO) eine gewisse Gleichwertigkeit des zivil- und strafprozessualen Vorgehens erreicht[78].

4. Begrenzter Anwendungsbereich

Ausdrücklich offen gelassen hat die Begründung des Gesetzentwurfs, ob für den Fall, dass sich die Öffnungsklausel bewährt, weitere bürgerlich-

---

[74] Mit der gleichen Begründung beabsichtigte der Bundesrat im Jahre 1996 noch, die Parteien eines Mietverhältnisses der obligatorischen außergerichtlichen Schlichtung zuzuweisen, vgl. BR-Drucks. 605/96 S. 54.

[75] BT-Drucks. 14/980 S. 6.

[76] BT-Drucks. 14/980 S. 6.

[77] BT-Drucks. 14/980 S. 6.

[78] BT-Drucks. 14/980 S. 6.

rechtliche Streitigkeiten in den Anwendungsreich einbezogen werden könnten[79].

5. Ausschlussgründe (§ 15 a Abs. 2 EGZPO)

Mit § 15 a Abs. 2 EGZPO regelte der Gesetzgeber einen Katalog zivilprozessualer Verfahren, die mit Rücksicht auf deren Besonderheiten von dem Erfordernis des vorgerichtlichen Schlichtungsversuchs ausgenommen werden sollten[80].

a) § 15 a Abs. 2 S. 1 Nr. 1 EGZPO

Bei den Klagen nach §§ 323 und 324 ZPO bestehe, so die Begründung des Bundesgesetzgebers, bereits ein rechtskräftiger Titel, der an veränderte Umstände anzupassen sei (§ 323 ZPO) oder bei dem die nachträgliche Festsetzung oder Erhöhung einer Sicherheitsleistung bei der Verurteilung zur Zahlung einer Geldrente begehrt werde (§ 324 ZPO). Hier sei die Durchführung eines Schlichtungsverfahrens nicht sinnvoll und löse erheblichen Änderungsbedarf bei den §§ 323, 324, 606, 606 a, 621 ZPO aus, da diese entweder auf die unmittelbare Klageerhebung abstellten oder die Zuständigkeit des Familiengerichts vorsähen[81].

Die Zulässigkeit einer Klage nach § 328 ZPO auf Anerkennung eines ausländischen Urteils könne nicht von einem vorherigen Schlichtungsversuch abhängig gemacht werden, da die begehrte Rechtsfolge der Anerkennung nicht durch einen Vergleich vor der Gütestelle herbeigeführt werden könne[82].

Auf Widerklagen sei das Schlichtungserfordernis deshalb nicht anzuwenden, weil dies mit dem Zweck des § 33 ZPO nicht zu vereinbaren sei, der eine gleichzeitige Verhandlung und Entscheidung über Klage und Widerklage ermöglichen wolle[83].

---

[79] BT-Drucks. 14/980 S. 5.
[80] BT-Drucks. 14/980 S. 7.
[81] BT-Drucks. 14/980 S. 7.
[82] BT-Drucks. 14/980 S. 7.
[83] BT-Drucks. 14/980 S. 7.

Den Anwendungsausschluss für fristgebundene Klagen begründete der Bundesgesetzgeber damit, dass bei Vorschaltung eines Schlichtungsverfahrens die angeordneten Klagefristen regelmäßig nicht mehr eingehalten werden könnten[84].

b) § 15 a Abs. 2 S. 1 Nr. 2 EGZPO

Der Anwendungsausschluss für Familiensachen wurde damit begründet, dass bei dem Verbund einer Familiensache mit der Scheidungssache das zwingend vorgeschaltete Schlichtungsverfahren sich nicht mit dem Zweck des § 623 ZPO vereinbaren lasse, der eine gleichzeitige Verhandlung und Entscheidung über Scheidungs- und Scheidungsfolgesache ermöglichen wolle[85].

c) § 15 a Abs. 2 S. 1 Nr. 3 EGZPO

Wiederaufnahmeverfahren wurden vom Anwendungsbereich des Schlichtungsverfahrens ausgenommen, weil bei Vorschaltung eines Schlichtungsverfahrens regelmäßig die Klagefrist nicht mehr eingehalten werden könne[86]. Im Übrigen könne bei Nichtigkeits- oder Restitutionsklagen nach den §§ 578 bis 580 ZPO die begehrte Rechtsfolge der rechtsgestaltenden Wirkung nicht durch einen Vergleich herbeigeführt werden[87].

d) § 15 a Abs. 2 S. 1 Nr. 4 EGZPO

Durch die Freistellung des Urkunden-, Wechsel- und Scheckprozesses wollte der Gesetzgeber sicherstellen, dass die summarischen Verfahren nicht an Effizienz verlieren[88].

e) § 15 a Abs. 2 S. 1 Nr. 5 EGZPO

Auch durch die Freistellung des streitigen Verfahrens im Anschluss an ein Mahnverfahren sollte sichergestellt werden, dass das Verfahren nicht an Effizienz verliert[89].

---

[84] BT-Drucks. 14/980 S. 7.
[85] BT-Drucks. 14/980 S. 7.
[86] BT-Drucks. 14/980 S. 7.
[87] BT-Drucks. 14/980 S. 7.
[88] BT-Drucks. 14/980 S. 7.
[89] BT-Drucks. 14/980 S. 7.

f) § 15 a Abs. 2 S. 1 Nr. 6 EGZPO

Die Ausnahme von Klagen nach dem Achten Buch der Zivilprozessordnung und anderer Klagen wegen vollstreckungsrechtlicher Maßnahmen vom Schlichtungserfordernis wurde damit begründet, dass die begehrte Rechtsfolge der rechtsgestaltenden Wirkung dieser Klagen nicht durch einen Vergleich vor einer Gütestelle herbeigeführt werden könne und dass mit der durch das Schlichtungsverfahren verzögerten Einreichung oder Erhebung der Klage ein Rechtsverlust drohe[90].

g) § 15 a Abs. 2 S. 2 EGZPO

Die Regelung des § 15 a Abs. 2 S. 2 EGZPO orientiert sich an derjenigen des § 380 Abs. 4 StPO. Die reduzierte räumliche Anwendbarkeit wurde damit begründet, dass es den Parteien auch im zivilrechtlichen Schlichtungsverfahren ohne größeren zeitlichen und finanziellen Aufwand möglich sein müsse, vor der Gütestelle zu erscheinen[91].

6. Zulässige Gütestellen (§ 15 a Abs. 3 EGZPO)

§ 15 a Abs. 3 EGZPO sieht vor, dass das Schlichtungserfordernis im Falle eines einvernehmlichen Einigungsversuchs vor einer sonstigen Gütestelle entfällt. Das Erfordernis des *einvernehmlichen* Einigungsversuchs vor den sonstigen Gütestellen wurde damit begründet, dass etwa bei der Anrufung einer branchengebundenen Schlichtungsstelle der wirtschaftlich schwächere Vertragspartner nicht gegen seinen Willen in eine Schlichtung gedrängt werden sollte, die durch Organisation und Finanzmittel des wirtschaftlich Stärkeren unterstützt werde[92].

II. Begründungen zum Gütestellen- und Schlichtungsgesetz Nordrhein-Westfalen

Die Besonderheiten des nordrhein-westfälischen Ausführungsgesetzes zur Öffnungsklausel wurden wie folgt begründet:

---

90 BT-Drucks. 14/980 S. 7.
91 BT-Drucks. 14/980 S. 7.
92 BT-Drucks. 14/980 S. 8.

1. § 10 Abs. 1 Nr. 1 GüSchlG NRW

Der nordrhein-westfälische Landesgesetzgeber hat den sachlichen Anwendungsbereich des § 10 Abs. 1 Nr. 1 GüSchlG NRW auf Streitigkeiten mit einem Gegenstandswert bis 1.200,- DM bzw. inzwischen 600,- EUR beschränkt. Er hat dies zum einen damit begründet, die Zahl der dem Schlichtungserfordernis unterworfenen Verfahren zu reduzieren, um den vorhandenen sachlichen und personellen Kapazitäten des Schiedsamtes Rechnung zu tragen[93]. Zum anderen sollte die Grenze der Wertgrenze des vereinfachten Verfahrens nach § 495 a ZPO entsprechen[94].

2. § 10 Abs. 1 Nr. 2 und 3 GüSchlG NRW

Der Landesgesetzgeber hat den Anwendungsbereich des § 15 a Abs. 1 Nr. 2 und 3 EGZPO in § 10 Abs. 1 Nr. 2 und 3 GüSchlG NRW im Wesentlichen übernommen. Die Nachbarschaftsstreitigkeiten wurden ebenso wie die Streitigkeiten wegen Verletzung der persönlichen Ehre als für eine außergerichtliche Konfliktbewältigung besonders geeignet erachtet[95].

Die Vorschrift des § 10 Abs. 1 Nr. 2 GüSchlG NRW regelt die Anwendbarkeit des Schlichtungserfordernisses für Streitigkeiten über Ansprüche wegen der in § 906 BGB geregelten Einwirkungen, sofern es sich nicht um Einwirkungen von einem gewerblichen Betrieb handelt, wegen Überwuchses, Hinüberfalls und anderer Nachbarrechte. Sie weicht insofern von dem Wortlaut des § 15 a Abs. 1 Nr. 2 EGZPO ab, als alle Ansprüche „wegen" erfasst werden. Damit sollte dem Problem begegnet werden, dass aus dem Nachbarrecht überwiegend keine eigenständigen Ansprüche herzuleiten seien, sondern dass das Nachbarrecht lediglich Rechte und Pflichten konstituiere, die über allgemeine zivilrechtliche Ansprüche aus §§ 812, 823, 1004 BGB oder Geschäftsführung ohne Auftrag durchzusetzen seien[96].

3. § 10 Abs. 2 Nr. 4 GüSchlG NRW

Die Regelung des § 10 Abs. 2 Nr. 4 GüSchlG NRW erwähnt ausdrücklich den Scheckprozess als weiteren Unterfall des Urkundenprozesses. Es han-

[93] LT-Drucks. (NRW) 12/4614 S. 35; vgl. auch Röhl, SchsZtg 2000, S. 317, 318.
[94] LT-Drucks. (NRW) 12/4614 S. 35; vgl. auch Dieckmann, NJW 2000, S. 2802, 2803.
[95] LT-Drucks. (NRW) 12/4614 S. 35.
[96] Vgl. Schmidt, DAR 2001, S. 481, 482.

delt sich insofern lediglich um eine Klarstellung. Eine sachliche Erweiterung des Ausnahmekataloges ist hierin nicht zu sehen[97].

4. § 10 Abs. 2 Nr. 7 GüSchlG NRW

In der Norm des § 10 Abs. 2 Nr. 7 GüSchlG NRW ist eine Abweichung zu den Ausnahmetatbeständen des § 15 a Abs. 2 EGZPO insofern enthalten, als auch Anträge im Adhäsionsverfahren vom Schlichtungserfordernis ausdrücklich ausgenommen sind. Begründet wurde die Regelung damit, dass ein Vorverfahren bei dem Adhäsionsverfahren nicht sinnvoll erscheine, da das Gericht sich im Rahmen des Strafverfahrens ohnehin mit dem Sachverhalt befassen müsse[98].

5. § 10 Abs. 2 Nr. 8 GüSchlG NRW

Von dem Schlichtungserfordernis des § 10 Abs. 1 GüSchlG NRW sind auch solche Klagen nicht erfasst, denen nach anderen gesetzlichen Bestimmungen ein Vorverfahren vorauszugehen hat (§ 10 Abs. 2 Nr. 8 GüSchlG NRW). Der Landesgesetzgeber hatte hier beispielsweise das Verfahren nach § 35 ff. Landesjagdgesetz NRW vor Augen[99].

6. Räumlicher Anwendungsbereich (§ 11 GüSchlG NRW)

Das Schlichtungserfordernis findet in Nordrhein-Westfalen nur dann Anwendung, wenn die Parteien in demselben Landgerichtsbezirk wohnen oder ihren Sitz oder eine Niederlassung haben (§ 11 GüSchlG NRW). Diese Einschränkung des räumlichen Anwendungsbereichs wurde mit den räumlichen Verhältnissen des Flächenlandes begründet. Sie eröffne einerseits einen ausreichend breiten Anwendungsbereich für die obligatorische Schlichtung. Andererseits bewahre sie die Parteien, deren persönliche Anwesenheit im Termin in der Regel erforderlich sei, vor unverhältnismäßig hohen Reisekosten und unverhältnismäßig hohem Zeitaufwand[100]. Eine Ausdehnung auf das gesamte Land wurde wegen der räumlichen Dimensi-

---

[97] Vgl. LT-Drucks. (NRW) 12/4614 S. 35.
[98] LT-Drucks. (NRW) 12/4614 S. 35.
[99] LT-Drucks. (NRW) 12/4614 S. 35; vgl. auch Dieckmann, NJW 2000, S. 2802, 2803.
[100] LT-Drucks. (NRW) 12/4614 S. 36.

on des Landes und den in Rede stehenden relativ geringen Forderungen für nicht sinnvoll erachtet[101].

7. Zulässige Gütestellen (§ 12 GüSchlG NRW)

In Nordrhein-Westfalen wurde die obligatorische außergerichtliche Streitschlichtung in erster Linie dem Schiedsamt und den anderen anerkannten Gütestellen übertragen (§ 12 GüSchlG NRW). Damit sollten die langjährigen Erfahrungen der Schiedsfrauen und -männer bei der zwischenmenschlichen Konfliktbewältigung nutzbar gemacht werden[102]. Den Schiedspersonen wurde zugetraut, das Verfahren bürgernah durchzuführen[103].
Der Kreis der möglichen Schlichterinnen und Schlichter wurde allerdings bewusst nicht auf diese beschränkt. Vielmehr sollten auch sonstige Einrichtungen in die außergerichtliche Streitschlichtung einbezogen werden. Dadurch sollten die Bürgerinnen und Bürger die Möglichkeit erhalten, diejenige Stelle aufzusuchen, die im konkreten Fall am besten zur Streitschlichtung geeignet sei[104]. Als mögliche anzuerkennende Gütestellen sah die Gesetzesbegründung der Landesregierung insbesondere die Angehörigen der rechtsberatenden Berufe an[105].

Von der *Einrichtung* von Gütestellen wurde in Nordrhein-Westfalen bewusst abgesehen[106].

Dass auch der einvernehmliche Schlichtungsversuch vor einer sonstigen Gütestelle das Schlichtungserfordernis entfallen lässt (§ 12 Abs. 2 GüSchlG NRW), wurde damit begründet, dass das System der effektiv arbeitenden branchengebundenen Schlichtungsstellen durch die obligatorische außergerichtliche Streitschlichtung nicht zerstört werden sollte[107].

---

[101] Vgl. Dieckmann, NJW 2000, S. 2802, 2803.
[102] LT-Drucks. (NRW) 12/4614 S. 29.
[103] LT-Drucks. (NRW) 12/4614 S. 36.
[104] LT-Drucks. (NRW) 12/4614 S. 2 und 29.
[105] LT-Drucks. (NRW) 12/4614 S. 36.
[106] LT-Drucks. (NRW) 12/4614 S. 28.
[107] LT-Drucks. (NRW) 12/4614 S. 36.

8. Abschaffung der Ordnungsmittel bei Nichterscheinen einer Partei

Der nordrhein-westfälische Landesgesetzgeber verzichtete bei der Umsetzung des § 15 a EGZPO auf die früher in § 23 des Gesetzes über das Schiedsamt in den Gemeinden des Landes Nordrhein-Westfalen (SchAG NRW) enthaltene Ordnungsgeldregelung im Falle des unentschuldigten Nichterscheinens einer Partei und führte in § 22 Abs. 3 SchAG NRW die Möglichkeit der Stellvertretung in der Schlichtungsverhandlung ein. Die Pflicht zum persönlichen Erscheinen ist zwar nicht entfallen (§ 22 Abs. 1 SchAG NRW). Der Verstoß gegen diese Vorgabe ist jedoch nicht sanktioniert.

Begründet wurde die Regelung damit, dass bewusst davon abgesehen werde, das Verfahren und die Kosten der Gütestellen außerhalb der Schiedsämter zu regeln. Um rechtsstaatliche Bedenken auszuräumen, sollte dem Antragsteller die Auswahl der Gütestelle vorbehalten bleiben. Dem Antragsgegner sollte demgegenüber ein sanktionsloses Fernbleiben ermöglicht werden[108].

9. Zeitliche Befristung

Das GüSchlG NRW ist zeitlich befristet. In der zeitlichen Befristung sollte vor allem der Versuchscharakter der Regelung zum Ausdruck kommen[109]. Während der fünfjährigen Frist soll in wissenschaftlichen Begleituntersuchungen geklärt werden, ob die Regelungen sich bewähren[110].

Mit der Koordination der Evaluierungen der einzelnen Länder betraute die Konferenz der Justizministerinnen und -minister eine Bund-Länder-Arbeitsgruppe unter Federführung Nordrhein-Westfalens[111].

---

[108] Vgl. LT-Drucks. (NRW) 12/4614 S. 29.
[109] LT-Drucks. (NRW) 12/4614 S. 44; vgl. auch Dieckmann, NJW 2000, S. 2802.
[110] Für Nordrhein-Westfalen liegt die Evaluierung bereits vor, vgl. Fußnote 21.
[111] Der Beschluss ist abgedruckt in NJW 2000, Heft 26, S. XII.

Kapitel II - Der Anwendungsbereich und die Ausschlussgründe

Bei dem Schlichtungserfordernis ist gem. §§ 10, 11 und 15 GüSchlG NRW zwischen dem Anwendungsbereich (§§ 10 Abs. 1, 11 und 15 GüSchlG NRW) und den Ausschlussgründen (§ 10 Abs. 2 GüSchlG NRW) zu unterscheiden. Der Anwendungsbereich gliedert sich wiederum in den zeitlichen, den sachlichen sowie den räumlichen.

A) Zeitlicher Anwendungsbereich

Die Norm des § 15 a EGZPO ist mit Wirkung zum 1. Januar 2000 in Kraft getreten. Das GüSchlG NRW gilt seit dem 9. Mai 2000 und greift für alle Klagen ein, die nach diesem Zeitpunkt bei Gericht eingegangen sind (vgl. § 15 GüSchlG NRW).

Die Geltung des Schlichtungserfordernisses ist in Nordrhein-Westfalen zunächst bis zum 31. Dezember 2005 befristet[112].

B) Sachlicher Anwendungsbereich

Der sachliche Anwendungsbereich des nordrhein-westfälischen Schlichtungserfordernisses wird von der Form des Rechtsschutzbegehrens und dem rechtlichen Charakter der Streitigkeit bestimmt.

I. Form des Rechtsschutzbegehrens

Das Schlichtungserfordernis gilt nur für Klagen (§ 10 Abs. 1 S. 1 GüSchlG NRW). Eine Klage ist ein Rechtsschutzbegehren, das auf den Erlass eines Urteils gerichtet ist[113]. Damit ist die Zulässigkeit aller anderen Rechtsschutzbegehren nach der ZPO, die nicht auf den Erlass eines Urteils sondern auf andere gerichtliche Entscheidungen gerichtet sind, etwa von Anträgen auf Erlass von Mahn- oder Vollstreckungsbescheiden, Arresten, einstweiligen Verfügungen oder Beschlüssen im selbständigen Beweisver-

---

[112] Art. 1 Nordrhein-Westfälisches Gesetz zur Ausführung von § 15 a des Gesetzes betreffend die Einführung der Zivilprozessordnung vom 9.5.2000 (GVBl. S. 476).

[113] Vgl. Thomas/Putzo/Reichold, ZPO, Vorbem § 253 Rn. 1; Zöller/Greger, ZPO, Vor § 253 Rn. 1.

fahren, von der vorherigen erfolglosen Durchführung eines Schlichtungsverfahrens unabhängig[114]. Gleiches gilt für Anträge in FGG-Verfahren, beispielsweise Anträge gem. § 43 WEG[115], sowie für Anträge im Adhäsionsverfahren[116].

II. Rechtlicher Charakter der Streitigkeit

Die sachliche Anwendbarkeit des Schlichtungserfordernisses im engeren Sinne ist in § 10 Abs. 1 S. 1 GüSchlG NRW geregelt und hängt zunächst von dem rechtlichen Charakter der Streitigkeit ab. § 10 Abs. 1 S. 1 GüSchlG NRW unterwirft bestimmte nachbarrechtliche Streitigkeiten sowie bestimmte Ehrverletzungsstreitigkeiten ohne weiteres und vermögensrechtliche Streitigkeiten vor dem Amtsgericht bis zu einem Gegenstandswert in Höhe von 600,- EUR dem Schlichtungserfordernis.

1. Anwendbarkeit bei vermögensrechtlichen Streitigkeiten (§ 10 Abs. 1 Nr. 1 GüSchlG NRW)

Die Anwendbarkeit des Schlichtungserfordernisses gem. § 10 Abs. 1 Nr. 1 GüSchlG NRW setzt voraus, dass es sich um eine vermögensrechtliche Streitigkeit handelt.

a) Abgrenzung der vermögensrechtlichen von der nichtvermögensrechtlichen Streitigkeit

Die Abgrenzung der vermögensrechtlichen von der nichtvermögensrechtlichen Streitigkeit ist nicht nur für die Bestimmung des sachlichen Anwendungsbereichs des § 10 Abs. 1 Nr. 1 GüSchlG NRW von Bedeutung. Sie beeinflusst die Anwendbarkeit zahlreicher weiterer zivilprozessualer Vorschriften, sowohl geltender als auch historischer[117].

---

[114] Vgl. Baumbach/Albers, ZPO, § 15 a EGZPO Rn. 5; Jenkel, Streitschlichtungsversuch, S. 148; vgl. zur Begründung des Gesetzgebers Kapitel I B) I.

[115] Vgl. Schmidt, DAR 2001, S. 481, 482.

[116] Prütting/Schmidt, Streitschlichtung, Rn. 112; a.A. Serwe, Schlichtungsgesetz, Rn. 234.

[117] §§ 20, 23, 40 Abs. 2 Nr. 1, 33 Abs. 2, 708 Nr. 10 und 11, 1030 ZPO; historisch war die Abgrenzung in folgenden Normen relevant: §§ 23 Nr. 1, 71 Abs. 1 GVG, §§ 511 a, 529 Abs. 2, 546 Abs. 1, 554 Abs. 4, 554 b ZPO a.F.

Die aktuellen und historischen Anwendungsbereiche des Unterscheidungskriteriums der vermögensrechtlichen oder nichtvermögensrechtlichen Streitigkeit bzw. der jeweiligen Ansprüche zeigen, dass es für die Rechtsschutzbegehren der Zivilprozessparteien von erheblicher Bedeutung ist, ob die Streitigkeit vermögensrechtlich oder nichtvermögensrechtlich ist, da der Charakterisierung sowohl rechtsschutzerweiternde als auch rechtsschutzbegrenzende Bedeutung zukommen kann[118]. Im Rahmen des § 10 GüSchlG NRW kommt dem vermögensrechtlichen Charakter der Streitigkeit eine rechtsschutzreduzierende Wirkung zu, da die zivilgerichtliche Klage mit einem Gegenstandswert bis zu 600,- EUR bei Vorliegen der übrigen Anwendungsvoraussetzungen dem präforensischen Schlichtungserfordernis unterfällt und damit einer zumindest zeitlichen Hürde vor dem Zugang zu den ordentlichen Gerichten unterliegt.

Nach welchen Kriterien die Abgrenzung der vermögensrechtlichen von der nichtvermögensrechtlichen Streitigkeit vorzunehmen ist, wird in Rechtsprechung und Literatur unterschiedlich bewertet. Einhellig wird allerdings der Streitgegenstand, also der Klageantrag und der dem Klagebegehren zugrundeliegende Lebenssachverhalt[119], als maßgebendes Anknüpfungskriterium für die Bestimmung des rechtlichen Charakters einer Streitigkeit angesehen[120].

---

[118] Revisionsrechtlich war die vermögensrechtliche Streitigkeit früher beispielsweise privilegiert. Nach § 546 Abs. 1 ZPO a.F. musste die Revision bei nichtvermögensrechtlichen Streitigkeiten ausdrücklich zugelassen werden während sie in Rechtsstreiten über vermögensrechtliche Ansprüche, bei denen der Wert der Beschwer sechzigtausend Deutsche Mark überstieg, ohne weiteres zulässig war. Der BGH als zuständiges Revisionsgericht war nicht nur an die Zulassung sondern auch an die selbst fehlerhafte Nichtzulassung durch das Oberlandesgericht gebunden (vgl. BGHZ 2, S. 16, 20; BGH, NJW 1965, S. 1965; BVerfG, NJW 1966, S. 339); teilweise wird demgegenüber bei der Unterscheidung zwischen vermögensrechtlichen und nichtvermögensrechtlichen Ansprüchen von einer Tendenz des Gesetzgebers, nichtvermögensrechtliche Streitigkeiten besonders zu schützen, gesprochen (Baum, Zivilprozess, S. 160).

[119] So der herrschende zweigliederige Streitgegenstandsbegriff, z.B. BGH, NJW 1996, S. 3151, 3152; BGH, NJW 1993, S. 2052 f.; BGH, NJW-RR 1987, S. 683, 684; Schellhammer, Zivilprozess, Rn. 130; Baum, Zivilprozess, S. 94.

[120] BGHZ 14, S. 72, 74; Baum, Zivilprozess, S. 94; Schellhammer, Zivilprozess, Rn. 790.

aa) Meinungsstand in Rechtsprechung und Literatur

Die Rechtsprechung und ein Teil der Literatur stellen für die Unterscheidung zwischen vermögensrechtlichen und nichtvermögensrechtlichen Streitigkeiten im Wesentlichen auf drei Fallgruppen ab.

Die erste Fallgruppe betrifft die vermögensrechtlichen Klageanträge. Vermögensrechtlich ist eine Streitigkeit danach dann, wenn der Klageantrag vermögensrechtlicher Natur ist. Das ist wiederum dann der Fall, wenn mit der Klage eine auf Geld gerichtete oder in Geldeswert ausdrückbare Leistung oder die Feststellung einer entsprechenden Leistungspflicht begehrt wird[121].

Die zweite Fallgruppe betrifft die prozessualen Ansprüche, die aus einem vermögensrechtlichen Lebenssachverhalt hergeleitet werden, wenn es sich also um ein vermögenswertes Rechtsverhältnis handelt[122]. Ein solches vermögenswertes Rechtsverhältnis liegt dann vor, wenn die rechtlich durch Vertrag oder durch Gesetz geregelte Beziehung auf den Gewinn von Geld oder von geldwerten Gegenständen gerichtet ist[123].

Die dritte Fallgruppe bilden die Streitigkeiten, deren Streitgegenstand aus nichtvermögensrechtlichen Verhältnissen entspringt und auch nicht auf Geld oder auf eine in Geldeswert ausdrückbare Leistung gerichtet ist, in denen das Rechtsschutzbegehren des Klägers aber in wesentlicher Weise auch der Wahrung wirtschaftlicher Belange dienen soll[124].

---

121 Stein/Jonas/Roth, ZPO, § 1 Rn. 49; Thomas/Putzo/Putzo, ZPO, Einl IV Rn. 1; zum vermögensrechtlichen Charakter der Forderungsfeststellungsklage und zum Eingreifen des Schlichtungserfordernisses vgl. AG Wuppertal, ZInsO 2002, S. 91, 92; Mankowski, EWiR 2002, S. 347, 348; Friedrich, NJW 2002, S. 3223, 3224; für eine Ausnahme der Forderungsfeststellungsklage vom Schlichtungserfordernis: Röhl, Gutachten, S. 161.

122 BGHZ 83, S. 106, 109; Jauernig, Zivilprozessrecht, S. 35; Schack, MDR 1984, S. 456; Zöller/Vollkommer, ZPO, § 1 Rn. 13; Thomas/Putzo/Putzo, ZPO, Einl IV Rn. 1.

123 Thomas/Putzo/Putzo, ZPO, Einl IV Rn. 1.

124 Vgl. BGHZ 89, S. 198, 200; NJW-RR 1990, S. 1276, 1277; NJW 1986, S. 2503, 2504; AK-ZPO/Röhl, § 1 Rn. 21; Baum, Zivilprozess, S. 97; Jauernig, Zivilprozessrecht, S. 35; Rosenberg/Schwab/Gottwald, Zivilprozessrecht, § 32 I. 2. a); Schumann, BB 1983, S. 506; Stein/Jonas/Roth, § 1 Rn. 49.

In der Literatur wird insbesondere der dritte Definitionsansatz kritisiert[125]. Er stelle die Entscheidung über die Rechtsnatur auf eine unsichere Grundlage und beruhe nicht auf systematischen Grundlagen. Die Bestimmung sei häufig von zufälligen, weitgehend höchst subjektiven Wertvorstellungen, von finanziellen Erwägungen und mitunter auch von Vorurteilen geprägt[126]. Bereits für die Regelung des § 546 ZPO a.F. wurde wegen des Gebots der Zuständigkeitsklarheit die Aufgabe der dritten Fallgruppe gefordert[127].

Teilweise wird auch die grundsätzliche Ungleichbehandlung der vermögensrechtlichen und der nichtvermögensrechtlichen Streitigkeiten kritisiert und für eine Aufgabe der Unterscheidung zwischen den rechtlichen Charakteren insgesamt plädiert[128].

bb) Stellungnahme

Die zu den übrigen Normen, insbesondere zu § 546 ZPO a.F. entwickelten Abgrenzungsmaßstäbe können auch auf die Auslegung des § 10 Abs. 1 Nr. 1 GüSchlG NRW übertragen werden[129].

Der Kritik an der dritten Fallgruppe ist zu folgen. Die von der Rechtsprechung mit der dritten Fallgruppe aufgestellten Abgrenzungskriterien lassen aufgrund ihrer sehr subjektiven Ausrichtung eine verlässliche Rechtsanwendung nicht zu. Der definitorische Ansatz sollte aufgegeben und der Anwendungsbereich der vermögensrechtlichen Streitigkeit damit möglichst weitgehend eingegrenzt werden. Die weitgehende Eingrenzung hat den Vorteil sehr klarer Abgrenzungslinien und dient damit insbesondere der Rechtsklarheit und Rechtssicherheit.

Dieser Auslegungsansatz findet auch im Wortlaut des § 10 Abs. 1 Nr. 1 GüSchlG NRW sowie des § 15 a Abs. 1 Nr. 1 EGZPO eine Stütze. Die Regelungen stellen einen Zusammenhang her zwischen der vermögensrechtli-

---

[125] Baum, Zivilprozess, S. 167 f.; Schack, MDR 1984, S. 456, 457 f.
[126] Baum, Zivilprozess, S. 167 f.
[127] Schack, MDR 1984, S. 456, 457 f.
[128] Baum, Zivilprozess, S. 159 f.
[129] Vgl. Zöller/Gummer, ZPO, § 15 a EGZPO, Rn. 4.

chen Streitigkeit und Ansprüchen, deren Gegenstand in Geld oder Geldeswert zu bemessen ist. Das spricht dafür, dass der Gesetzgeber zu den vermögensrechtlichen Streitigkeiten im Sinne des § 15 a Abs. 1 Nr. 1 EGZPO, § 10 Abs. 1 Nr. 1 GüSchlG NRW nur solche zählt, deren Ansprüche einen Gegenstand an Geld oder Geldeswert überhaupt besitzen. Daran sollte sich die Auslegung orientieren.

Da das Abgrenzungskriterium der Vermögens- bzw. Nichtvermögensrechtlichkeit aufgrund der veränderten wirtschaftlichen Verhältnisse rechtssoziologisch ohnehin an Bedeutung verloren hat, ist es sogar angezeigt, über eine vollständige Aufgabe der Unterscheidung nach dem rechtlichen Charakter der Streitigkeit nachzudenken und stattdessen für spezielle Streitigkeiten, etwa die familienrechtlichen Statussachen oder – wie in § 10 GüSchlG NRW geschehen – für bestimmte Ansprüche aus Sonderbeziehungen, beispielsweise Ehrverletzungs- oder Nachbarschaftsstreitigkeiten, besondere Regelungen aufzustellen.

b) Streitigkeit vor dem Amtsgericht

Die Anwendbarkeit des § 10 Abs. 1 Nr. 1 GüSchlG NRW setzt zudem voraus, dass es sich um eine Streitigkeit *vor dem Amtsgericht* handelt. Diese Einschränkung sieht § 10 Abs. 1 Nr. 2 und 3 GüSchlG NRW für die nachbarrechtlichen Streitigkeiten und die Streitigkeiten wegen Ehrverletzung nicht vor, so dass die Nachbarrechts- und Ehrverletzungsstreitigkeiten auch vor dem Landgericht dem präforensischen Schlichtungserfordernis unterworfen sind. Die Regelung entspricht derjenigen der Öffnungsklausel des § 15 a Abs. 1 Nr. 1 EGZPO.

c) Gegenstandswertgrenze

Die Anwendbarkeit des Schlichtungserfordernisses ist bei vermögensrechtlichen Streitigkeiten von der Höhe des Gegenstandswerts abhängig. Die Gegenstandswertgrenze beträgt gem. § 15 a Abs. 1 Nr. 1 EGZPO 750,- EUR und gem. § 10 Abs. 1 Nr. 1 GüSchlG NRW 600,- EUR. An der Wirksamkeit der Reduzierung der Wertgrenze im nordrhein-westfälischen Ausführungsgesetz bestehen im Hinblick auf die in § 15 a Abs. 5 EGZPO enthaltene Befugnis der Landesgesetzgeber, den Anwendungsbereich des § 15 a Abs. 1 EGZPO einzuschränken, keine Bedenken.

In der Literatur wird die Herabsetzung der Wertgrenze teilweise kritisiert[130]. Das Zusammenspiel zwischen der Herabsetzung der Wertgrenze und der Übertragung der Schlichtung auf Laien wird als „Diskriminierung der untersten Streitwerte" angesehen[131].

Die Kritik erscheint überzogen. Es macht zunächst für die Bewertung, ob in der Einführung einer Schlichtungsobligation eine Diskriminierung von Streitigkeiten mit bestimmten Gegenstandswerten zu sehen ist, keinen relevanten Unterschied, ob die Gegenstandswertgrenze bei 600,- EUR oder 750,- EUR gezogen wird. Allein die Bezeichnung „unterste Streitwerte" für den Bereich bis 600,- EUR vermag diese Bewertung nicht zu Gunsten der in der Literatur vertretenen Auffassung zu beeinflussen. Dass in Nordrhein-Westfalen die Wertgrenze auf 600,- EUR festgesetzt wurde, ist im Übrigen mit den vorhandenen Kapazitäten des Schiedsamtes sachlich begründet worden[132] und muss vor dem Hintergrund bewertet werden, dass der nordrhein-westfälische Landesgesetzgeber davon ausging, dass von den ca. 1.200 Schiedspersonen insgesamt etwa 60.000 Verfahren bearbeitet werden würden[133]. Die Reduzierung erscheint auch unter Berücksichtigung des Beschwerdewertes gem. § 511 Abs. 2 Nr. 1 ZPO und der sog. Bagatellgrenze des § 495 a ZPO stimmig, zumal sie nur für amtsgerichtliche Verfahren gilt.

aa) Gegenstandswertbestimmung

Das Gericht hat bei der Frage, ob das durchgeführte Schlichtungsverfahren Zulässigkeitsvoraussetzung für die anhängige Klage ist, zunächst den Streitwert zu bestimmen. Für das Schlichtungsverfahren fehlt eine Regelung, nach der auch durch die Schlichtungsperson eine verbindliche Wertfestsetzung erfolgen kann.

---

[130] Schilken, Festschrift für Ishikawa, S. 480; Jansen, Streitschlichtung, S. 296.
[131] Schilken, Festschrift für Ishikawa, S. 480; Jansen, Streitschlichtung, S. 296.
[132] Vgl. zur gesetzgeberischen Begründung Kapitel I B) II. 1.
[133] Vgl. die Begründung des Gesetzentwurfs der Landesregierung, LT-Drucks. (NRW) 12/4614 S. 3.

(1) Auffassung der Literatur

In der Literatur wird das Fehlen einer solchen Regelung kritisiert[134]. Es wird die Auffassung vertreten, eine Regelung zur verbindlichen Wertfestsetzung durch den Schlichter sei erforderlich, da die Bestimmung des Streitwerts oft problematisch sein könne und sich ein Streit der Parteien über die Höhe des Streitwerts nicht verzögernd auswirken dürfe[135].

(2) Stellungnahme

Das Fehlen einer Regelung zur verbindlichen Bestimmung des Gegenstandswerts wirft im Anwendungsbereich des GüSchlG NRW keine Probleme auf. Die Gebühr für das Schlichtungsverfahren richtet sich nicht nach dem Gegenstandswert[136]. Der Schlichter muss auf Antrag des Antragstellers tätig werden und einen Termin bestimmen. Das gilt unabhängig davon, ob die Gegenstandswertgrenze des § 10 Abs. 1 Nr. 1 GüSchlG NRW überschritten ist. Der Gegenstandswert ist allenfalls dann von Interesse, wenn sich im gerichtlichen Verfahren die Frage der Erforderlichkeit eines erfolglos durchgeführten Schlichtungsversuchs stellt. Für diese Frage hätte aber eine Festlegung des Gegenstandswertes durch den Schlichter ohnehin keine Relevanz, da das Gericht das Vorliegen der Zulässigkeitsvoraussetzungen selbst zu prüfen und den Streitwert selbst festzusetzen hat (§ 3 ZPO)[137]. Es ist zudem davon auszugehen, dass eine Gegenstandswertbestimmung durch den Schlichter nur dann erfolgen würde, wenn das Schlichtungsverfahren tatsächlich durchgeführt wird; dann stellt sich aber die Frage des Nichtvorliegens des vorherigen erfolglosen Schlichtungsversuchs im anschließenden Streitverfahren erst gar nicht[138].

Problematisch ist demgegenüber die Situation in den Ländern, in denen dem Schlichter die Kompetenz zusteht, die Erfolglosigkeitsbescheinigung ohne vorherige Durchführung des Schlichtungsverfahrens auch dann zu

---

[134] Ott, Konfliktbeilegung, S. 86 f.; Schuster, Rechtsbefriedung, S. 63 ff.

[135] Ott, Konfliktbeilegung, S. 86 f.

[136] Vgl. § 45 SchAG NRW.

[137] Vgl. Zöller/Gummer, ZPO, § 15 a EGZPO Rn. 24.

[138] Wegen der mit der Streitwertbestimmung verbundenen Schwierigkeiten hat der nordrhein-westfälische Gesetzgeber bewusst das Schlichtungsverfahren vor den Schiedspersonen einheitlich geregelt, unabhängig davon, ob es sich um eine Streitigkeit aus dem Anwendungsbereich des GüSchlG NRW handelt oder nicht (vgl. LT-Drucks. (NRW) 12/4614 S. 29).

erteilen, wenn er die Gegenstandswertgrenze für überschritten hält[139]. Insofern ist allerdings von einer Bindung des Gerichts an die erteilte Erfolglosigkeitsbescheinigung auszugehen[140]. Einer verbindlichen Festsetzung des Gegenstandswertes durch den Schlichter bedarf es daher auch in diesen Ländern nicht.

bb) Objektive Klagehäufung

Bei der objektiven Klagehäufung gem. § 260 ZPO handelt es sich um die in einer Klage verbundene Geltendmachung mehrerer prozessualer Ansprüche, also um eine Mehrheit von Streitgegenständen bei Einheit des Verfahrens[141]. Sie liegt vor, wenn der Kläger in demselben Verfahren mehrere Anträge stellt oder wenn der Kläger seinen Antrag auf mehrere Klagegründe stützt[142].

Die Anwendbarkeit des § 10 Abs. 1 GüSchlG NRW kann bei der objektiven Klagehäufung fraglich sein. Problematisch sind dabei die Konstellationen, in denen mehrere prozessuale Ansprüche geltend gemacht werden, von denen entweder einer oder mehrere - isoliert betrachtet - dem Schlichtungserfordernis unterfallen würden.

(1) Meinungsstand in Rechtsprechung und Literatur

Teilweise wird in der Literatur vertreten, dass eine isolierte Betrachtung eines jeden Anspruchs zu erfolgen habe[143]. Diese Auffassung wird damit begründet, dass der Gesetzgeber mit dem obligatorischen außergerichtlichen Schlichtungsverfahren darauf abziele, Bagatellforderungen von den Gerichten fern zu halten[144].

Überwiegend wird demgegenüber in der Literatur angenommen, es sei § 5 ZPO entsprechend anzuwenden mit der Folge, dass eine Wertaddition

---

[139] Vgl. Art. 4 Abs. 2 BaySchlG.
[140] Wetekamp, NZM 2001, S. 614, 616.
[141] Musielak/Foerste, ZPO, § 260 Rn. 2; Thomas/Putzo/Reichold, ZPO, § 260 Rn. 1; Baumbach/Hartmann, ZPO, § 260 Rn. 1.
[142] Musielak/Foerste, ZPO, § 260 Rn. 2; Thomas/Putzo/Reichold, ZPO, § 260 Rn. 2 f.
[143] Schwarzmann/Walz, Schlichtungsgesetz, Art. 1 Anm. 6.
[144] Schwarzmann/Walz, Schlichtungsgesetz, Art. 1 Anm. 6.

der geltend gemachten Ansprüche zu erfolgen habe[145]. Werde dadurch die Gegenstandswertgrenze des Schlichtungserfordernisses überschritten, so sei die Klage auch ohne einen zuvor durchgeführten Schlichtungsversuch zulässig, selbst wenn die einzelnen Ansprüche dem Schlichtungserfordernis unterfielen[146].

Teilweise wird innerhalb dieser Ansicht vertreten, dies gelte dann nicht, wenn eine Zahlungsklage mit höherem Wert mit einem dem Schlichtungserfordernis unterfallenden Anspruch aus dem Nachbarrecht oder wegen Ehrverletzung zusammentreffe. Insofern müsse differenziert werden und es müsste für jeden Antrag gesondert geprüft werden, ob sämtliche Prozessvoraussetzungen erfüllt seien[147].

In der Rechtsprechung wird sowohl für den Fall des Zusammentreffens mehrerer Zahlungsansprüche, sofern der Gesamtwert die Grenze des § 10 Abs. 1 Nr. 1 GüSchlG NRW übersteigt[148], als auch für den Fall des Zusammentreffens verschiedener Ansprüche im Sinne des § 10 Abs. 1 Nr. 1 - 3 GüSchlG NRW bzw. des Zusammentreffens schlichtungsbedürftiger mit nicht schlichtungsbedürftigen Ansprüchen[149] eine unmittelbare Zulässigkeit der gesamten Klage ohne vorherige Durchführung des Schlichtungsverfahrens angenommen. Begründet wird diese Auffassung damit, dass nach dem Sinn und Zweck des GüSchlG NRW ein Schlichtungsverfahren in diesen Konstellationen ausscheide[150]. Insbesondere bei dem Zusammentreffen schlichtungsbedürftiger und nicht schlichtungsbedürftiger Ansprüche mangele es im Regelfall an der dem Schlichtungsgedanken zugrundeliegenden persönlichen Beziehung der Parteien. Es werde vielmehr dokumentiert, dass der Konflikt gravierender als in den gesetzlich geregelten Fällen sei. Gegen eine Aufspaltung spreche auch die Prozess-

---

[145] MüKo/ZPO/Wolf, § 15 a EGZPO Rn. 3; Prütting/Schmidt, Streitschlichtung, Rn. 118; Schmidt, DAR 2001, S. 481, 482; Beunings, AnwBl 2004, S. 82, 85.

[146] Prütting/Schmidt, Streitschlichtung, Rn. 118; Schmidt, DAR 2001, S. 481, 482; Feix, Streitbeilegung, S. 138; Beunings, AnwBl 2004, S. 82, 85.

[147] Prütting/Schmidt, Streitschlichtung, Rn. 119; Röhl, Gutachten, S. 166; a.A. Feix, Streitbeilegung, S. 138.

[148] AG Halle, NJW 2001, S. 2099.

[149] LG Aachen, NJW-RR 2002, S. 1439.

[150] LG Aachen, NJW-RR 2002, S. 1439.

ökonomie. Missbrauchsfällen könne durch die Prozesstrennung gem. § 145 ZPO vorgebeugt werden[151].

(2) Stellungnahme

Die pauschalen Lösungsansätze überzeugen insgesamt nicht. Es ist vielmehr danach zu differenzieren, ob es sich bei der objektiven Klagehäufung um die Verbindung mehrerer vermögensrechtlicher Ansprüche oder vermögensrechtlicher und nichtvermögensrechtlicher Ansprüche handelt.

(a) Erste Fallkonstellation

Werden mehrere vermögensrechtliche Ansprüche im Sinne des § 10 Abs. 1 Nr. 1 GüSchlG NRW gleichzeitig geltend gemacht, so ist entsprechend § 5 ZPO ein Gesamtgegenstandswert zu bilden ist. Liegt dieser über 600,- EUR, so ist die Klage ohne vorherige Durchführung des Schlichtungsverfahrens unmittelbar zulässig.

(b) Zweite Fallkonstellation

Der unter (a) dargestellte Grundsatz ist dann, wenn zumindest einer der vermögensrechtlichen Ansprüche zugleich die Voraussetzungen des § 10 Abs. 1 Nr. 2 oder Nr. 3 GüSchlG NRW erfüllt, dahin zu modifizieren, dass es zwar für die Anwendbarkeit des § 10 Abs. 1 Nr. 1 GüSchlG NRW auf den Gesamtgegenstandswert des vermögensrechtlichen Teils der Klage ankommt. Beträgt dieser mehr als 600,- EUR, liegen die Voraussetzungen des § 10 Abs. 1 Nr. 1 GüSchlG NRW nicht vor. Gleichwohl ist jeder einzelne Anspruch zusätzlich daraufhin zu prüfen, ob er - isoliert betrachtet, da es insofern nicht auf den Gegenstandswert ankommt - dem § 10 Abs. 1 Nr. 2 oder Nr. 3 GüSchlG NRW unterfällt. Wenn diese Frage bejaht wird, ist die Klage *insoweit* (teilweise) unzulässig.

(c) Dritte Fallkonstellation

Wird ein vermögensrechtlicher Anspruch mit einem nichtvermögensrechtlichen verbunden, so ist zu unterscheiden zwischen den Fällen, in denen beide Ansprüche - isoliert betrachtet - dem Schlichtungserfordernis unterfallen oder nur einer von beiden.

---

[151] LG Aachen, NJW-RR 2002, S. 1439.

Unterfallen beide Ansprüche - isoliert betrachtet - dem Schlichtungserfordernis, so gilt dies auch für die gesamte Klage. Diese ist, wenn der Schlichtungsversuch nicht durchgeführt wurde und die Ausschlussgründe nicht eingreifen, insgesamt unzulässig.

Unterfällt nur einer der beiden Ansprüche dem Schlichtungserfordernis, so ist die Klage grundsätzlich im Umfang des dem Schlichtungserfordernis unterfallenden Anspruchs unzulässig, sofern die Ansprüche voneinander rechtlich unabhängig sind.

Diese Konstellation ist vergleichbar derjenigen des § 546 ZPO a.F.. Danach fand die Revision in Rechtsstreitigkeiten über vermögensrechtliche Ansprüche, bei denen der Wert der Beschwer 60.000,- DM nicht überstieg, und über nichtvermögensrechtliche Ansprüche nur statt, wenn das Oberlandesgericht sie in dem Urteil zugelassen hatte. In Streitigkeiten über vermögensrechtliche Ansprüche, bei denen der Wert der Beschwer 60.000,- DM überstieg, war die Revision demgegenüber ohne Zulassung statthaft.

Nach der herrschenden Auffassung war im Falle der Verbindung eines vermögensrechtlichen Anspruchs, dessen Wert die Revisionssumme erreichte, mit einem nichtvermögensrechtlichen Anspruch wie folgt zu differenzieren:

War die Entscheidung über den revisiblen Anspruch präjudiziell für den anderen, so eröffnete die Zulässigkeit der Revision wegen des präjudiziellen Anspruchs auch die Revision für den von diesem abhängigen, an sich nicht revisiblen Anspruch[152]. Fehlte es an dem rechtlichen Zusammenhang zwischen beiden Ansprüchen, so war die Zulässigkeit der Revision für jeden prozessualen Anspruch gesondert zu prüfen[153].

Überträgt man diese Differenzierung auf die gleichgelagerte Frage der Zulässigkeit der Klage bei teilweisem Eingreifen des Schlichtungserfordernis-

[152] BGHZ 35, S. 302, 306; Baumbach/Albers, ZPO, 58. Aufl., § 546 Rn. 5.
[153] Baumbach/Albers, ZPO, 58. Aufl., § 546 Rn. 5.

ses, so gilt, dass die Klage auch ohne vorherige Durchführung des Schlichtungsverfahrens insgesamt zulässig ist, wenn ein schlichtungsfreier Anspruch mit einem schlichtungsbedürftigen verbunden ist, sofern der schlichtungsfreie Anspruch präjudiziell für den schlichtungsbedürftigen ist. Anderenfalls verbleibt es bei dem Grundsatz der isolierten Prüfung eines jeden prozessualen Anspruchs.

cc) Eventualklagehäufung

In einer Klage können Haupt- und Hilfsantrag in der Weise miteinander verbunden werden, dass über den Hilfsantrag nur im Falle der Erfolglosigkeit des Hauptantrages entschieden werden soll[154]. Die Erfolglosigkeit des Hauptantrages stellt eine innerprozessuale Bedingung für die Entscheidung über den Hilfsantrag dar[155]. Erfolglos ist der Hauptantrag auch im Falle seiner Unzulässigkeit.

Unterfallen sowohl der Haupt- als auch der Hilfsantrag der Schlichtungsobligation, so ist die unmittelbar erhobene Klage unzulässig. Greift nur für den Hauptantrag das Schlichtungserfordernis ein, so tritt damit die innerprozessuale Bedingung, nämlich die Erfolglosigkeit des Hauptantrages aufgrund dessen Unzulässigkeit, ein, so dass über den Hilfsantrag sachlich zu entscheiden ist. Liegen demgegenüber die Voraussetzungen der §§ 10, 11 GüSchlG NRW nur für den Hilfsantrag vor und ist der Hauptantrag aus einem anderen Grund erfolglos, so ist die Klage insgesamt abzuweisen und zwar im Umfang des Hilfsantrages wegen des nicht durchgeführten Schlichtungsverfahrens als unzulässig.

dd) Umgehung der Wertgrenze durch Klageerweiterung

Die Vorschrift des § 10 Abs. 1 Nr. 1 GüSchlG NRW regelt, bis zu welcher Grenze vermögensrechtliche Ansprüche der Schlichtungsobligation unter-

---

[154] Vgl. Thomas/Putzo/Reichold, ZPO, § 260 Rn. 8; Baumbach/Hartmann, ZPO, § 260 Rn. 8.

[155] Vgl. BGH NJW 1996, S. 3147, 3150; MüKo/ZPO/Lüke, § 260 Rn. 11; Anders/Gehle, Assessorexamen, Rn. 456.

fallen. Der Versuch, die Wertgrenze durch eine Klageerweiterung zu umgehen, war bereits Gegenstand zahlreicher gerichtlicher Entscheidungen[156].

Das Problem der Umgehung des Schlichtungserfordernisses stellt sich insbesondere in den Konstellationen der nachträglichen Klageänderung und Klageerweiterung.

Zu unterscheiden sind drei Fallkonstellationen:

(1) Erste Fallkonstellation

Die erste Konstellation betrifft die Fälle, in denen die ursprüngliche Klage zulässig ist, sie jedoch um eine Klageforderung erweitert wird, die – für sich genommen – dem Schlichtungserfordernis unterfiele. Klagt der Kläger beispielsweise 1.000,- EUR ein und erweitert er die Klage um 200,- EUR, so stellt sich die Frage, ob die Klage im Umfang der Klageerweiterung ohne vorherige Durchführung des Schlichtungserfordernisses zulässig ist.

Diese Konstellation weist gegenüber der bereits dargestellten anfänglichen objektiven Klagehäufung keine Besonderheiten auf. Nach der hier vertretenen Auffassung bestehen dann keine Bedenken an der umfassenden Zulässigkeit der Klage, wenn es sich um zwei vermögensrechtliche Ansprüche handelt, die bei der Gegenstandswertbestimmung zusammenzurechnen sind, oder wenn zwischen zwei Ansprüchen, von denen nur einer dem Schlichtungserfordernis unterfällt, ein rechtlicher Zusammenhang im Sinne einer Präjudizialität besteht[157].

(2) Zweite Fallkonstellation

Das Problem der unzulässigen Umgehung des Schlichtungserfordernisses stellt sich zum Zweiten in den Konstellationen, in denen die zunächst anhängig gemachte Klage wegen Nichtdurchführung des Schlichtungsverfah-

---

[156] Vgl. AG Halle, NJW 2001, S. 2099, 2100; AG München, NJW-RR 2003, S. 515; LG Kassel, NJW 2002, S. 2256; AG Brakel, NJW-RR 2002, S. 935, 936; LG Baden-Baden, NJW-RR 2002, S. 935; AG Rosenheim, NJW 2001, S. 2030, 2032.

[157] Im Ergebnis ebenso AG Halle, NJW 2001, S. 2099, allerdings mit der wenig überzeugenden Begründung, es bestehe ein innerer Zusammenhang zwischen der Klageerweiterung und dem in dem entschiedenen Fall zuvor durchgeführten Mahnverfahren.

rens unzulässig wäre, sie aber nachträglich erweitert wird, um einem Prozessurteil anders zu entgehen als durch eine kostenpflichtige Klagerücknahme. Klagt der Kläger beispielsweise 550,- EUR ein und erweitert er die Klage später um 60,- EUR auf insgesamt 610,- EUR, so stellt sich die Frage, ob die Klage dadurch insgesamt zulässig wird. Die Behandlung dieser Konstellation ist in Rechtsprechung und Literatur umstritten.

(a) Meinungsstand in Rechtsprechung und Literatur

Das Amtsgericht München hatte einen Fall zu entscheiden, in dem die Klage nach dem Hinweis des Gerichts auf die Unzulässigkeit der Klage wegen der Nichtdurchführung des Schlichtungsverfahrens noch vor Eintritt der Rechtshängigkeit so erhöht wurde, dass die Gegenstandswertgrenze von 750,- EUR[158] überschritten wurde.

Das Amtsgericht München wies die Klage gleichwohl als unzulässig ab[159]. Es begründete die Entscheidung damit, dass eine unzulässige Klage nicht durch eine Klageerweiterung zulässig werden könne. Zweck der außergerichtlichen Streitbeilegung sei zum einen die Entlastung der Gerichte erster Instanz und zum anderen der Versuch der außergerichtlichen Streitvermittlung vor Inanspruchnahme der Gerichte. Ein obligatorisches Streitschlichtungsverfahren könne dann keinen Sinn mehr erfüllen, wenn man den Parteien nach Klageerhebung die Möglichkeit gebe, entweder die Streitschlichtung nachzuholen oder durch Klageerweiterung herbeizuführen, dass der Geltungsbereich des Schlichtungsgesetzes verlassen werde. Die Klageerhebung sei dabei in einem engeren Sinn zu verstehen als der prozessuale Klageerhebungsbegriff nach § 253 ZPO. Die Klageerhebung liege insofern bereits in der Klageeinreichung[160].

Das Urteil wurde in der Berufungsinstanz abgeändert, der Klage wurde stattgegeben[161]. Das Landgericht München I führte in der Berufungsentscheidung aus, dass die Klage deshalb nicht unzulässig gewesen sein könne, weil von vorneherein die Klage mit dem erhöhten Klageantrag rechts-

158 In Bayern gilt die Wertgrenze von 750,- EUR, vgl. Art. 1 Nr. 1 BaySchlG.
159 AG München, NJW-RR 2003, S. 515.
160 AG München, NJW-RR 2003, S. 515.
161 LG München I, MDR 2003, S. 1313.

hängig geworden sei. Rechtsmissbrauch liege nicht vor, weil die im Wege der Klageerhöhung geltend gemachten Ansprüche weder zurückgenommen noch für erledigt erklärt worden seien, so dass kein Raum für die Annahme vorhanden sei, die Klageerhöhung sei nur zu dem Zweck erfolgt, die obligatorische Streitschlichtung zu umgehen[162].

In einem vergleichbaren Fall entschied auch das Landgericht Baden-Baden, dass eine Klageerweiterung vor Eintritt der Rechtshängigkeit des ursprünglichen Klageantrags zur Zulässigkeit der gesamten Klage führe[163].

Das Landgericht Kassel entschied, dass eine Klageerweiterung nach Rechtshängigkeit dann zur umfassenden Zulässigkeit der Klage führe, wenn nicht offensichtlich von vorneherein zu erkennen sei, dass der Kläger sich eines offenkundig unschlüssigen weiteren Anspruchs berühme, der lediglich deshalb klageerweiternd geltend gemacht werde, um die Voraussetzungen des Schlichtungsverfahrens in rechtsmissbräuchlicher Weise zu umgehen[164].

Ein Teil der Literatur hat sich der Rechtsprechung der Landgerichte angeschlossen[165]. Insoweit wird darauf verwiesen, dass es dem Kläger freistehe, die Klage zu erhöhen und nachträglich zulässig zu machen[166]. Entscheidend sei auf den Zeitpunkt der Rechtshängigkeit abzustellen[167].

In der Literatur sind die Entscheidungen allerdings auch auf Kritik gestoßen[168]. Teilweise wird bei der Frage, ob eine unzulässige Umgehung des Schlichtungserfordernisses vorliege, darauf abgestellt, ob die die Gegenstandswertgrenze übersteigenden Ansprüche offenkundig unschlüssig seien

---

[162] LG München I, MDR 2003, S. 1313.
[163] LG Baden-Baden, NJW-RR 2002, S. 935.
[164] LG Kassel, NJW 2002, S. 2256.
[165] Deckers, WuM 2002, S. 33 f.; Beunings, AnwBl 2004, S. 82, 85; Friedrich, NJW 2002, S. 3223, 3224.
[166] Deckers, WuM 2002, S. 33.
[167] Beunings, AnwBl 2004, S. 82, 85.
[168] Friedrich, MDR 2003, S. 1313.

bzw. in unsubstanziierter Weise geltend gemacht werden[169]. Entscheidend sei jedenfalls der Umstand des Rechtsmissbrauchs[170].

Die Vertreter der Auffassung, die ohnehin eine Wertaddition der jeweiligen Ansprüche ablehnt[171], dürften ohne weiteres zur zumindest teilweisen Unzulässigkeit der Klage gelangen, ohne die Frage des Rechtsmissbrauchs zu stellen.

(b) Stellungnahme

Weder die Begründung des Amtsgerichts München noch die des Landgerichts München I überzeugen. Eine Begründung des Landgerichts Baden-Baden für die eigene Auffassung fehlt völlig.

Für die Frage, ob die Klageerweiterung im Einzelfall zulässig und damit geeignet ist, die nachträgliche Zulässigkeit der Klage zu begründen, ist entscheidend auf den Aspekt des Rechtsmissbrauchs abzustellen. Insofern ist der Ausgangspunkt des Landgerichts München I und des Landgerichts Kassel zunächst zutreffend. Rechtsmissbrauch aber argumentativ deshalb auszuschließen, weil die Klage im Umfang der Erhöhung nicht wieder zurückgenommen oder für erledigt erklärt wird, überzeugt nicht. Klagt der nordrhein-westfälische Kläger beispielsweise einen Kaufpreis in Höhe von 599,- EUR ein und erhöht er die Klage - nach dem gerichtlichen Hinweis auf die Unzulässigkeit - sodann um die „übliche allgemeine Kostenpauschale" in Höhe von 25,- EUR analog § 249 BGB, so entkräftet das Fehlen einer späteren Klagerücknahme nicht den Vorwurf des Rechtsmissbrauchs. Der Kläger kann den offenkundig unschlüssigen erhöhten Antrag nämlich gefahrlos zur Entscheidung stellen. Trotz der teilweisen Unschlüssigkeit seiner Klage erhält der im Übrigen obsiegende Kläger wegen § 92 Abs. 2 Nr. 2 ZPO einen umfassenden prozessualen Kostenerstattungsanspruch. Selbst wenn das Gericht wegen der offenkundigen Unschlüssigkeit der erweiterten Klage von der Möglichkeit des § 92 Abs. 2 ZPO absieht, dürfte

169 Stein/Jonas/Schlosser, ZPO, § 15 a EGZPO Rn. 6.
170 Friedrich, MDR 2003, S. 1313, 1314.
171 Schwarzmann/Walz, Schlichtungsgesetz, Art. 1 Anm. 6.

den Kläger, der der Klagerücknahme mit der Kostenfolge aus § 269 Abs. 3 ZPO entgangen ist, die Kostenquote von etwa 3 % wenig belasten.

Bei der Frage, ob eine Klageerweiterung zur Umgehung des Schlichtungserfordernisses zulässig oder unzulässig ist, ist zumindest darauf abzustellen, ob der Anspruch, um den die Klage erweitert wird, schlüssig ist[172]. Ist die Klageerweiterung bereits nicht schlüssig, so liegt hierin ein gewichtiges Indiz dafür, dass die Klageerweiterung nicht aus sachlichen Gründen sondern allein zur Umgehung des Schlichtungserfordernisses erfolgt. Das allein begründet bereits den Vorwurf des Rechtsmissbrauchs.

Das bloße Abstellen auf die Schlüssigkeit der Klageerweiterung reicht aber zur Aussonderung rechtsmissbräuchlicher Umgehungen des Schlichtungserfordernisses nicht aus, da es für jeden anwaltlich beratenen oder juristisch gebildeten Kläger ein Leichtes sein dürfte, Tatsachen zu behaupten, die einen Anspruch schlüssig begründen. Vielmehr bedarf es zur Vermeidung rechtsmissbräuchlicher Umgehungen eines weiteren Korrektivs. Ein praktikabler Ansatzpunkt hierzu findet sich in § 114 ZPO mit dem Erfordernis der hinreichenden Erfolgsaussicht und der fehlenden Mutwilligkeit der Rechtsverfolgung. Das Korrektiv fehlender Mutwilligkeit kann auf die Prüfung der Zulässigkeit der Klageerweiterung bei dem Verdacht der unzulässigen Umgehung des Schlichtungserfordernisses entsprechend angewendet werden. Erscheint die Klageerweiterung mutwillig, so liegt Rechtsmissbrauch vor. Die Mutwilligkeit bemisst sich dabei danach, ob ein verständiger Kläger, der nicht mit der Unzulässigkeit der bisherigen Klage konfrontiert wäre, die Klage in gleicher Weise erweitern würde. Mutwilligkeit liegt beispielsweise dann vor, wenn der Kläger, der sich eines Anspruchs in Höhe von 5.000,- EUR berühmt und eine Teil-Klage über 500,- EUR erhoben hat, die Teil-Klage auf 650,- EUR erweitert.

Das Korrektiv der Mutwilligkeit gibt dem Gericht die Möglichkeit, schlüssige aber aussichtslose Klageerweiterungen, die in rechtsmissbräuchlicher

---

[172] So auch LG Kassel, NJW 2002, S. 2256; Friedrich, MDR 2003, S. 1313, 1314; Stein/Jonas/Schlosser, ZPO, § 15 a EGZPO Rn. 6.

Weise allein den Zweck haben, der Klagerücknahme vorzubeugen und ein Prozessurteil abzuwenden, zu verhindern.

Zuzustimmen ist dem Amtsgericht München insofern, als es auf die Frage, ob die Klageerweiterung vor oder nach Rechtshängigkeit erfolgt, nicht ankommt. Der Anknüpfungspunkt des Begriffs der Klageerhebung erscheint allerdings nicht überzeugend, denn es ist kein Grund ersichtlich, den Begriff der Klageerhebung in den Landesgütestellen- und Schlichtungsgesetzen anders zu definieren als den des § 253 Abs. 1 ZPO. Vielmehr ist auch insofern allein das Korrektiv des Rechtsmissbrauchs ein taugliches Kriterium. Die Frage, ob die Klageerweiterung allein zur Umgehung des obligatorischen außergerichtlichen Schlichtungsverfahrens erfolgt und damit rechtsmissbräuchlich ist, wird von dem Zeitpunkt des Eingangs des Klageerweiterungsschriftsatzes vor oder nach Rechtshängigkeit nicht beeinflusst. Vielmehr kommt es allein auf dessen materiellen Inhalt und dessen Zielrichtung an.

(3) Dritte Fallkonstellation

Die dritte Fallkonstellation betrifft die Fälle der Klageänderung. Das Amtsgericht Brakel hatte einen Fall zu entscheiden, in dem der Kläger - nach zuvor durchgeführtem Mahnverfahren - zunächst von dem beklagten Versicherer die Zahlung von Rechtsanwaltsgebühren gefordert hatte und nach Abgabe der Sache an das Streitgericht den Antrag in einen Freistellungsantrag änderte, mit dem er statt der ursprünglich begehrten Zahlung die Freistellung von der Forderung des Rechtsanwalts begehrte[173].

(a) Meinungsstand in Rechtsprechung und Literatur

Das Amtsgericht Brakel ließ die Klageänderung wegen fehlender Sachdienlichkeit nicht zu. Da der streitgegenständliche Freistellungsantrag eine vermögensrechtliche Streitigkeit begründe, unterfalle die geänderte Klage dem GüSchlG NRW. Das bereits durchgeführte Mahnverfahren stehe dem nicht entgegen, da dieses nur bei Zahlungsklagen zulässig sei. Um eine solche handele es sich aber bei dem Freistellungsantrag nicht[174].

---

[173] AG Brakel, NJW-RR 2002, S. 935, 936.
[174] AG Brakel, NJW-RR 2002, S. 935, 936.

In der Literatur ist die Entscheidung des Amtsgerichts Brakel zum Teil auf Zustimmung gestoßen[175]. Das Amtsgericht Brakel habe zu Recht den Übergang von einem Zahlungs- zu einem Freistellungsanspruch als Klageänderung gem. § 263 ZPO bewertet und diese als nicht zulässig, weil nicht sachdienlich angesehen. Eine Klageänderung, die dazu diene, das „eigentliche“ Begehren des Klägers zum Verfahrensgegenstand zu machen, um das obligatorische Güteverfahren zu umgehen, stelle sich als rechtsmissbräuchlich dar und sei damit unzulässig[176].

Andere Stimmen in der Literatur haben allerdings auch Zweifel an der Richtigkeit der Entscheidung des Amtsgerichts Brakel angemeldet[177]. Es wird in Frage gestellt, ob die Entscheidung prozessökonomisch sinnvoll sei und im Einklang mit der durch die Prozesswirtschaftlichkeit determinierten Sachdienlichkeit stehe. Angesichts des bereits durchgeführten Mahnverfahrens habe zumindest ein Indiz für das Scheitern des Schlichtungsverfahrens bestanden[178].

(b) Stellungnahme

Die Entscheidung des Amtsgerichts Brakel und die zustimmende Stellungnahme der Literatur überzeugen nicht. Die Sachdienlichkeit der Klageänderung ist zunächst kein taugliches Anknüpfungskriterium für die Beantwortung der Frage, ob ein nicht durchgeführter Schlichtungsversuch dazu führt, dass eine Sachentscheidung über die Streitigkeit nicht eröffnet ist. Das ist vielmehr eine isoliert im Rahmen der Zulässigkeit der Klage zu prüfende Prozessvoraussetzung. Deshalb erweist sich auch der Hinweis auf die Kommentarliteratur, eine Klageänderung in einen unzulässigen Klageantrag könne nie sachdienlich sein[179], als juristischer Zirkelschluss[180], da gerade das fragliche Ergebnis, nämlich die Unzulässigkeit der Klage, als Be-

---

[175] Kimmelmann/Winter, JuS 2003, S. 951 ff.
[176] Kimmelmann/Winter, JuS 2003, S. 951, 954.
[177] Friedrich, NJW 2002, S. 3223, 3224.
[178] Friedrich, NJW 2002, S. 3223, 3224.
[179] Kimmelmann/Winter, Jus 2003, S. 951, 953.
[180] So auch Röhl, Gutachten, S. 163.

gründung für die negative Beantwortung der Frage der Sachdienlichkeit der Klageänderung herangezogen wird[181].
Die Entscheidung überzeugt auch unter Berücksichtigung von Sinn und Zweck des GüSchlG NRW nicht. Hätten die Parteien über den Zahlungsanspruch vor der zuständigen Gütestelle erfolglos verhandelt, so dürfte die Zulässigkeit einer anschließenden Freistellungsklage außer Frage stehen, da der Streitstoff des Güteverfahrens und der Streitgegenstand des Klageverfahrens im Wesentlichen übereinstimmen[182]. Wenn aber ein vorgeschaltetes Schlichtungsverfahren die Zulässigkeit der anschließenden Freistellungsklage begründet hätte, so ist nicht zu rechtfertigen, dass ein vorgeschaltetes Mahnverfahren, das gem. § 10 Abs. 2 S. 1 Nr. 5 GüSchlG NRW faktisch an die Stelle des Schlichtungsverfahrens treten kann, die gesetzlich vorgesehene Wirkung nicht entfalten soll.

Der einzige taugliche Anknüpfungspunkt ist auch in dieser Konstellation der des Rechtsmissbrauchs. Für eine rechtsmissbräuchliche Umgehung des Schlichtungserfordernisses fehlt es in dem vom Amtsgericht Brakel entschiedenen Fall an hinreichenden Anknüpfungstatsachen. Anders als in den oben aufgezeigten Beispielsfällen[183] ist gerade nicht der geänderte Antrag teilweise oder ganz unbegründet. Vielmehr wäre der ursprüngliche Zahlungsantrag sachlich nicht gerechtfertigt gewesen, während der geänderte Freistellungsantrag zumindest schlüssig war. In der an der Prozesssituation orientierten Umstellung eines unbegründeten in einen zumindest schlüssigen, weil an der materiellen Rechtslage orientierten, Klageantrag kann kein Rechtsmissbrauch gesehen werden. Allenfalls dann, wenn festgestellt werden könnte, dass zunächst bewusst der materiell ungerechtfertigte Zahlungsantrag gestellt wurde, um die Zulässigkeit des Mahnverfahrens zu begründen, könnte bei anschließender Klageänderung in einen Freistellungsantrag von Rechtsmissbrauch ausgegangen werden.

---

[181] *Die Klageänderung ist nicht sachdienlich, weil die geänderte Klage unzulässig ist. Deren Unzulässigkeit folgt daraus, dass das vorgeschaltete Mahnverfahren wegen der Unzulässigkeit der Klageänderung das Schlichtungserfordernis nicht wirksam ausschließen konnte.*
[182] Vgl. zur erforderlichen Kongruenz Kapitel III B) I.
[183] Vgl. Kapitel II B) II. 1. c) dd) (2).

2. Anwendbarkeit auf bestimmte nachbarrechtliche Streitigkeiten (§ 10 Abs. 1 Nr. 2 GüSchlG NRW)

Die Vorschrift des § 10 Abs. 1 Nr. 2 GüSchlG NRW unterwirft bestimmte nachbarrechtliche Streitigkeiten dem Schlichtungserfordernis. Die Vorschrift gründet auf dem inhaltlich im Wesentlichen deckungsgleich ausgestalteten § 15 a Abs. 1 Nr. 2 EGZPO[184].

a) Umfang des Anspruchskatalogs

Die Regelung des § 15 a Abs. 1 Nr. 2 EGZPO ist von Beginn an kritisiert worden, insbesondere wegen ihrer Beschränkung auf andere als gewerbliche Einwirkungen[185].

Unpräzise ist es, insofern davon zu sprechen, von dem Schlichtungserfordernis würden nachbarrechtliche Streitigkeiten erfasst, es sei denn, es ginge um Immissionen von einem Gewerbebetrieb[186], denn nicht alle nachbarrechtlichen Ansprüche sind von dem Anwendungsbereich des § 10 Abs. 1 Nr. 2 GüSchlG NRW erfasst[187].

b) Erweiterung des Anspruchskatalogs des § 15 a Abs. 1 Nr. 2 EGZPO durch § 10 Abs. 1 Nr. 2 GüSchlG NRW

Im Wortlaut weicht § 10 Abs. 1 Nr. 2 GüSchlG NRW teilweise von der Öffnungsklausel des § 15 a Abs. 1 Nr. 2 EGZPO ab. Fraglich ist, ob sich dadurch materielle Unterschiede ergeben und ob diese - sofern Unterschiede vorhanden sind - von der Öffnungsklausel gedeckt sind.

aa) Wortlaut „wegen“

In § 10 Abs. 1 Nr. 2 GüSchlG NRW wurde § 15 a Abs. 1 Nr. 2 EGZPO insofern im Wortlaut abweichend umgesetzt, als das Schlichtungserfordernis Anwendung findet in Streitigkeiten über Ansprüche *wegen* der in § 906 BGB geregelten Einwirkungen, *wegen* Überwuchses, *wegen* Hinüberfalls,

---

[184] Zur sprachlichen Abweichung vgl. Kapitel II B) II. 2. c).

[185] Hartmann, NJW 1999, S. 3745, 3747.

[186] So aber Wesche, MDR 2003, S. 1029.

[187] Vgl. Serwe, Schlichtungsgesetz, Rn. 193; Götz, MittBayNot 2000, Sonderheft zu Ausgabe 4, S. 37.

wegen eines Grenzbaums und *wegen* der im Nachbarrechtsgesetz für Nordrhein-Westfalen geregelten Nachbarrechte.

Mit der bewusst abweichend gewählten Formulierung sollte dem Problem begegnet werden, dass aus dem Nachbarrecht überwiegend keine eigenständigen Ansprüche herzuleiten sind, sondern dass das Nachbarrecht lediglich Rechte und Pflichten konstituiert, die über allgemeine zivilrechtliche Ansprüche aus §§ 812, 823, 1004 oder Geschäftsführung ohne Auftrag durchzusetzen sind[188]. Eine gem. § 15 a Abs. 5 EGZPO unzulässige Erweiterung des Anwendungsbereichs ist hierin nicht zu sehen.

Aus diesem Grund überzeugt auch die Auffassung des Amtsgerichts Nürnberg, die dem § 10 Abs. 1 Nr. 2 b) GüSchlG NRW entsprechende Regelung des Art. 1 Nr. 2 b) BaySchlG müsse in bestimmten Konstellationen, und zwar dann, wenn zwischen der streitentscheidenden Anspruchsgrundlage und den durch die auf § 15 a Abs. 1 Nr. 2 EGZPO gründenden Landesgesetze geregelten nachbarrechtlichen Ansprüchen ein enger Zusammenhag bestehe, nach dem Sinn und Zweck der Vorschrift *entsprechend* angewendet werden[189], nicht. Auch der in dem von dem Amtsgericht Nürnberg zu entscheidenden Fall streitgegenständliche Anspruch aus § 823 Abs. 1 BGB unterfällt unter der Voraussetzung, dass die Eigentumsverletzung aus einem Überwuchs im Sinne des § 910 BGB resultiert, ohne weiteres der Schlichtungsobligation, so dass es des Rückgriffs auf eine Analogie nicht bedarf[190].

bb) Beschränkung bei Gewerbebetrieben

Die Vorschrift des § 15 a Abs. 1 Nr. 2 EGZPO regelt einen Anwendungsausschluss des Schlichtungserfordernisses bei bestimmten Einwirkungen von gewerblichen Betrieben. Überwiegend haben die Länder diese Einschränkung übernommen[191]. Umstritten ist, worauf sich der

---

[188] Vgl. Kapitel I B) II. 1. b) und Kapitel II B) II. 2. b) bb); dazu auch Schmidt, DAR 2001, S. 481, 482.

[189] AG Nürnberg, MDR 2002, S. 1189.

[190] Das Amtsgericht Nürnberg spricht zwar nicht ausdrücklich von einer Analogie, dürfte bei seiner Begründung aber wohl daran gedacht haben.

schränkung übernommen[191]. Umstritten ist, worauf sich der Ausschluss der Ansprüche wegen Einwirkungen von einem gewerblichen Betrieb in der Öffnungsklausel bezieht, insbesondere ob er lediglich für die Ansprüche aus § 906 BGB und den nachbarrechtlichen Bestimmungen aus dem Landesrecht oder für alle in § 15 a Abs. 1 Nr. 2 EGZPO genannten nachbarrechtlichen Bestimmungen gilt. Würde der Ausschluss für sämtliche in § 15 a Abs. 1 Nr. 2 EGZPO geregelten nachbarrechtlichen Ansprüche gelten, so würde die Regelung in § 10 Abs. 1 Nr. 2 GüSchlG NRW den Anwendungsbereich des Schlichtungserfordernisses gegenüber der Öffnungsklausel erweitern. Das wäre wegen § 15 a Abs. 5 EGZPO unzulässig.

(1) Meinungsstand in der Literatur

In der Literatur wird überwiegend angenommen, dass der Ausschluss für Einwirkungen von einem gewerblichen Betrieb in § 15 a Abs. 1 Nr. 2 EGZPO sich nur auf die Ansprüche nach § 906 BGB und die Ansprüche nach den Bestimmungen aus dem Landesnachbarrecht beziehe[192]. Zur Begründung wird ausgeführt, dass anderenfalls die von der Reihenfolge abweichende Aufzählung der Bestimmungen des BGB keinen Sinn ergeben würde[193].

Teilweise wird demgegenüber angenommen, die Einschränkung für Gewerbebetriebe beziehe sich auf alle in § 15 a Abs. 1 Nr. 2 EGZPO genannten nachbarrechtlichen Ansprüche[194].

(2) Stellungnahme

Es ist der erstgenannten Auffassung zu folgen. Neben dem eindeutigen Wortlaut der Regelung des § 15 a Abs. 1 Nr. 2 EGZPO spricht auch die Begründung des Gesetzgebers dafür, dass nicht für sämtliche nachbarrechtlichen Ansprüche ein Anwendungsausschluss für den Fall, dass es sich um

---

[191] Eine Ausnahme könnte insofern § 34 a Abs. 1 Nr. 2 a) SchStG bilden, da in dieser Norm der Zusatz fehlt. Es wird allerdings überwiegend angenommen, dass es sich insoweit um ein redaktionelles Versehen handele, da das Gesetz anderenfalls durch die Ermächtigungsgrundlage nicht mehr gedeckt sei (vgl. Schmidt, DAR 2001, S. 481, 482).

[192] Schmidt, DAR 2001, S. 481, 482; Zöller/Gummer, ZPO, § 15 a EGZPO Rn. 5.

[193] Schmidt, DAR 2001, S. 481, 482.

[194] Schwarzmann/Walz, Schlichtungsgesetz, Anm. 9 a.

Einwirkungen von einem gewerblichen Betrieb handelt, geregelt werden sollte. Vielmehr ging der Bundesgesetzgeber ausdrücklich nur davon aus, dass das obligatorische vorgerichtliche Güteverfahren sich für Streitigkeiten wegen der in § 906 BGB geregelten Immissionen nicht eigne, da es insofern an den persönlich geprägten nachbarlichen Beziehungen fehle und in solchen Verfahren häufig die Einschaltung von Sachverständigen und die Klärung schwieriger Rechtsfragen notwendig sei[195]. Diese Begründung erstreckt sich weder auf die aus §§ 910, 911 und 923 BGB mittelbar folgenden Ansprüche, noch trifft sie inhaltlich auf diese zu.

Damit ist in der Reduzierung des Anwendungsausschlusses für Einwirkungen von einem gewerblichen Betrieb auf die Ansprüche wegen der in § 906 BGB (§ 10 Abs. 1 Nr. 2 a) GüSchlG NRW) und im Nachbarrechtsgesetz für Nordrhein-Westfalen geregelten Nachbarrechte (§ 10 Abs. 1 Nr. 2 e) GüSchlG NRW) eine unzulässige Erweiterung des Anwendungsbereichs der Öffnungsklausel nicht zu sehen.

3. Anwendbarkeit auf bestimmte Ansprüche wegen Ehrverletzungen (§ 10 Abs. 1 Nr. 3 GüSchlG NRW)

§ 10 Abs. 1 Nr. 3 GüSchlG NRW regelt das Schlichtungserfordernis für Streitigkeiten über Ansprüche wegen Verletzung der persönlichen Ehre, die nicht in Presse oder Rundfunk begangen worden sind. Die Regelung entspricht derjenigen der Öffnungsklausel (vgl. § 15 a Abs. 1 Nr. 3 EGZPO).

a) Anspruchsarten

Aus Ehrverletzungen können drei unterschiedliche Anspruchsarten resultieren, nämlich Unterlassungsansprüche bei Beleidigungen und unwahren Tatsachenbehauptungen, Widerrufsansprüche bei unwahren Tatsachenbehauptungen sowie auf Geldzahlung gerichtete Schadensersatzansprüche, insbesondere Ansprüche auf Ersatz des immateriellen Schadens[196].

---

[195] Vgl. Kapitel I B) I. 2.; BT-Drucks. 14/980 S. 6.

[196] Vgl. Prütting/Schmidt, Streitschlichtung, Rn. 135; Serwe, Schlichtungsgesetz, Rn. 200f.

b) Ausnahmen

Das Schlichtungserfordernis greift bei Ansprüchen wegen Ehrverletzungen dann nicht, wenn die Ehrverletzung in Presse oder Rundfunk begangen worden ist.

aa) Presse

Der Begriff der Presse entspricht dem des Art. 5 GG. Er ist weit und formal aufzufassen und bezieht sich nicht nur auf Zeitungen, Zeitschriften und Bücher, sondern auf alle zur Verbreitung geeigneten Druckerzeugnisse[197]. Druckerzeugnisse zeichnen sich aus durch einen geistigen Sinngehalt, eine stoffliche Verkörperung, die Bestimmung zur Verbreitung und ein zur Massenherstellung geeignetes Vervielfältigungsverfahren[198]. Der Pressebegriff erfasst damit auch Schallplatten, Videobänder und ähnliche Medien[199].

bb) Rundfunk

Rundfunk ist eine für die Allgemeinheit bestimmte Veranstaltung und Verbreitung von Darbietungen aller Art in Wort, Schrift und Bild unter Benutzung elektrischer Schwingungen ohne Verbindungsleitungen oder längs oder mittels eines Leiters[200]. Zum Rundfunk gehören die klassischen Medien Radio und Fernsehen aber auch die sog. neuen Medien wie das Internet[201].

cc) Begehungsort

Die Ehrverletzung muss in Presse oder Rundfunk begangen worden sein. Es stellt sich insofern die Frage, ob die Ehrverletzung nur dann in Presse oder Rundfunk begangen worden ist, wenn der Verletzer sich Rundfunk oder Presse zur Begehung *planmäßig nutzbar* gemacht hat.

---

[197] Sachs/Bethge, GG, Art. 5 Rn. 68.
[198] Prütting/Schmidt, Streitschlichtung, Rn. 138.
[199] Sachs/Bethge, GG, Art. 5 Rn. 68.
[200] Prütting/Schmidt, Streitschlichtung, Rn. 139.
[201] Prütting/Schmidt, Streitschlichtung, Rn. 139; Zöller/Gummer, ZPO, § 15 a EGZPO Rn. 6.

(1) Auffassung der Literatur

In der Literatur wird die mangelnde Bestimmtheit der Regelung des § 15 a Abs. 1 Nr. 3 EGZPO im Hinblick auf den Begehungsort kritisiert[202]. Es wird insbesondere in Frage gestellt, ob dann, wenn die Ehrverletzung zufällig im Rundfunk geschieht, das Schlichtungserfordernis eingreift[203].

(2) Stellungnahme

Nach dem Sinn und Zweck des Gesetzes ist allein auf die objektiven Umstände und nicht auf ein planmäßiges Ausnutzen des Mediums durch den Verletzer abzustellen. Wegen der geringen Öffentlichkeitswirkung nicht in Presse oder Rundfunk begangener Ehrverletzung ist es dem Verletzten zuzumuten, zunächst das Schlichtungsverfahren durchzuführen. Die Durchführung erscheint auch sinnvoll, denn in diesen Fällen kann häufig bereits eine Entschuldigung des Verletzers im nichtöffentlichen Schlichtungsverfahren den Streit beseitigen.

Hat die Ehrverletzung jedoch tatsächlich in Presse oder Rundfunk stattgefunden und ist sie damit - wovon regelmäßig auszugehen ist - der Allgemeinheit oder zumindest einer großen Anzahl von Menschen bekannt geworden, so ist ein Interesse des Verletzten an einer öffentlichen Reaktion anzuerkennen. Dem Umstand, dass die öffentliche Ehrverletzung vom Verletzer bewusst geplant wurde, dass dieser sich also das Medium planmäßig zunutze gemacht hat, kommt keine entscheidende Bedeutung zu. Bereits die faktischen Auswirkungen einer öffentlichen Verbreitung der Ehrverletzung rechtfertigen eine öffentliche Reaktion und damit die unmittelbare Zulässigkeit der Klage zu den ordentlichen Gerichten.

C) Räumlicher Anwendungsbereich (§ 11 GüSchlG NRW)

Der räumliche Anwendungsbereich der bundesrechtlichen Öffnungsklausel ist unbegrenzt ausgestaltet, wird aber durch den Ausschlussgrund des

---

[202] Hartmann, NJW 1999, S. 3745, 3747.

[203] Hartmann bildet hierzu folgenden Fall: Ein Politiker tritt in einer Talkshow auf. Die Wogen gehen zwischen ihm und den anderen Gästen hoch. Man hört und sieht zufällig in der letzten Zuschauerreihe einen Fanatiker ein böses Wort rufen. Vielleicht identifiziert die Kamera ihn nicht (NJW 1999, S. 3745, 3747).

§ 15 a Abs. 2 S. 2 EGZPO faktisch erheblich reduziert. Danach greift das Schlichtungserfordernis nicht, wenn die Parteien nicht in demselben Land wohnen oder ihren Sitz oder eine Niederlassung haben.

Die Regelung wurde in § 11 GüSchlG NRW nicht als Ausschlussgrund sondern als positive Anwendungsvoraussetzung umgesetzt. Abweichend von der bundesrechtlichen Öffnungsklausel gilt das Schlichtungserfordernis nur, wenn die Parteien in demselben Landgerichtsbezirk wohnen oder ihren Sitz oder eine Niederlassung haben. Diese Beschränkung des räumlichen Anwendungsbereichs ist von der Öffnungsklausel des § 15 a Abs. 5 EGZPO gedeckt, da damit - trotz der anderen Struktur des nordrhein-westfälischen Ausführungsgesetzes - faktisch der Ausschlussgrund des § 15 a Abs. 2 S. 2 EGZPO erweitert wurde.

I. Begriff des Wohnens, des Sitzes und der Niederlassung

Der Begriff des Wohnens ist nicht identisch mit dem des Wohnsitzes[204]. Vielmehr umfasst der Begriff des Wohnens sowohl den Wohnsitz im Sinne der §§ 7 bis 11 BGB als auch den gewöhnlichen Aufenthalt der Parteien[205]. Die Begriffe Sitz und Niederlassung entsprechen denen der §§ 17 ff., 21 ZPO.

II. Subjektive Klagehäufung

Liegt auf Kläger- oder Beklagtenseite eine subjektive Klagehäufung vor, stellt sich die Frage, wie zu verfahren ist, wenn das Schlichtungserfordernis nur für einen der Streitgenossen eingreift.

1. Auffassung der Rechtsprechung und der Literatur

In Rechtsprechung und Literatur wird überwiegend vertreten, das Schlichtungserfordernis greife nur dann ein, wenn sämtliche Parteien in demselben Landgerichtsbezirk wohnen oder ihren Sitz haben[206].

---

[204] Stein/Jonas/Schlosser, ZPO, § 15 a EGZPO Rn. 12.

[205] Prütting/Taxis, Streitschlichtung, Rn. 169; Zöller/Gummer, ZPO, § 15 a EGZPO Rn. 16.

[206] AG Lüdenscheid, NJW 2002, S. 1279; Schmidt, DAR 2001, S. 481, 483 unter Hinweis darauf, dass in Verkehrsunfallprozessen wegen des mitverklagten Haftpflichtversiche-

2. Stellungnahme

Das Problem der subjektiven Klagehäufung wurde bereits im Gesetzgebungsverfahren erkannt[207]. Der Gesetzgeber ging davon aus, dass die räumliche Voraussetzung für alle Antragsteller bzw. Antragsgegner gegeben sein müsse[208]. Das erscheint konsequent. Eine subjektive Klagehäufung kann nur entstehen, wenn die Parteien Streitgenossen gem. §§ 59 ff. ZPO sind. Voraussetzung dafür ist, dass die Parteien hinsichtlich des Streitgegenstandes in Rechtsgemeinschaft stehen (§ 59 1. Alt. ZPO), dass die Parteien aus demselben tatsächlichen und rechtlichen Grunde berechtigt oder verpflichtet sind (§ 59 2. Alt. ZPO) oder dass gleichartige und auf einem im Wesentlichen gleichartigen tatsächlichen und rechtlichen Grunde beruhende Ansprüche oder Verpflichtungen den Gegenstand des Rechtsstreits bilden (§ 60 ZPO). Obwohl eine *einheitliche* Sachentscheidung nur im Falle *notwendiger* Streitgenossenschaft im Sinne des § 62 ZPO zwingend ist, rechtfertigen die tatsächlichen bzw. die rechtlichen Verhältnisse auch im Falle *einfacher* Streitgenossenschaft zumindest eine *gleichzeitige* sachliche Entscheidung gegenüber allen Streitgenossen. Deshalb ergeht eine Entscheidung auch im Falle einfacher Streitgenossenschaft regelmäßig in einem einheitlichen Urteil oder Beschluss[209]. Dem würde das Eingreifen des Schlichtungserfordernisses gegenüber einem Streitgenossen mit der Folge der teilweisen Unzulässigkeit der Klage entgegenstehen.

III. Unbekannter Aufenthalt

Fraglich ist, ob das Schlichtungserfordernis greift, wenn der Beklagte unbekannten Aufenthalts ist.

1. Auffassung der Literatur

In der Literatur wird das Fehlen einer gesetzlichen Regelung der Entbehrlichkeit eines Einigungsversuchs für den Fall des unbekannten Aufenthalts des Beklagten kritisiert[210]. Es wird vorgeschlagen, es in diesen Fällen für

---

rers in vielen Fällen die Klage ohne vorheriges Schlichtungsverfahren erhoben werden könne.

[207] Vgl. LT-Drucks. (NRW) 12/4614 S. 36.

[208] Vgl. LT-Drucks. (NRW) 12/4614 S. 36.

[209] Vgl. Thomas/Putzo/Putzo, ZPO, § 61 Rn. 14.

[210] Jaekel, AnwBl 2001, S. 168; Jenkel, Streitschlichtungsversuch, S. 185.

die Zulässigkeit der Klage ausreichen zu lassen, dass der Kläger die Voraussetzungen der öffentlichen Zustellung darlegt[211].

2. Stellungnahme

Es bedarf weder einer gesetzlichen Regelung des dargestellten Inhalts, noch erscheint es überhaupt notwendig, auf die Voraussetzungen der öffentlichen Zustellung abzustellen.

In den Fällen, in denen der räumliche Anwendungsbereich eingreift, kann der Kläger vorab den Antrag auf Durchführung des Schlichtungsverfahrens an die zuständige Gütestelle richten. Diese hat auch dann, wenn binnen einer Frist von drei Monaten das Schlichtungsverfahren nicht durchgeführt werden kann, die Erfolglosigkeitsbescheinigung auszustellen (vgl. § 13 Abs. 1 S. 2 GüSchlG NRW). Hierunter ist auch der Fall zu subsumieren, dass der Antragsgegner wegen unbekannten Aufenthaltsortes nicht zu einem Schlichtungstermin geladen werden kann.

Dass damit eine zeitliche Verzögerung von bis zu drei Monaten einhergehen kann, ist hinzunehmen. Diese Verzögerung unterscheidet sich nicht von der zeitlichen Verzögerung, die auch aufgrund des Nichterscheinens des Antragsgegners zur Schlichtungsverhandlung entstehen kann.

IV. Inkongruenz zwischen Wohnsitz und Gerichtsstand

Es sind Fallkonstellationen denkbar, in denen Gerichtsstand und Wohnsitz nicht kongruent sind, der Wortlaut des § 11 GüSchlG NRW gleichwohl zulässt, von der räumlichen Anwendbarkeit des Schlichtungserfordernisses auszugehen[212].

---

[211] Prütting/Taxis, Streitschlichtung, Rn. 177; Jaekel, AnwBl 2001, S. 168.

[212] Es ist z.B. denkbar, dass die ehemaligen Parteien eines Mietvertrages nunmehr in einem Landgerichtsbezirk eines benachbarten Bundeslandes (beispielsweise Niedersachsen) wohnen, in dem es kein Schlichtungserfordernis gibt, der ausschließliche Mietgerichtsstand aber in einem Bundesland liegt, in dem ein Schlichtungserfordernis gilt (beispielsweise Nordrhein-Westfalen).

Es stellt sich daher die Frage, unter welchen Voraussetzungen das GüSchlG NRW bei dem Auseinanderfallen der Wohnung bzw. des Sitzes oder der Niederlassung der Parteien und des Gerichtsstandes anwendbar ist.

Verfahrensrechtlich haben die Gerichte die jeweilige landesrechtliche Regelung ihres Bundeslandes zu beachten. Besteht das Schlichtungserfordernis am Ort des Gerichts und wohnen die Parteien in einem Landgerichtsbezirk - auch in einem Bundesland, in dem ein Schlichtungserfordernis nicht besteht -, so ist der räumliche Anwendungsbereich erfüllt mit der Folge, dass die Klage bei Nichteinhaltung des Schlichtungserfordernisses unzulässig ist. Es kommt insofern nicht auf die Wohnung oder den Sitz der Parteien an, da sich das anwendbare Verfahrensrecht allein nach dem Ort des Gerichts richtet[213].

Besteht nur am Wohnsitz der Parteien ein Schlichtungserfordernis, nicht aber bei dem angerufenen Gericht, so kann die Klage zulässigerweise unmittelbar erhoben werden.

Das gilt allerdings nicht im Falle der rechtsmissbräuchlichen Prorogation, die allein den Zweck hat, das bei dem originär zuständigen Gericht bestehende Schlichtungserfordernis zu umgehen[214].

---

[213] Ebenso Prütting/Taxis, Streitschlichtung, Rn. 178; a.A. Jauernig, Zivilprozessrecht, S. 5, der davon ausgeht, dass die landesrechtlichen Ausführungsgesetze Wirkung nur für die jeweiligen „Landeskinder" entfalten; etwas anderes gilt lediglich in den Ländern, in denen der räumliche Anwendungsbereich ausdrücklich auf das eigene Bundesland beschränkt wurde (z.B. § 1 Abs. 3 SchlG BW).

[214] Vgl. dazu Kapitel IV B) V.

D) Ausschlussgründe

Mit § 10 Abs. 2 GüSchlG NRW sind die sachlichen Ausschlussgründe des § 15 a Abs. 2 EGZPO insgesamt übernommen und teilweise erweitert worden.

I. Numerus clausus der Ausschlussgründe

In § 10 Abs. 2 Nr. 7 und 8 GüSchlG NRW sind Erweiterungen der Ausschlussgründe der Öffnungsklausel geregelt[215]. Gegen die Zulässigkeit der ausdrücklichen Erweiterungen bestehen wegen § 15 a Abs. 5 EGZPO keine Bedenken.

Im Schrifttum wird allerdings diskutiert, ob es weitere, gesetzlich nicht normierte Ausschlussgründe gibt.

1. Auffassung der Literatur

Teilweise wird die Auffassung vertreten, es bedürfe eines ungeschriebenen weiteren Ausschlussgrundes, nämlich desjenigen der Feststellung der Gütestelle, dass ein Verfahren nicht zwingend durchzuführen sei[216]. Die Auffassung wird damit begründet, dass der Sinn des obligatorischen Güteverfahrens es verbiete, dass es auf dem Rücken der Parteien zu einem unauflösbaren Konflikt zwischen Gericht und Gütestelle komme.

2. Stellungnahme

Die Annahme ungeschriebener Ausschlussgründe ist unzulässig und überflüssig. Es ist nicht Aufgabe der Gütestelle, zu prüfen, ob ein Verfahren zwingend durchzuführen ist[217]. Diese Frage betrifft nämlich allein die Zulässigkeit der späteren Klage, deren Prüfung und Feststellung allein dem Prozessgericht obliegt. Die Gütestelle hat lediglich eine Bescheinigung über einen erfolglosen Einigungsversuch auszustellen, und zwar bei sachlichem Scheitern, Nichterscheinen des Antragsgegners oder Nichtdurchfüh-

---

[215] Vgl. dazu Kapitel II D) III. 7. und 8.

[216] MüKo/ZPO/Wolf, § 15 a EGZPO Rn. 8; Baumbach/Albers, ZPO, § 15 a EGZPO Rn. 24.

[217] So auch Stein/Jonas/Schlosser, ZPO, § 15 a EGZPO Rn. 2; das gilt zumindest im Anwendungsbereich des GüSchlG NRW; eine abweichende Regelung findet sich hingegen in Art. 4 Abs. 2 BaySchlG.

rung binnen drei Monaten. Eine Bescheinigung des Inhalts, dass ein Güteverfahren nicht zwingend durchzuführen sei, sehen die gesetzlichen Regelungen nicht vor (vgl. § 15 a Abs. 1 S. 2 und 3 EGZPO, § 13 GüSchlG NRW)[218].

Für ungeschriebene Ausschlussgründe besteht auch kein Bedürfnis. Die Gütestelle muss auf Antrag des Antragstellers tätig werden. In Nordrhein-Westfalen folgt dies aus § 13 SchAG NRW, der die Zuständigkeit der Schiedsämter mit Ausnahme bestimmter enumerativ aufgeführter Sonderfälle in allen bürgerlichen Rechtsstreitigkeiten regelt. Wird die Gütestelle nicht tätig, sei es aus zeitlichen Gründen oder weil sie das Güteverfahren für nicht zwingend hält, so hat sie jedenfalls nach Ablauf von drei Monaten die gesetzlich normierte Erfolglosigkeitsbescheinigung auszustellen[219]. Andere Bescheinigungen sind weder vorgesehen noch erforderlich und erst recht nicht zweckmäßig, da sie allenfalls Zweifel über den Wegfall oder den Fortbestand des Schlichtungserfordernisses auslösen.

II. Darlegungs- und Beweislastverteilung

Der Gesetzgeber hat die Anwendbarkeit des § 15 a EGZPO zweischichtig aufgebaut. Es wird zwischen den positiven Anwendbarkeitsvoraussetzungen und den negativen Anwendungsausschlussgründen unterschieden. Dieser Systematik folgt die Regelung der §§ 10, 11 GüSchlG NRW.

Fraglich ist, welche rechtlichen Konsequenzen sich aus dieser Systematik ergeben. Im Zivilprozessrecht dient die Ausgestaltung bestimmter Vorgaben als Anwendbarkeitsvoraussetzungen einerseits und Anwendungsausschlussgründe andererseits im Regelfall der Zuordnung der Darlegungs- und Beweislast der Zivilprozessparteien. Entsprechend der Regel, dass jede Partei die Tatsachen darzulegen und zu beweisen hat, welche die Voraussetzungen der Rechtsnormen bilden, deren Rechtsfolge die Partei be-

---

[218] In Bayern besteht für den Schlichter zwar eine Prognosekompetenz (vgl. Art. 4 Abs. 2 BaySchlG). Verneint der Schlichter allerdings die Schlichtungseignung, so kann er unmittelbar die Erfolglosigkeitsbescheinigung ausstellen.

[219] So im Ergebnis auch Prütting/Schmidt, Streitschlichtung, Rn. 102.

gehrt[220], müsste die Partei, die sich im Falle der Nichtdurchführung des Schlichtungsverfahrens auf die Unzulässigkeit der Klage beruft, die tatsächlichen Umstände darlegen und beweisen, die die Anwendbarkeit des Schlichtungserfordernisses aus §§ 10 Abs. 1 und 11 GüSchlG NRW begründen. Die Partei, die die Klage trotz Vorliegens der Voraussetzungen des § 10 Abs. 1 GüSchlG NRW für zulässig hielte und eine Sachentscheidung begehrte, müsste die tatsächlichen Voraussetzungen mindestens eines Anwendungsausschlussgrundes des § 10 Abs. 2 GüSchlG NRW darlegen und beweisen.

Dabei ist jedoch der Charakter des Schlichtungserfordernisses zu berücksichtigen. Bei dem Schlichtungserfordernis handelt es sich um eine nicht dispositive Prozessvoraussetzung[221]. Das Gericht muss die Einhaltung des Schlichtungserfordernisses nicht nur von Amts wegen berücksichtigen; vielmehr muss es - soll das Schlichtungserfordernis nicht der Disposition der Parteien unterfallen - auch das Vorliegen der tatsächlichen Voraussetzungen von Amts wegen ermitteln.

Der Unterscheidung von Anwendungsvoraussetzungen und Ausschlussgründen kommt damit im Hinblick auf eine etwaige Darlegungs- und Beweislast keine praktische Bedeutung zu. Sofern das Vorliegen der Anwendungsvoraussetzungen und bzw. oder der Ausschlussgründe offen bleibt, darf sich das allerdings auf den Rechtsschutz der Parteien nicht negativ auswirken, so dass in Zweifelsfällen der unmittelbare Zugang zu den Gerichten eröffnet ist.

III. Sachliche Ausschlussgründe (§ 10 Abs. 2 Nr. 1 – 8 GüSchlG NRW)

In § 10 Abs. 2 Nr. 1 - 6 GüSchlG NRW findet sich die inhaltsgleiche Umsetzung der Regelungen aus § 15 a Abs. 2 S. 1 Nr. 1 - 6 EGZPO. Die Normen des § 10 Abs. 2 Nr. 7 und 8 GüSchlG NRW enthalten zwei Ausschlusstatbestände, die in § 15 a Abs. 2 EGZPO nicht ausdrücklich geregelt sind.

---

[220] Vgl. Baumbach/Hartmann, ZPO, § 253 Rn. 32; Thomas/Putzo/Reichold, ZPO, Vorbem § 284 Rn. 23; Anders/Gehle, Assessorexamen, Rn. 365.

[221] Vgl. Kapitel III A) I.

1. Ausschluss bestimmter Klagearten (§ 10 Abs. 2 Nr. 1 GüSchlG NRW)

Die Vorschrift des § 10 Abs. 2 S. 1 Nr. 1 GüSchlG regelt für bestimmte Klagearten eine Freistellung vom Schlichtungserfordernis.

a) Abänderungsklage

Das Schlichtungserfordernis greift zunächst nicht ein bei Abänderungsklagen (§ 323 ZPO). Es handelt sich dabei um prozessuale Gestaltungsklagen, die ausnahmsweise die Beseitigung der Rechtskraft eines früheren Urteils zulassen[222]. Für die Anwendbarkeit des Schlichtungserfordernisses kommt es auf den Streit, wann die Vorschrift des § 323 ZPO oder diejenige des § 767 ZPO anwendbar ist[223], nicht an, da § 767 ZPO unzweifelhaft dem Ausschlusstatbestand des § 10 Abs. 2 Nr. 6 GüSchlG NRW unterfällt, so dass die Anwendbarkeit des Schlichtungserfordernisses in beiden Fällen ausgeschlossen ist.

b) Nachforderungsklage

Die Nachforderungsklage gem. § 324 ZPO eröffnet für die Fälle der Titulierung von Rentenansprüchen die Möglichkeit nachträglicher Verurteilung zur Sicherheitsleistung. Die materiell-rechtlichen Anspruchsgrundlagen finden sich beispielsweise in §§ 843-845, 1569 ff., 1585 a BGB[224].

c) Anerkennung

Die Regelung des § 10 Abs. 2 S. 1 Nr. 1 GüSchlG NRW schließt die Anwendbarkeit des Schlichtungserfordernisses auch für *Klagen nach § 328 der Zivilprozessordnung* aus. Die Formulierung ist insofern unpräzise, als § 328 ZPO keine Klagen regelt. Die Anerkennung, d.h. die Rechtskraft-, Gestaltungs- und Tatbestandswirkung ausländischer Urteile tritt bei gegebenen Voraussetzungen ohne Ausspruch ein[225]. Sie ergeht inzidenter in den

---

[222] Baumbach/Hartmann, ZPO, § 323 Rn. 1; Thomas/Putzo/Reichold, ZPO, § 323 Rn. 1.

[223] Zur Abgrenzung vgl. Baumbach/Hartmann, ZPO, § 323 Rn. 4 ff.; Lackmann, Zwangsvollstreckungsrecht, Rn. 490; Prütting/Stickelbrock, Zwangsvollstreckungsrecht, S. 215 f.

[224] Baumbach/Hartmann, ZPO, § 324 Rn. 1; Musielak/Musielak, ZPO, § 324 Rn. 1; Thomas/Putzo/Reichold, ZPO, § 324 Rn. 1.

[225] Musielak/Musielak, ZPO, § 328 Rn. 1; Thomas/Putzo/Hüßtege, ZPO, § 328 Rn. 1; Baumbach/Hartmann, ZPO, § 328 Rn. 1 ff.

jeweiligen Verfahren[226]. Besteht Streit über die Voraussetzungen, kann auf Feststellung geklagt werden[227]. Für eben diesen Fall schließt § 10 Abs. 2 S. 1 Nr. 1 GüSchlG NRW die obligatorische außergerichtliche Streitschlichtung aus[228].

d) Widerklage

In der Norm des § 10 Abs. 2 Nr. 1 GüSchlG NRW ist auch für Widerklagen ein Anwendungsausschlussgrund geregelt. In diesen Fällen bleibt für die Durchführung einer obligatorischen Streitschlichtung zur Herstellung von Rechtsfrieden unter Vermeidung einer Inanspruchnahme von Gerichten regelmäßig kein Raum[229]. Das gilt auch, wenn die Widerklage gem. § 145 Abs. 2 ZPO abgetrennt wird, da die einmal begründete Rechtshängigkeit fortwirkt und im Zeitpunkt der Begründung der Rechtshängigkeit ein Schlichtungserfordernis wegen § 10 Abs. 2 Nr. 1 GüSchlG NRW nicht bestand.

e) In gesetzlicher oder gerichtlich angeordneter Frist zu erhebende Klage

Auch für solche Klagen, die innerhalb gesetzlicher oder gerichtlich angeordneter Frist zu erheben sind, regelt § 10 Abs. 2 Nr. 1 GüSchlG NRW einen Anwendungsausschlusstatbestand.

aa) Arten von Fristen

Die Regelung des § 10 Abs. 2 S. 1 Nr. 1 GüSchlG NRW unterscheidet zwischen gesetzlichen und richterlichen Fristen. Zu den gesetzlichen Fristen zählen sowohl materielle[230], etwa § 558 b Abs. 2 S. 2 BGB[231] und § 12 Abs. 3 VVG, als auch prozessuale, wie zum Beispiel § 586 Abs. 1 ZPO und 878 Abs. 1 ZPO.

---

226 Musielak/Musielak, ZPO, § 328 Rn. 33 ff.; Prütting/Schmidt, Streitschlichtung, Rn. 141.
227 RGZ 167, S. 380; Thomas/Putzo/Hüßtege, ZPO, § 328 Rn. 1.
228 Vgl. Prütting/Schmidt, Streitschlichtung, Rn. 141.
229 Serwe, Schlichtungsgesetz, Rn. 209.
230 A.A. AG Königstein, NJW 2003, S. 1954, 1955 für § 1 Abs. 2 Nr. 1 GüSchlG Hess.
231 Vgl. zur Klagefrist nach § 2 Abs. 3 MHG a.F.: AG Augsburg, WuM 2003, S. 358.

Ob auch vertraglich vereinbarte Fristen das Schlichtungserfordernis ausschließen, ist streitig.

(1) Meinungsstand in der Literatur

In der Literatur wird teilweise die Auffassung vertreten, für vertraglich vereinbarte Fristen gelte der Anwendungsausschluss des § 10 Abs. 2 Nr. 1 GüSchlG NRW nicht[232]. Die Auffassung wird vor allem damit begründet, dass die Bedeutung einer vertraglich vereinbarten Klagefrist mit der einer gesetzlich oder gerichtlich angeordneten nicht vergleichbar sei[233].

Nach einer anderen Auffassung greift der Anwendungsausschluss auch bei vertraglich vereinbarten Klagefristen ein[234]. Die Vertreter dieser Auffassung stellen darauf ab, dass es ansonsten zu Unvereinbarkeiten im Zusammenhang mit der Fristwahrung kommen könne[235].

(2) Stellungnahme

Der erstgenannten Auffassung ist zu folgen. Für sie spricht zunächst der Wortlaut des § 10 Abs. 2 Nr. 1 GüSchlG NRW, der ausdrücklich nur die gesetzlichen und gerichtlich angeordneten Klagefristen erwähnt. Zu Recht weisen die Vertreter dieser Auffassung zudem darauf hin, dass es sich bei dem Überschreiten einer vertraglich vereinbarten Klagefrist um eine materiellrechtliche Einrede handelt, deren Geltendmachung nur im Rahmen von Treu und Glauben (§ 242 BGB) möglich sei[236]. Im Rahmen der Prüfung der Einrede kann das Gericht berücksichtigen, dass der Wille zur Klageerhebung dem Antragsgegner bereits durch die Einreichung des Antrags auf Durchführung des Schlichtungsverfahrens deutlich geworden ist. Erfolgt die Einreichung des Antrags auf Durchführung des obligatorischen Schlichtungsverfahrens innerhalb der vereinbarten Klagefrist, so erscheint ein Berufen des Gegners auf die nicht fristgerechte Klageerhebung treuwid-

---

232 Prütting/Schmidt, Streitschlichtung, Rn. 151; Baumbach/Albers, ZPO, § 15 a EGZPO Rn. 9.

233 Prütting/Schmidt, Streitschlichtung, Rn. 151.

234 Hartmann, NJW 1999, S. 3745, 3747; Serwe, Schlichtungsgesetz, Rn. 210; Zöller/Gummer, ZPO, § 15 a Rn. 9.

235 Serwe, Schlichtungsgesetz, Rn. 210.

236 Vgl. Prütting/Schmidt, Streitschlichtung, Rn. 151; zu den Voraussetzungen der Einrede vgl. Soergel/Niedenführ, BGB, § 194 Rn. 13; Erman/Palm, BGB, § 186 Rn. 2.

rig[237]. Damit können die befürchteten Unvereinbarkeiten ausgeschlossen werden.

Allein diese Auslegung ist auch mit dem obligatorischen Charakter des Schlichtungserfordernisses zu vereinbaren. Anderenfalls könnten die Parteien durch die Vereinbarung einer Klagefrist das Schlichtungserfordernis leicht umgehen. Damit würde die Durchführung des Schlichtungsverfahrens im Ergebnis in die Disposition der Parteien gestellt. Das widerspräche offensichtlich der eindeutigen gesetzgeberischen Intention, das Schlichtungserfordernis obligatorisch auszugestalten und damit der Parteidisposition zu entziehen.

bb) Anwendungsvoraussetzungen

Fraglich ist, welche Voraussetzungen vorliegen müssen, damit es sich um eine Klage i.S.d. § 10 Abs. 2 Nr. 1 GüSchlG NRW handelt, die binnen einer gerichtlich angeordneten Frist zu erheben ist.

(1) Problemstellung

Haben die Parteien beispielsweise ein selbständiges Beweisverfahren durchgeführt und erhebt der Antragsteller des selbständigen Beweisverfahrens anschließend unmittelbar Klage gegen den Antragsgegner, ohne dass es zu einer Fristsetzung gem. § 494 a ZPO kommt, so stellt sich die Frage, ob § 10 Abs. 2 Nr. 1 GüSchlG NRW gleichwohl einschlägig ist. Es erscheint problematisch, ob der Anwendungsausschlusstatbestand nur erfüllt ist, wenn die Frist bereits gesetzt wurde oder ob es allein auf die abstrakte Möglichkeit ankommt, dass zur Erhebung der Klage eine Frist gesetzt werden könnte.

(2) Stellungnahme

Der Wortlaut des § 10 Abs. 2 Nr. 1 GüSchlG NRW lässt beide Auslegungen zu.

---

[237] So auch Prütting/Schmidt, Streitschlichtung, Rn. 151; Baumbach/Albers, ZPO, § 15 a EGZPO Rn. 9.

Sinn und Zweck der Regelung sprechen zunächst dafür, dass § 10 Abs. 2 S. 1 Nr. 1 GüSchlG NRW nur eingreift, wenn die Klagefrist tatsächlich läuft. Das bedeutet für die richterliche Frist, dass sie bereits gesetzt sein müsste. Nur in diesem Fall würden Sinn und Zweck der Regelung es rechtfertigen, von dem Schlichtungserfordernis des § 10 Abs. 1 GüSchlG NRW abzusehen, da bei Einhaltung des Schlichtungserfordernisses - das Schlichtungsverfahren kann bis zu drei Monate dauern, § 13 Abs. 1 S. 2 GüSchlG NRW - der zwischenzeitliche Fristablauf drohen könnte. Diese Besorgnis besteht so lange nicht, wie die Klagefrist noch nicht in Gang gesetzt wurde.

Demgegenüber sprechen allerdings Gründe der Praktikabilität und der Rechtssicherheit dafür, allein das abstrakte Vorliegen der Voraussetzungen einer anzuordnenden Klagefrist ausreichen zu lassen, um zu einem Eingreifen des Anwendungsausschlusstatbestandes zu gelangen. Anderenfalls kann es vom reinen Zufall abhängen, ob die richterliche Frist bei Klageerhebung bereits gesetzt war - mit der Folge des Ausschlusses des Schlichtungserfordernisses - oder nicht. Da die richterlichen Fristen zum Teil von einem Antrag des Prozessgegners abhängen (vgl. §§ 494 a, 926 Abs. 1 ZPO) und zum Teil die Fristsetzung von Amts wegen erfolgt (vgl. § 431 ZPO), würde das Eingreifen der Schlichtungsobligation letztlich zumindest teilweise in die Parteidisposition fallen. Das widerspräche allerdings der eindeutigen gesetzgeberischen Intention und dem obligatorischen Charakter des außergerichtlichen Schlichtungsverfahrens.

2. Ausschluss von Familiensachen (§ 10 Abs. 2 Nr. 2 GüSchlG NRW)

Die Norm des § 10 Abs. 2 Nr. 2 GüSchlG NRW enthält einen Anwendungsausschlussgrund für Familiensachen. Der Begriff der Familiensachen ist in § 23 b S. 2 GVG legaldefiniert. Der enumerativ aufgeführte Katalog von Streitigkeiten ist den bei den Amtsgerichten gebildeten Abteilungen (Familiengerichte) zugewiesen.

Der Anwendungsausschluss gilt nur für die in § 23 b GVG aufgeführten Streitigkeiten. Für sonstige vor den Zivilgerichten durchzuführende Streitigkeiten zwischen Eheleuten oder Familienangehörigen greift § 10 Abs. 2 Nr. 2 GüSchlG NRW nicht ein[238].

---

[238] Vgl. Serwe, Schlichtungsgesetz, Rn. 214 ff.

3. Ausschluss von Wiederaufnahmeverfahren (§ 10 Abs. 2 Nr. 3 GüSchlG NRW)

Bei dem in § 10 Abs. 2 Nr. 3 GüSchlG NRW geregelten Wiederaufnahmeverfahren handelt es sich um die Nichtigkeits- und die Restitutionsklagen gem. § 578 Abs. 1 ZPO. Für beide Klagen gilt gem. § 586 ZPO eine Notfrist zur Klageerhebung von einem Monat. Wegen dieser Klagefrist hätte es des besonderen Ausschlusstatbestandes des § 10 Abs. 2 Nr. 3 GüSchlG NRW nicht bedurft, da die Nichtigkeits- und die Restitutionsklage damit ohnehin gem. § 10 Abs. 2 Nr. 1 GüSchlG NRW von dem Anwendungsbereich des Schlichtungserfordernisses ausgenommen sind.

4. Ausschluss von Urkundenprozessen (§ 10 Abs. 2 Nr. 4 GüSchlG NRW)

Gem. § 10 Abs. 2 S. 1 Nr. 4 GüSchlG NRW greift das Schlichtungserfordernis nicht für Ansprüche, die im Urkunden-, Wechsel oder Scheckprozess geltend gemacht werden. Da der Wechsel- und der Scheckprozess nur Unterfälle des Urkundenprozesses sind, hätte es auch ihrer Erwähnung nicht zwingend bedurft[239].

Es besteht Einvernehmen darüber, dass der Ausschlusstatbestand des § 10 Abs. 2 Nr. 4 GüSchlG NRW sowohl das Vorverfahren als auch das Nachverfahren gem. § 600 ZPO umfasst[240].

Fraglich ist allerdings, ob im Falle der Abstandnahme vom Urkundenprozess gem. § 596 ZPO das Schlichtungserfordernis für den im ordentlichen Verfahren anhängig bleibenden Rechtsstreit wieder eingreift.

a) Meinungsstand in der Literatur

In der Literatur wird teilweise die Auffassung vertreten, nur solche Ansprüche seien von der obligatorischen Schlichtung befreit, die zulässigerweise in der besonderen Verfahrensart verfolgt werden[241].

---

[239] Vgl. § 15 a Abs. 2 Nr. 4 EGZPO, der nur den Urkunden- und Wechselprozess ausdrücklich erwähnt.

[240] Vgl. Prütting/Schmidt, Streitschlichtung, Rn. 156.

[241] Zöller/Gummer, ZPO, § 15 a EGZPO Rn. 12.

Demgegenüber wird zum Teil vertreten, dass es auch im Falle der Abstandnahme vom Urkundenprozess sinnvoll erscheine, den Ausnahmetatbestand eingreifen zu lassen, sofern kein Rechtsmissbrauch vorliege[242].

b) Stellungnahme

Bei der Frage, ob das Schlichtungserfordernis eingreift, wenn der Kläger gem. § 596 ZPO vom Urkundenprozess Abstand nimmt, ist danach zu differenzieren, ob die Klage im Urkundenprozess von Beginn an statthaft oder unstatthaft war.

Das nachträgliche Eingreifen des Schlichtungserfordernisses ist in den Fällen, in denen die Klage im Zeitpunkt der Zustellung im Urkundenprozess zunächst statthaft war, abzulehnen.

Gem. § 592 S. 1 ZPO wird für die Statthaftigkeit des Urkundenprozesses vorausgesetzt, dass sämtliche zur Begründung des Anspruchs erforderlichen Tatsachen durch Urkunden bewiesen werden können. Nach der inzwischen herrschenden Meinung ist davon auszugehen, dass die Voraussetzung der Beweisbarkeit durch Urkunden (vgl. §§ 592 S. 1, 595 Abs. 2 ZPO) nur für beweisbedürftige, nicht also für unstreitige, Tatsachen gilt[243]. Bleibt der klägerische Sachvortrag insgesamt unbestritten, so ist es erforderlich aber auch ausreichend, eine Urkunde vorzulegen, durch die ein Indiz belegt wird, mit dessen Hilfe eine anspruchsbegründende Tatsache bewiesen werden kann[244]. Das geltend gemachte Recht selbst muss nicht urkundlich verkörpert sein[245].

Danach gilt für das Eingreifen des Schlichtungserfordernisses Folgendes: Klagt der Kläger ausdrücklich im Urkundenprozess (§ 593 Abs. 1 ZPO) und legt er eine Urkunde vor, mit der er zumindest ein Indiz für eine anspruchsbegründende Tatsache beweisen kann, so ist die Klage im Urkun-

[242] Prütting/Schmidt, Streitschlichtung, Rn. 158.
[243] BGH, NJW 1974, S. 1199; Baumbach/Hartmann, ZPO, § 592 Rn. 7 ff.; Anders/Gehle, Assessorexamen, Rn. 630.
[244] BGH, WM 1983, S. 22; BGH, NJW 1985, S. 2953; OLG Köln, NJW 1992, S. 1774; Baumbach/Hartmann, ZPO, § 592 Rn. 9; Anders/Gehle, Assessorexamen, Rn. 631.
[245] Musielak/Musielak, ZPO, § 592 Rn. 11; Anders/Gehle, Assessorexamen, Rn. 631.

denprozess statthaft und das Schlichtungserfordernis greift nicht ein. Nimmt der Kläger aufgrund des prozessualen Verhaltens des Beklagten im anhängigen Rechtsstreit Abstand vom Urkundenprozess, etwa weil dieser Tatsachen bestreitet, die der Kläger nicht urkundlich belegen kann, so bleibt die Klage auch im ordentlichen Verfahren ohne vorherigen Schlichtungsversuch zulässig[246].

Das gilt allerdings dann nicht, wenn die Klage im Urkundenprozess der rechtsmissbräuchlichen Umgehung des Schlichtungserfordernisses diente. Erhebt der Kläger beispielsweise die Klage im Urkundenprozess, obwohl er bereits aufgrund des außerprozessualen Verhaltens des Beklagten weiß, dass Tatsachen streitig sind, die er nicht mittels der im Urkundenprozess zulässigen Beweismittel beweisen kann, und nimmt er im laufenden Rechtsstreit Abstand von dem Urkundenprozess, so greift für den im ordentlichen Verfahren anhängig bleibenden Rechtsstreit das Schlichtungserfordernis ein mit der Folge, dass die Klage als unzulässig abzuweisen ist. Es gilt insofern das zur rechtsmissbräuchlichen Klageerweiterung Gesagte entsprechend[247].

Ist die Klage von vorneherein im Urkundenprozess unstatthaft, so greift das Schlichtungserfordernis nach der Abstandnahme vom Urkundenprozess für die im ordentlichen Verfahren anhängig bleibende Klage ebenfalls ein mit der Folge, dass die Klage unzulässig ist.

5. Ausschluss nach durchgeführtem Mahnverfahren (§ 10 Abs. 2 Nr. 5 GüSchlG NRW)

Das Schlichtungserfordernis entfällt für das streitige Verfahren auch dann, wenn der Anspruch im Mahnverfahren geltend gemacht worden ist.

a) Zulässiges Mahnverfahren

Der erfolglose Schlichtungsversuch ist gem. § 10 Abs. 2 Nr. 5 GüSchlG NRW dann nicht Zulässigkeitsvoraussetzung der Klage, wenn der Anspruch im Mahnverfahren geltend gemacht und nach Widerspruch gem.

---

[246] So auch Prütting/Schmidt, Streitschlichtung, Rn. 158.

[247] Vgl. Kapitel II B) II. 1. c) dd) (2).

§ 696 Abs. 1 ZPO oder nach Einspruch gem. § 700 Abs. 3 ZPO an das Streitgericht abgegeben wurde.

b) Unzulässiges Mahnverfahren

Gem. § 688 Abs. 1 ZPO findet das Mahnverfahren statt wegen eines Anspruchs, der die Zahlung einer bestimmten Geldsumme in Euro zum Gegenstand hat, es sei denn einer der Ausschlussgründe des § 688 Abs. 2 und 3 ZPO greift ein. Der Mahnbescheidsantrag wird gem. § 691 Abs. 1 Nr. 1 ZPO zurückgewiesen, wenn er den Vorschriften der §§ 688, 689, 690, 703 c Abs. 2 ZPO nicht entspricht.

Es stellt sich die Frage, welche Auswirkungen die Zurückweisung auf das anschließende Klageverfahren hat. Die Beantwortung der Frage ist in Rechtsprechung und Literatur umstritten.

aa) Meinungsstand in Rechtsprechung und Literatur

Das Amtsgericht Rosenheim hat entschieden, dass der Ausschlussgrund des § 15 a Abs. 2 Nr. 5 EGZPO i.V.m. der einschlägigen landesrechtlichen Bestimmung dann nicht eingreife, wenn ein Anspruch geltend gemacht werde, der gem. § 688 ff. ZPO nicht zulässigerweise im Mahnverfahren geltend gemacht werden könne. Es hat zur Begründung ausgeführt, dass § 15 a Abs. 2 Nr. 5 EGZPO dahingehend einschränkend auszulegen sei, dass ein obligatorischer Schlichtungsversuch bei Durchführung eines Mahnverfahrens nur dann entfalle, wenn dieses überhaupt zulässig gewesen sei[248].

Die Entscheidung ist im Schrifttum überwiegend auf Zustimmung gestoßen[249]. Bei Unterlassungs-, Beseitigungs- oder auch Zahlungsansprüchen, bei denen die Gegenleistung noch nicht erbracht sei, könne die Sache nicht ohne einen außergerichtlichen Schlichtungsversuch ins Streitverfahren übergeleitet werden[250]. Der Sinn und Zweck der Regelung des § 15 a Abs. 2

248 AG Rosenheim, NJW 2001, S. 2030, 2031.
249 Stickelbrock, JZ 2002, S. 633, 635; Deckers, SchsZtg 2001, S. 241, 243; Serwe, Schlichtungsgesetz, Rn. 227.
250 Stickelbrock, JZ 2002, S. 633, 635.

Nr. 5 EGZPO könne nur erreicht werden, wenn das Mahnverfahren überhaupt zulässig sei[251].

Die Entscheidung des Amtsgerichts Rosenheim hat allerdings in eine andere Richtung zielende Kritik erfahren. In der Literatur wird darauf hingewiesen, dass die Entscheidung zwar insofern zutreffend sei, als ein unzulässiges Mahnverfahren die obligatorische Streitschlichtung nicht entbehrlich machen könne, dass in dem zur Entscheidung stehenden Fall das Mahnverfahren allerdings nicht unzulässig gewesen sei[252].

bb) Stellungnahme

Der in der Literatur geäußerten Kritik ist zuzustimmen. In dem von dem Amtsgericht Rosenheim zu entscheidenden Fall wurde ein Zahlungsanspruch geltend gemacht. Es handelte sich auch nicht um einen solchen, dessen Geltendmachung von einer noch nicht erbrachten Gegenleistung abhängig war (vgl. § 688 Abs. 2 Nr. 2 ZPO), so dass der Anspruch zulässigerweise im Mahnverfahren geltend gemacht werden konnte. Insofern ging das Amtsgericht Rosenheim von falschen Voraussetzungen aus.

Es handelte sich allerdings um einen Anspruch, für den es keine taugliche Anspruchsgrundlage gab. Ausgehend davon, dass der geltend gemachte Zahlungsanspruch aufgrund der materiellen Rechtslage unberechtigt war[253], hätte das Amtsgericht Rosenheim die Klage nicht als unzulässig, sondern als unbegründet abweisen müssen.

Der Rechtsauffassung, dass nur ein zulässiges Mahnverfahren den Ausschlusstatbestand des § 10 Abs. 2 Nr. 5 GüSchlG NRW erfüllen kann, ist gleichwohl einschränkungslos zuzustimmen. Insofern ist der Wortlaut des § 10 Abs. 2 Nr. 5 GüSchlG NRW einschränkend dahin auszulegen, dass nur eine *zulässige Geltendmachung* des Anspruchs im Mahnverfahren das Schlichtungserfordernis ausschließt. Von einer zulässigen Geltendmachung ist regelmäßig auszugehen, wenn der Mahnbescheid erlassen wurde.

---

[251] Stickelbrock, JZ 2002, S. 633, 635.
[252] Deckers, SchsZtg 2001, S. 241, 243; Röhl, Gutachten, S. 164.
[253] Davon geht auch das AG Rosenheim aus, vgl. NJW 2001, S. 2030, 2032.

6. Ausschluss von Klagen wegen vollstreckungsrechtlicher Maßnahmen (§ 10 Abs. 2 Nr. 6 GüSchlG NRW)

§ 10 Abs. 2 S. 1 Nr. 6 GüSchlG NRW nimmt Klagen wegen vollstreckungsrechtlicher Maßnahmen, insbesondere nach dem Achten Buch der Zivilprozessordnung von dem Schlichtungserfordernis aus. Aus der Formulierung folgt schon, dass der Ausschlusstatbestand nicht auf Klagen nach dem Achten Buch der Zivilprozessordnung beschränkt ist. Vielmehr fallen auch Klagen, mit denen materiellrechtliche Ansprüche wegen Zwangsvollstreckungsmaßnahmen geltend gemacht werden, beispielsweise Ansprüche aus § 826 BGB, aus dem Anwendungsbereich des Schlichtungserfordernisses heraus[254].

7. Ausschluss von Adhäsionsverfahren (§ 10 Abs. 2 Nr. 7 GüSchlG NRW)

Die Norm des § 10 Abs. 2 Nr. 7 GüSchlG NRW sieht einen weiteren Ausschlussgrund für Anträge nach § 404 der Strafprozessordnung, sog. Adhäsionsverfahren, vor. Dieser Ausschlussgrund ist zwar in der Öffnungsklausel des § 15 a EGZPO nicht vorgesehen, wegen der Befugnis der Landesgesetzgeber zur Erweiterung der Ausschlussgründe in § 15 a Abs. 5 EGZPO würden aber an der Zulässigkeit der Regelung selbst dann keine Bedenken bestehen, wenn durch sie die Ausschlussgründe der Öffnungsklausel erweitert würden.

Tatsächlich erweitert die Regelung die Ausschlussgründe ohnehin nicht. Sie hat vielmehr allein deklaratorischen Charakter, da nach der hier vertretenen Auffassung das Schlichtungserfordernis aus § 10 Abs. 1 GüSchlG NRW nur für Klagen greift, so dass Anträge gem. § 404 StPO schon vom Anwendungsbereich der Regelung nicht erfasst sind[255].

---

[254] Prütting/Schmidt, Streitschlichtung, Rn. 162; zu den verschiedenen Rechtsbehelfen in der Zwangsvollstreckung vgl. Prütting/Stickelbrock, Zwangsvollstreckungsrecht, S. 187 ff.

[255] Vgl. Kapitel II B) I.; ebenso Prütting/Schmidt, Streitschlichtung, Rn. 133; Jenkel, Streitschlichtungsversuch, S. 175 f.; a.A. Serwe, Schlichtungsgesetz, Rn. 234; die Begründung des Gesetzentwurfs der Landesregierung ging in Anlehnung an die Regelung des § 404 Abs. 2 StPO wohl davon aus, dass nach der bundesrechtlichen Öffnungsklausel das Adhäsionsverfahren wie die Klageerhebung zu behandeln sei, so dass die Schlichtungsobligation bei Vorliegen der sonstigen Voraussetzungen auch bei Adhäsi-

8. Ausschluss von Klagen mit gesetzlichem Vorverfahren (§ 10 Abs. 2 Nr. 8 GüSchlG NRW)

Die Regelung des § 10 Abs. 2 S. 1 Nr. 8 GüSchlG NRW enthält einen zusätzlichen Ausschlusstatbestand für Klagen, denen nach anderen gesetzlichen Bestimmungen ein Vorverfahren vorauszugehen hat. Insofern handelt es sich um eine echte Erweiterung der Ausschlussgründe gegenüber denen des § 15 a Abs. 2 EGZPO. Die Zulässigkeit der Erweiterung folgt aus § 15 a Abs. 5 EGZPO. Von dem Ausschlusstatbestand ist beispielsweise das Vorverfahren gem. § 35 Landesjagdgesetz NRW erfasst[256].

onsanträgen zu beachten gewesen wäre; zumindest wurde eine Klarstellung für erforderlich gehalten (vgl. LT-Drucks. (NRW) 12/4614 S. 35).

[256] So bereits die Intention des Landesgesetzgebers, vgl. Kapitel I B) II. 2. c).

Kapitel III - Rechtliche Qualifikation, rechtliche Folgen und rechtliche Probleme des Schlichtungserfordernisses

A) Rechtliche Qualifikation

Das Schlichtungserfordernis des § 10 GüSchlG NRW stellt für bestimmte zivilgerichtliche Klagen eine *Prozessvoraussetzung* dar[257]. Fraglich ist, wann das Schlichtungserfordernis erfüllt sein muss und insbesondere, ob es noch nach der Einreichung der Klage nachgeholt werden kann.

Die Nachholbarkeit der Prozessvoraussetzungen ist ebenso wie deren Disponibilität (vgl. § 295 Abs. 1 und 2 ZPO) der zivilprozessuale Regelfall. Die Prozessvoraussetzungen können grundsätzlich bis zum Schluss der letzten mündlichen Verhandlung, auch in der Revisionsinstanz, nachgeholt werden[258].

Dies gilt allerdings nicht für alle Prozessvoraussetzungen. Einzelne Prozessvoraussetzungen sind nicht nachholbar und nicht disponibel, etwa die Zuständigkeit des angerufenen Gerichts bei Vorliegen eines abweichenden ausschließlichen Gerichtsstandes (§ 40 Abs. 2 Nr. 2 ZPO).

Ob es sich bei dem Schlichtungserfordernis des § 10 GüSchlG NRW um eine nachholbare Prozessvoraussetzung handelt, wird innerhalb der Rechtsprechung und der Literatur unterschiedlich bewertet[259].

---

257 Vgl. Jansen, Streitschlichtung, S. 118; Hartmann, NJW 1999, S. 3745, 3747; Feix, Streitbeilegung, S. 130; Stickelbrock, JZ 2002, S. 633, 634; Zöller/Gummer, ZPO, § 15 a EGZPO Rn. 24; Thomas/Putzo/Hüßtege, ZPO, § 15 a EGZPO Rn. 2; Wesche, MDR 2003, S. 1029, 1032; a.A. Beunings, AnwBl 2004, S. 82, 84, die das Schlichtungserfordernis als Klageerhebungsvoraussetzung bezeichnet.

258 Vgl. Baumbach/Hartmann, ZPO, § 253 Rn. 15 ff.; Thomas/Putzo/Reichold, ZPO, Vorbem § 253 Rn. 11.

259 Teilweise wird die Nachholbarkeit unter den zeitlichen Anwendungsbereich subsumiert (vgl. Prütting/Schmidt, Streitschlichtung, Rn. 92).

I. Meinungsstand in Rechtsprechung und Literatur

In der Rechtsprechung wird überwiegend die Auffassung vertreten, eine Nachholung des nichtdurchgeführten Schlichtungsverfahrens sei nach Klageerhebung nicht mehr möglich[260]. Zur Begründung wird zunächst auf den Wortlaut des § 15 a EGZPO sowie der jeweiligen Landesgütestellen- und Schlichtungsgesetze verwiesen[261]. Zudem wird ausgeführt, aufgrund des Zwecks der außergerichtlichen Streitbeilegung, zum einen die Entlastung der Gerichte erster Instanz zu bewirken und zum anderen die Möglichkeit für die Parteien zu eröffnen, eine außergerichtliche Streitvermittlung zu erreichen, sei es unbedingt erforderlich, die Streitschlichtung vor Klageerhebung durchzuführen[262]. Bei einem nachträglichen Schlichtungsversuch, den Gerichtstermin vor Augen, sei eine Vergleichsbereitschaft der Parteien, die durch das Schlichtungsverfahren gefördert werden sollte, von vorneherein nicht gegeben[263].

Auch ein Teil der Literatur ist der Auffassung, bei dem Schlichtungserfordernis handele es sich um eine nicht nachholbare Prozessvoraussetzung[264]. Insofern wird insbesondere auf den Wortlaut des § 15 a EGZPO[265] und den nicht dispositiven Charakter des Schlichtungserfordernisses hingewiesen[266]. Zudem könne der Sinn und Zweck der Entlastung der Gerichte erster Instanz allein dadurch erreicht werden, dass die Streitschlichtung vor Klageerhebung durchgeführt werde[267].

---

[260] LG Ellwangen, NJW-RR 2002, S. 936; AG Nürnberg, MDR 2002, S. 1189 und NJW 2001, S. 3489; LG München, NJW-RR 2003, S. 355, 356; AG Kamen, SchsZtg 2002, S. 37, 38.

[261] LG Ellwangen, NJW-RR 2002, S. 936; AG Nürnberg, NJW 2001, S. 3489; AG Kamen, SchsZtg 2002, S. 37.

[262] LG Ellwangen, NJW-RR 2002, S. 936; AG Nürnberg, NJW 2001, S. 3489; AG Kamen, SchsZtg 2002, S. 37, 38.

[263] AG Nürnberg, NJW 2001, S. 3489.

[264] Wesche, MDR 2003, S. 1029, 1032; Wetekamp, NZM 2001, S. 614, 616, Schläger, ZMR 2000, S. 503, 506; Beunings, AnwBl 2004, S. 82, 84; Kempe, AnwBl 2003, S. 393, 394; Jenkel, Streitschlichtungsversuch, S. 253.

[265] Beunings, AnwBl 2004, S. 82, 84.

[266] Wesche, MDR 2003, S. 1029, 1032.

[267] Beunings, AnwBl 2004, S. 82, 84; Jenkel, Streitschlichtungsversuch, S. 253.

Teilweise wird in der Rechtsprechung demgegenüber die Auffassung vertreten, die Nachholung des obligatorischen außergerichtlichen Schlichtungsverfahrens sei auch im anhängigen Rechtsstreit möglich[268]. Zur Durchführung des Schlichtungsverfahrens könne das Ruhen des gerichtlichen Verfahrens angeordnet werden[269].

Begründet wird diese Rechtsprechung mit der Prozessökonomie und der prozessualen Zweckmäßigkeit[270]. Soweit von der Gegenauffassung gegen die Zulässigkeit der Nachholung angeführt werde, die Nachholung erhöhe den zeitlichen Druck und schade den Erfolgsaussichten der Schlichtung, könne gerade die Anordnung des Ruhens des Verfahrens diesen Zeitdruck nehmen[271]. Durch die erfolgte Klageerhebung würde ein Rechtsverlust[272] während der Durchführung des Schlichtungsverfahrens verhindert[273]. Teilweise wird sogar vertreten, die Nachholung des Schlichtungsverfahrens sei unter bestimmten Voraussetzungen selbst in der Berufungsinstanz noch möglich. Allerdings sei es dann, wenn umfangreiche gerichtliche Vergleichsverhandlungen an der uneinsichtigen Haltung des Beklagten gescheitert seien, eine unzumutbare „Förmelei", den Kläger auf ein offenkundig ergebnisloses außergerichtliches Schlichtungsverfahren zu verweisen[274].

Ein Teil der Literatur hat sich der Meinung der Rechtsprechung angeschlossen[275]. Auch von den Vertretern dieser Auffassung wird im Wesent-

---

[268] OLG Hamm, MDR 2003, S. 387; AG Königstein, NJW 2003, S. 1954, 1955; OLG Saarbrücken, Urteil vom 26.11.2003 – 1 U 146/03 – 36; LG München II, NJW-RR 2003, S. 355, 356.

[269] AG Königstein, NJW 2003, S. 1954, 1955; OLG Saarbrücken, Urteil vom 26.11.2003 - 1 U 146/03 – 36.

[270] AG Königstein NJW 2003, S. 1954, 1955.

[271] AG Königstein NJW 2003, S. 1954, 1955.

[272] In dem von dem AG Königstein zu entscheidenden Fall derjenige nach § 13 Hess NachbRG.

[273] AG Königstein NJW 2003, S. 1954, 1955.

[274] LG München II, NJW-RR 2003, 355, 356.

[275] Zöller/Gummer, ZPO, § 15 a EGZPO Rn. 25; Prütting/Schmidt, Streitschlichtung, Rn. 103 ff.; Heßler, MittBayNot 2000, Sonderheft zu Ausgabe 4, S. 2, 7; Mankowski, EWiR 2002, S. 347, 348; Unberath, JR 2001, S. 355, 358; Stein/Jonas/Schlosser, ZPO, § 15 a Rn. 1; Stickelbrock, JZ 2002, S. 633, 636; Friedrich, NJW 2002, S. 798, 799; ders. NJW 2002, S. 3223, 3224.

lichen auf den Sinn und Zweck der Regelung und die Prozessökonomie verwiesen[276]. Es bestehe der Grundsatz, dass die Prozessvoraussetzungen erst zum Schluss der mündlichen Verhandlung vorliegen müssten und das Gericht im Rahmen des § 139 Abs. 2 ZPO grundsätzlich dem Kläger Gelegenheit geben müsse, dem Mangel der Prozessvoraussetzung abzuhelfen, zumindest dann, wenn der Mangel auf einem Versehen beruhe[277].

Der Gesetzgeber habe zudem mit den Regelungen des § 278 Abs. 2 S. 1 und Abs. 5 S. 2, 3 ZPO deutlich gemacht, dass die Durchführung eines Schlichtungsversuchs auch während des laufenden Prozesses Aussicht auf Erfolg habe[278].

Die erzieherische Wirkung, die von der sofortigen Abweisung der Klage als unzulässig erhofft werden könne, rechtfertige eine Ausnahme von dem Grundsatz der Behebbarkeit eines Verfahrensmangels nicht, zumal dem erzieherischen Gedanken auch strafender Charakter zukomme[279]. Es sei nicht Aufgabe des Verfahrensrechts, Parteien, die - aus welchen Gründen auch immer - das Vorverfahren nicht vor Klageerhebung durchgeführt hätten, mit der Folge der Klageabweisung zu bestrafen[280].

Der Wortlaut des § 15 a Abs. 1 S. 1 EGZPO und der landesrechtlichen Ausführungsgesetze spreche nicht gegen die Nachholbarkeit, da durch die Formulierung „erst“ lediglich zum Ausdruck gebracht werde, dass es sich um eine Prozessvoraussetzung handele, nicht jedoch eine strikte zeitliche Reihenfolge festgelegt werde[281]. Auch § 15 a Abs. 1 S. 2 EGZPO spreche nicht gegen die Nachholbarkeit, da die Regelung keine konkrete Aussage über die Nachholbarkeit enthalte[282].

---

[276] Unberath, JR 2001, S. 355, 358; Feix, Streitbeilegung, S. 135; Stickelbrock, JZ 2002, S. 633, 636.
[277] Unberath, JR 2001, S. 355, 356; Prütting/Schmidt, Streitschlichtung, Rn. 107.
[278] Feix, Streitbeilegung, S. 135.
[279] Unberath, JR 2001, S. 355, 358.
[280] Prütting/Schmidt, Streitschlichtung, Rn. 106.
[281] Unberath, JR 2001, S. 355, 356.
[282] Unberath, JR 2001, S. 355, 357.

In einem Kurzkommentar zu einer Entscheidung des Amtsgerichts Wuppertal favorisiert *Mankowski* eine analoge Anwendung des § 148 ZPO[283]. Er sieht in der Versagung der Nachholung eine Ressourcenverschwendung und einen Widerspruch zur Prozessökonomie[284]. Es sei billiger, das bereits anhängige Verfahren auszusetzen und dann je nach dem Ergebnis der Schlichtung entweder für erledigt zu erklären oder fortzusetzen als die Klage von vorneherein abzuweisen und so den Kläger nach dem Scheitern einer Schlichtung zu einem zweiten Anlauf zu zwingen[285].

Ein Teil der Literatur differenziert danach, ob die Klage im Zeitpunkt der Nachholung bereits zugestellt war[286].

In ihrer umfassenden Dissertation zur außergerichtlichen obligatorischen Streitschlichtung nach § 15 a EGZPO geht Jansen im Grundsatz davon aus, dass der Einigungsversuch nicht nachholbar sei[287]. Sie schränkt diese Grundposition allerdings ein durch das Korrektiv des Verfahrenszwecks. Sei nämlich das Fehlen der Prozessvoraussetzung zunächst nicht erkannt worden und sei bereits eine Beweisaufnahme durchgeführt worden, so könne der Zweck des Schlichtungsverfahrens, die Entlastung der Gerichte, nicht mehr wirksam erreicht werden. Es würden in diesen Fällen lediglich die Kosten des Rechtsstreits durch das Güteverfahren unnötig erhöht[288]. Es könne insofern argumentativ auf die Rechtsprechung des Bundesgerichtshofs und des Bundesverwaltungsgerichts zur Notwendigkeit der Nachholung eines versäumten Widerspruchsverfahrens nach § 68 VwGO zurückgegriffen werden, wonach es entscheidend darauf ankomme, ob der Zweck des Vorverfahrens noch erreicht werden könne und ob der Grundsatz der Prozessökonomie gewahrt bleibe. Als entscheidender Zeitpunkt könne danach die Durchführung einer Beweisaufnahme oder die Verkündung des erstinstanzlichen Urteils angesehen werden[289].

---

[283] Mankowski, EWiR 2002, S. 347, 348.
[284] Mankowski, EWiR 2002, S. 347, 348.
[285] Mankowski, EWiR 2002, S. 347, 348.
[286] Friedrich, NJW 2002, S. 798 ff; Mankowski, EWiR 2002, S. 347 f.; Unberath, JR 2001, S. 355.
[287] Jansen, Streitschlichtung, S. 223.
[288] Jansen, Streitschlichtung, S. 223.
[289] Jansen, Streitschlichtung, S. 223.

II. Stellungnahme

Der Auffassung, die eine Nachholung für nicht zulässig hält, ist der Vorzug zu geben.

Die Ansicht, nach der die Nachholung des nicht durchgeführten Schlichtungsversuchs zuzulassen ist, hat auf den ersten Blick zwar die Prozessökonomie für sich. Für diese Auffassung spricht auch, dass es der Systematik der Prozessvoraussetzungen grundsätzlich entspricht, ihr Vorliegen erst im Zeitpunkt der letzten mündlichen Verhandlung zu verlangen.

Bei genauerer Betrachtung führt die Auffassung jedoch zu unbefriedigenden Ergebnissen. Es hängt dann nämlich von einer gegebenenfalls nach § 139 Abs. 5 ZPO zu setzenden Frist zur Nachholung und der Terminierungsgeschwindigkeit des Gerichts ab, ob die Zulässigkeitsvoraussetzung noch geschaffen werden kann oder ob das Gericht der Nachholung mit seinem Prozessurteil „zuvorkommt“. Dies wiederum entspricht ebenso wenig der Systematik der Zivilprozessordnung wie ein Zuwarten des Gerichts, das schließlich zur Prozessförderung verpflichtet ist[290].

Die Auffassung hat zudem den Wortlaut des § 15 a Abs. 1 S. 1 und 2 EGZPO gegen sich[291]. Sowohl die Formulierung „..., dass die Erhebung der Klage erst zulässig ist, nachdem...“ als auch die Formulierung „...hat eine...Bescheinigung über einen erfolglosen Einigungsversuch mit der Klage einzureichen.“ sprechen ganz eindeutig dafür, dass die Voraussetzung des erfolglos durchgeführten Schlichtungsversuchs vorprozessual vorliegen muss. Insbesondere die Formulierung des § 15 a Abs. 1 S. 2 EGZPO ist von dem Gesetzgeber bewusst gewählt worden, um die Unzulässigkeit der Nachholung gesetzlich zu regeln[292]. Gerade diese Begründung des Ge-

---

[290] Vgl. dazu Schellhammer, Zivilprozess, Rn. 446; Otto, Verfahren, S. 17 ff.

[291] Was sie auch durchaus zugibt, vgl. nur Prütting/Schmidt, Streitschlichtung, Rn. 105.

[292] Vgl. die Begründung des Gesetzentwurfs BT-Drucks. 14/980 S. 6: „Ist durch Landesrecht ein obligatorisches Güteverfahren vorgeschrieben, so muß der Einigungsversuch der Klageerhebung vorausgehen. Eine ohne diesen Versuch erhobene Klage ist unzulässig“.

setzentwurfs spricht gegen die Auffassung, die von der Zulässigkeit der Nachholung ausgeht[293].

Aus der Konstellation des anhängigen Klageverfahrens während der Durchführung des Schlichtungsverfahrens resultiert im Übrigen sowohl ein zeitlicher Druck als auch eine psychologische Atmosphäre, die gegen eine Einigung sprechen.

Die von einem Teil der Literatur teilweise favorisierte Lösung, über die Anordnung des Ruhens des Verfahrens zumindest den zeitlichen Druck zu nehmen, erscheint ebenfalls zweifelhaft. Das Ruhen des Verfahrens setzt gem. § 251 ZPO den Antrag beider Parteien und die Zweckmäßigkeit der Anordnung voraus. Sofern das Ruhen beantragt wird, um das Schlichtungsverfahren nachzuholen, wird das Schlichtungserfordernis - jedenfalls zeitlich - der Disposition der Parteien unterworfen. Das widerspricht dem obligatorischen Charakter der Zulässigkeitsbedingung.

Zwar kann man darüber nachdenken, § 278 Abs. 5 ZPO analog anzuwenden, und damit die Nachholung während des Ruhens des Verfahrens zu ermöglichen. Da es sich bei § 278 Abs. 5 ZPO um eine Rechtsfolgenverweisung handelt[294], wäre weder ein übereinstimmender Antrag der Parteien noch die Zweckmäßigkeit der Anordnung des Ruhens erforderlich. Gegen die Analogie spricht jedoch, dass es sich bei dem Fehlen einer dem § 278 Abs. 5 ZPO entsprechenden Regelung in § 15 a EGZPO und § 10 GüSchlG NRW nicht um eine planwidrige Regelungslücke handelt. Die mangelnde Nachholbarkeit des Schlichtungsverfahrens war die ausdrückliche Intention der Begründung des Gesetzentwurfs durch die Bundesregierung[295]. Von dieser Intention wurde im Gesetzgebungsverfahren auch nicht abgewichen[296]. Daher erscheint es nicht nachvollziehbar, wenn die Befürworter

---

[293] Auch das gestehen die Vertreter der Auffassung durchaus selbst zu, vgl. Prütting/Schmidt, Streitschlichtung, Rn. 105.

[294] Vgl. Friedrich, JR 2002, S. 397, 399.

[295] BT-Drucks. 14/980 S. 6.

[296] Weder in den Plenumsdiskussionen noch in den Sitzungen des Rechtsausschusses finden sich Anhaltspunkte dafür, dass die Öffnungsklausel des § 15 a EGZPO eine landesrechtliche Umsetzung des Inhalts, dass eine Nachholung möglich wäre, zulassen

der Gegenauffassung auf die in § 278 Abs. 2 S. 1 und Abs. 5 S. 2, 3 ZPO zum Ausdruck gekommene Auffassung des Gesetzgebers, die Durchführung eines Schlichtungsversuchs habe auch während des laufenden Prozesses Aussicht auf Erfolg, abstellen. Jedenfalls für den obligatorischen außergerichtlichen Schlichtungsversuch nach § 15 a EGZPO hat der Gesetzgeber seine ablehnende Auffassung zur Frage der Nachholbarkeit bewusst und ausdrücklich offenbart.

Soweit die Auffassung darauf abstellt, gerade die Anordnung des Ruhens des Verfahrens reduziere den zeitlichen Druck, weil die Klageerhebung den Rechtsverlust - etwa durch Eintritt der Verjährung - verhindere, überzeugt dieses Argument ebenfalls nicht. Auch außerhalb eines anhängigen Rechtsstreits kann der Gläubiger den Ablauf der Verjährung dadurch hemmen, dass er die Bekanntgabe des Güteantrags veranlasst (vgl. § 204 Nr. 4 BGB).

Auch die teilweise favorisierte Lösung, statt das Ruhen des Verfahrens anzuordnen den Rechtsstreit zum tatsächlichen Stillstand zu bringen[297], überzeugt nicht. Sie entspricht weder der Intention des Gesetzgebers, noch erscheint es angebracht, bei offensichtlicher Unanwendbarkeit der gesetzlich normierten Regelungen zum Nichtbetrieb des Rechtsstreits (Ruhen und Aussetzung) dem Verfahren keinen Fortgang zu geben, wenn dies nicht dem Willen beider Parteien entspricht (dann sind aber im Zweifel die Voraussetzungen des Ruhens gem. § 251 ZPO erfüllt).

Die von *Mankowski* favorisierte Anwendung des § 148 ZPO analog überzeugt im Ergebnis ebenfalls nicht. Abgesehen davon, dass die Lösung nicht praktikabel erscheint, liegen auch insofern die Voraussetzungen der Analogie nicht vor. Zunächst sind der vorgreifliche Rechtsstreit und das Schlichtungsverfahren nicht vergleichbar. Während von dem vorgreiflichen Rechtsstreit die Sachentscheidung des Rechtsstreits abhängt, bedingt die erfolglose Durchführung des Schlichtungsverfahrens lediglich, ob die in

---

sollte. Es ist damit davon auszugehen, dass die Intention der Begründung des Gesetzentwurfs auch Intention des Gesetzes geworden ist.

[297] Unberath, JR 2001, S. 355, 356.

dem Rechtsstreit erhobene Klage zulässig ist. Außerdem liegt keine planwidrige Regelungslücke vor, da der Gesetzgeber die Nachholung ausdrücklich ausgeschlossen hat[298].

Gegen die von *Jansen* favorisierte Lösung, auf den Zeitpunkt der Durchführung einer Beweisaufnahme bzw. die Verkündung des erstinstanzlichen Urteils abzustellen, bestehen erhebliche dogmatische und teleologische Bedenken.

Dogmatisch ist es dem Zivilprozessrecht fremd, für den maßgeblichen Zeitpunkt des Vorliegens der Prozessvoraussetzungen auf den Zeitpunkt der Durchführung einer Beweisaufnahme oder der Verkündung des erstinstanzlichen Urteils abzustellen. Die Durchführung der Beweisaufnahme markiert keinen verfahrensrechtlich relevanten Zeitpunkt. Weder knüpft die Heilungswirkung des § 295 Abs. 1 ZPO hieran an, noch kann bei verspäteter Feststellung des Vorliegens eines nicht der Disposition der Parteien unterworfenen Verfahrensmangels, wie z.B. des Vorliegens eines abweichenden ausschließlichen Gerichtsstandes, das Gericht sich hierüber wegen einer bereits durchgeführten Beweisaufnahme hinwegsetzen.

Die Durchführung der Beweisaufnahme führt auch nicht zu einem Wegfall des Sinns des außergerichtlichen Einigungsversuchs. Gerade die durchgeführte Beweisaufnahme kann den Streit zwischen den Parteien beseitigen, so dass sich die Erfolgsaussicht des außergerichtlichen Güteverfahrens erhöht. Anderenfalls müsste mit demselben Argument ein gesetzlich nicht vorhandener Ausschlussgrund analog § 10 Abs. 2 Nr. 5 GüSchlG NRW bei vorgeschaltetem selbständigen Beweisverfahren gem. § 485 ZPO konstruiert werden[299].
Auch das Argument der Prozessökonomie überzeugt nicht. Abgesehen davon, dass die Prozessökonomie nicht jedes Hinwegsehen über dogmatische Bedenken rechtfertigt, stünde sie nur dann der Nachholung des Schlichtungsversuchs entgegen, wenn man von vorneherein von dessen Scheitern

---

[298] Zur Begründung des Gesetzgebers vgl. BT-Drucks. 14/980 S. 6.

[299] Zur Frage, ob Klagen nach durchgeführtem selbständigen Beweisverfahren ohne weiteres dem Ausschlussgrund des § 10 Abs. 2 Nr. 1 GüSchlG NRW unterfallen, vgl. Kapitel II D) III. 1. e).

ausginge. Für die Erfolgsprognose bestehen aber im Zeitpunkt nach der Zurücknahme der Klage keine ungünstigeren Voraussetzungen als vor der Einreichung der Klage.

Unvertretbar erscheint vor dem Hintergrund der Gesetzesbegründung die Entscheidung des LG München II vom 6. November 2001[300], nach der eine Nachholung des Schlichtungsverfahrens dann nicht erforderlich sei, wenn dies offensichtlich ergebnislos bleiben würde, etwa infolge Scheiterns auch gerichtlicher Vergleichsverhandlungen. Die nicht näher begründete Auffassung des LG München II entspricht nicht dem Willen des Gesetzgebers. Der Gesetzgeber hat das außergerichtliche Schlichtungsverfahren ausdrücklich obligatorisch ausgestaltet und darauf verzichtet, eine Öffnungsklausel, etwa derjenigen des § 278 Abs. 2 S. 1 2. Halbs. ZPO entsprechend, in § 15 a EGZPO aufzunehmen. Auch in den Landesgesetzen finden sich keine Regelungen, nach denen das Gericht mangels Erfolgsaussicht von dem Schlichtungserfordernis absehen darf[301]. Damit bleibt es dabei, dass das Schlichtungserfordernis weder für die Parteien noch für das Gericht disponibel ist.

Nach allem überzeugt allein die Auffassung der Unzulässigkeit der Nachholung des Schlichtungsverfahrens. Diese entspricht im Ergebnis auch der herrschenden Auffassung zur fehlenden Nachholbarkeit des nicht durchgeführten Sühneverfahrens gem. § 380 StPO[302].

Bei dem erfolglos durchgeführten Schlichtungsversuch handelt es sich folglich um eine nicht nachholbare und nicht dispositive Prozessvoraussetzung.

---

[300] NJW-RR 2003, S. 355 ff.

[301] Art. 4 Abs. 2 BaySchlG enthält lediglich für den Schlichter die Befugnis, eine Erfolglosigkeitsbescheinigung auch dann auszustellen, wenn er die Angelegenheit für eine Schlichtung aus rechtlichen oder tatsächlichen Gründen von vorneherein für ungeeignet erachtet; für die Einfügung entsprechender landesrechtlicher Regelungen bereits: Jansen, Streitschlichtung, S. 269.

[302] Meyer-Goßner, StPO, § 380 Rn. 10; KK/Senge, StPO, § 380 Rn. 5; Kraus, NJW 1953, S. 173; LG Aachen, NJW 1956, S. 1611; LG Hamburg NJW 1973, S. 382 f.

B) Rechtliche Folgen des durchgeführten Schlichtungsversuchs

Es stellt sich die Frage, welche rechtlichen Folgen der erfolglos durchgeführte Schlichtungsversuch hat, insbesondere, unter welchen Voraussetzungen er die Zulässigkeit der anschließenden Klage begründet und wie sich Veränderungen des Streitstoffs auswirken.

I. Zulässigkeit der Klage

Die Zulässigkeit der Klage setzt nach der erfolglosen Durchführung eines Schlichtungsversuchs die Einreichung der Erfolglosigkeitsbescheinigung[303] sowie die inhaltliche Identität des Schlichtungsversuchs mit dem anschließenden Klageverfahren voraus.

1. Erfolglosigkeitsbescheinigung

Über einen ohne Erfolg durchgeführten Schlichtungsversuch ist den Parteien eine Bescheinigung zu erteilen, sog. Erfolglosigkeitsbescheinigung[304]. Diese muss erkennen lassen, wer die Parteien des Schlichtungsverfahrens waren und um welchen Gegenstand gestritten wurde, um deren Identität im nachfolgenden gerichtlichen Verfahren feststellen zu können[305].

2. Inhaltliche Identität

Aus dem Wortlaut des Gesetzes ist nicht ohne weiteres zu entnehmen, welche Anforderungen an die inhaltliche Identität zwischen Schlichtungsversuch und anschließendem Klageverfahren zu stellen sind.

Zunächst ist davon auszugehen, dass zwischen dem erfolglos durchgeführten Schlichtungsverfahren und dem gerichtlichen Verfahren Identität sowohl subjektiv, also hinsichtlich der Parteien, als auch objektiv, also hinsichtlich der jeweiligen Streitstoffe, bestehen muss[306].

---

[303] Vgl. zum Erfordernis der Vorlage der Erfolglosigkeitsbescheinigung AG Köln, RuS 2002, S. 318, 319.

[304] Vgl. § 13 Abs. 1 S. 1 GüSchlG NRW.

[305] Vgl. § 13 Abs. 2 GüSchlG NRW; vgl. auch LT-Drucks. (NRW) 12/4614 S. 37.

[306] Vgl. Jansen, Streitschlichtung, S. 224.

a) Parteiidentität

Parteiidentität liegt vor, wenn Antragsteller und Antragsgegner des Schlichtungsverfahrens auch Parteien des Rechtsstreits sind, unabhängig davon, welche Parteirolle sie übernehmen. Streiten beispielsweise Nachbarn über den Bestand einer Grenzhecke, so kann es für die Wirkungen eines erfolglos durchgeführten Schlichtungsversuchs nicht darauf ankommen, ob der eine Nachbar im anschließenden Rechtsstreit auf Beseitigung oder der andere auf Duldung klagt.

b) Identität des Streitstoffs

Der Streitstoff bestimmt sich im gerichtlichen Verfahren nach dem Streitgegenstand, also Antrag und Lebenssachverhalt[307]. Da im Schlichtungsverfahren zwar ein Begehren geäußert, technisch aber kein zu bescheidender Sachantrag gestellt wird[308], kann hinsichtlich des Streitstoffs des Schlichtungsverfahrens nicht von einem Streitgegenstand gesprochen werden.

Die Identität der jeweiligen Streitstoffe liegt dann vor, wenn der Antrag und der Lebenssachverhalt im gerichtlichen Verfahren mit dem Begehren und dem Lebenssachverhalt des Schlichtungsverfahrens übereinstimmen.

II. Veränderung des Streitstoffs

Probleme können sich bei Änderungen des Begehrens oder des Lebenssachverhalts vor Klageerhebung, bei Klageänderungen, Klagebeschränkungen und bei Klageerweiterungen ergeben.

1. Änderung des Streitstoffs nach Durchführung eines erfolglosen Schlichtungsversuchs noch vor Klageerhebung

Ändert sich der Streitstoff nach durchgeführtem Schlichtungsverfahren, so besteht zwischen dem Streitstoff des Schlichtungsverfahrens und dem Streitgegenstand des gerichtlichen Verfahrens dann keine Identität, wenn das materielle Begehren und bzw. oder der zugrundeliegende Lebenssachverhalt nicht mehr übereinstimmen. Hat beispielsweise der Antragsteller im

---

[307] So der herrschende zweigliederige Streitgegenstandsbegriff, vgl. BGH, NJW 1996, S. 3151, 3152; 1993, S. 2052 f.; NJW-RR 1987, S. 683, 684; BGHZ 117, S. 1, 5; Schellhammer, Zivilprozess, Rn. 130; Baum, Zivilprozess, S. 94.

[308] Vgl. Deckers, WuM 2002, S. 33, 34.

Schlichtungsverfahren begehrt, dass ein Überhang beseitigt werde (§ 1004 Abs. 1 BGB), und begehrt er im gerichtlichen Verfahren eine Geldentschädigung für die inzwischen erfolgte eigene Beseitigung des Überhangs (§§ 812 Abs. 1 S. 1 2. Alt., 818 Abs. 2 BGB[309]), so fehlt es an der notwendigen Identität des Begehrens trotz im Wesentlichen gleichbleibenden Lebenssachverhalts[310]. Der durchgeführte Schlichtungsversuch führt in diesem Fall nicht zur unmittelbaren Zulässigkeit der Zahlungsklage. Liegen die übrigen Voraussetzungen des Schlichtungserfordernisses vor, so muss der Antragsteller erneut einen Schlichtungsversuch unternehmen oder den Umweg über das Mahnverfahren wählen. Dies gilt selbst dann, wenn der Schlichter im zunächst durchgeführten Schlichtungsverfahren die Geldentschädigung als Vergleichsvorschlag unterbreitet hat, denn dadurch wird sie nicht automatisch zum Streitstoff des Schlichtungsverfahrens, der allein durch den Lebenssachverhalt und das materielle Begehren bestimmt wird.

2. Klageänderung

Fraglich ist, wie es sich auf das Schlichtungserfordernis auswirkt, wenn die eingereichte Klage nachträglich geändert wird. Insofern ist zwischen den drei Arten der Klageänderung, nämlich der objektiven Klageänderung, der subjektiven Klageänderung und der Änderung der Verfahrensart zu unterscheiden[311].

a) Objektive Klageänderung

Bei der objektiven Klageänderung handelt es sich um die Änderung des Streitgegenstandes. Diese erfolgt entweder dadurch, dass der Kläger bei gleichbleibendem Antrag den Sachverhalt, aus dem der Klageanspruch

---

[309] So die herrschende Meinung in Rechtsprechung und Literatur, vgl. BGH, NJW 1986, S. 2640 ff.; Staudinger/Roth, BGB, § 910 Rn. 3; MüKo/BGB/Säcker, § 910 Rn. 12; Erman/Hagen/Lorenz, BGB, § 910 Rn. 2; Deckers, SchsZtg 2001, S. 241, 244.

[310] A.A. Deckers, WuM 2002, S. 33, 34, der für einen möglichst weitreichenden Begriff des Verfahrensgegenstandes im obligatorischen Schlichtungsverfahren plädiert, der bestimmt werde durch einen weit zu verstehenden Lebenssachverhalt und sämtliche sich daraus möglicherweise ergebenden zivilrechtlichen Ansprüche.

[311] Vgl. Zöller/Greger, ZPO, § 263 Rn. 1 ff.

hergeleitet wird, ändert, oder dadurch, dass bei gleichbleibendem oder geändertem Sachverhalt der Klageantrag geändert wird[312].

aa) Änderung des Sachverhalts

Wird die zunächst dem Schlichtungserfordernis unterfallende Klage derart geändert, dass die Voraussetzungen des Schlichtungserfordernis entfallen (Beispiel: Der Kläger begehrt Schadensersatz in Höhe von 2.000,- EUR zunächst wegen einer Ehrverletzung, die nicht in Presse oder Rundfunk begangen wurde, und ändert die Begründung des Klagebegehrens dergestalt, dass er den Schadensersatzanspruch nunmehr auf eine Körperverletzung stützt), so entfällt das Schlichtungserfordernis.

Unterfällt die Klage in ihrer geänderten Form dem Schlichtungserfordernis, so greift dieses einschränkungslos ein und zwar unabhängig davon, ob die ursprüngliche Klage erst nach erfolgloser Durchführung des Schlichtungsverfahrens zulässig gewesen wäre oder nicht. Mit der Zustellung des Klageänderungsschriftsatzes wird der nunmehr geltend gemachte Anspruch rechtshängig (§ 261 Abs. 2 ZPO). Die Zustellung der Klageänderung entspricht in ihrer Wirkung der Erhebung der Klage (vgl. § 261 Abs. 1 ZPO), für die § 10 Abs. 1 GüSchlG NRW das Schlichtungserfordernis unmittelbar regelt.

bb) Änderung des Antrags

Die Änderung des Klageantrags stellt wie die Änderung des Lebenssachverhalts eine Klageänderung dar[313].

§§ 10, 11 GüSchlG NRW differenzieren lediglich nach dem Charakter der Streitigkeit, nicht jedoch nach dem Antragscharakter. So fallen unter § 10 Abs. 1 Nr. 3 GüSchlG NRW sowohl Zahlungs- als auch Unterlassungs- und Widerrufsansprüche[314]. Gleiches gilt für die vermögensrechtlichen Streitigkeiten gem. § 10 Abs. 1 Nr. 1 GüSchlG NRW sowie die nachbarrechtlichen Streitigkeiten gem. § 10 Abs. 1 Nr. 2 GüSchlG NRW. Die iso-

---

312 Zöller/Greger, ZPO, § 263 Rn. 7; Baumbach/Hartmann, ZPO, § 263 Rn. 4; Musielak/Foerste, ZPO, § 263 Rn. 2 f.

313 Vgl. Zöller/Greger, ZPO, § 263 Rn. 7; Baumbach/Hartmann, ZPO, § 263 Rn. 4; Musielak/Foerste, ZPO, § 263 Rn. 2 f.

314 Vgl. Serwe, Schlichtungsgesetz, Rn. 200 f.

lierte Änderung des Antrags nach Rechtshängigkeit wirkt sich auf das Schlichtungserfordernis somit nicht aus.

b) Subjektive Klageänderung

Der Wechsel der Parteien wird von der herrschenden Rechtsprechung als Klageänderung und von der herrschenden Literatur als prozessuales Institut eigener Art angesehen[315]. Für ihre Zulässigkeit bestehen je nach dem Zeitpunkt und je nachdem, ob ein Wechsel auf Kläger- oder Beklagtenseite vorliegt, unterschiedliche Voraussetzungen[316]. Wird die subjektive Klageänderung zulässigerweise vorgenommen, so tritt im Verhältnis zur neuen Partei die Rechtshängigkeit der Klage mit der Zustellung des Parteiänderungsschriftsatzes ein[317]. Gem. § 261 Abs. 1 und 2 ZPO entspricht dieser Zeitpunkt dem der Klageerhebung, so dass in diesem Zeitpunkt der Schlichtungsversuch erfolgt sein muss. Hat zwischen den neuen Parteien des Rechtsstreits ein Schlichtungsverfahren nicht stattgefunden und liegen die übrigen Voraussetzungen des Schlichtungserfordernisses vor, so ist die Klage trotz Zulässigkeit der Klageänderung als unzulässig abzuweisen.

Lagen nur gegenüber der ausscheidenden Partei die Voraussetzungen des Schlichtungserfordernisses vor, so ist die durch Parteiwechsel geänderte Klage zulässig.

c) Änderung der Verfahrensart

Auch die Änderung der Verfahrensart wird als Klageänderung angesehen[318]. Sie liegt beispielsweise dann vor, wenn vom ordentlichen Prozess in den Urkundenprozess übergegangen wird. Ebenso liegt eine Klageänderung vor, wenn vom Wechsel- oder Scheckprozess in den Urkundenprozess, oder wenn vom Verfügungs- oder Arrestverfahren in das Hauptsacheverfahren gewechselt wird. Die Zulässigkeit der Änderung der Verfahrens-

---

[315] Zum Meinungsstand vgl. Zöller/Greger, ZPO, § 263 Rn. 3.

[316] Vgl. zu den jeweils unterschiedlichen Voraussetzungen Zöller/Greger, ZPO, § 263 Rn. 19 ff.; Baumbach/Hartmann, ZPO, § 263 Rn. 5 ff.

[317] Zöller/Greger, ZPO, § 263 Rn. 25, 31.

[318] Vgl. Zöller/Greger, ZPO, § 263 Rn. 5, 10.

art richtet sich zunächst nach den jeweiligen Sonderregeln, beispielsweise § 596 ZPO, und im Übrigen nach § 263 ff. ZPO[319].

Auf das Schlichtungserfordernis kann sich die Änderung der Verfahrensart deshalb auswirken, weil bestimmte Verfahrensarten ausdrücklich vom Anwendungsbereich des Schlichtungserfordernisses ausgenommen sind[320] und andere dem Schlichtungserfordernis deshalb nicht unterfallen, weil es sich nicht um Klageverfahren handelt[321].

Wie sich die Abstandnahme vom Urkundenprozess auf das Schlichtungserfordernis des im ordentlichen Verfahren anhängig bleibenden Rechtsstreits auswirkt, wurde bereits dargestellt[322]. Für die übrigen Klageänderungen durch Wechsel der Verfahrensart gilt das Gleiche, wenn die ursprüngliche Verfahrensart dem Schlichtungserfordernis nicht unterfiel, während die neue Verfahrensart die Voraussetzungen des § 10 GüSchlG NRW erfüllt. War die ursprünglich gewählte Verfahrensart von vorneherein unstatthaft oder diente die Wahl der entsprechenden Verfahrensart der rechtsmissbräuchlichen Umgehung des Schlichtungserfordernisses, so greift das Schlichtungserfordernis für die neue Klageart ein mit der Folge, dass die Klage unzulässig ist. Anderenfalls wirkt das Nichteingreifen des Schlichtungserfordernisses nach der zulässigen Änderung der Verfahrensart fort.

Unterfällt die neue Verfahrensart nicht dem Schlichtungserfordernis, so ist die Klage nach zulässiger Änderung der Verfahrensart zulässig, selbst wenn sie es in der ursprünglichen Verfahrensart aufgrund des fehlenden Schlichtungsversuchs nicht gewesen wäre.

---

319 Vgl. Zöller/Greger, ZPO, § 263 Rn. 10; zum Übergang vom Normal- zum Urkundenprozess vgl. Schellhammer, Zivilprozess, Rn. 1827; zur Zulässigkeit der Abstandnahme vom Urkundenprozess in der Berufungsinstanz nach dem durch das ZPO-ReformG neugefassten Berufungsrecht vgl. OLG Düsseldorf, ZIP 2003, S. 542; Stickelbrock, EWiR 2003, S. 665 f.

320 § 10 Abs. 2 GüSchlG NRW.

321 Zur Beschränkung des Schlichtungserfordernisses auf Klagen vgl. Kapitel II B) I.

322 Vgl. Kapitel II D) III. 4.

3. Klageerweiterung

Die Frage des Eingreifens des Schlichtungserfordernisses stellt sich auch in den Fällen der Klageerweiterung.

a) Objektive Klageerweiterung

Bei der objektiven Klageerweiterung sind zwei Konstellationen zu unterscheiden:

Wird die Klage lediglich quantitativ oder qualitativ erweitert, ohne den Klagegrund zu ändern, handelt es sich um einen Fall des § 264 Nr. 2 ZPO. Es liegt eine Klageänderung vor, die zulässig ist, ohne dass die Voraussetzungen des § 263 ZPO erfüllt sein müssen[323].

In dieser Konstellation kann sich die Frage stellen, ob das Schlichtungserfordernis nachträglich entfallen kann. Dies könnte beispielsweise dann der Fall sein, wenn die Teilklage über 500,- EUR auf den vollen Betrag in Höhe von 1.000,- EUR erweitert wird.

Es gilt insofern das zur objektiven Klagehäufung Gesagte entsprechend[324]. Die Klageerweiterung führt mit der Zustellung des Erweiterungsschriftsatzes zur Rechtshängigkeit des Gesamtanspruchs. Unterfällt dieser nicht dem Schlichtungserfordernis, so ist von der unmittelbaren Zulässigkeit der Klage auszugehen.

Die Grenze bildet auch hier der Rechtsmissbrauch. Die Zulässigkeit der erweiterten Klage ist dann zu verneinen, wenn die Klage im Umfang der Erweiterung entweder unschlüssig ist oder mutwillig erscheint[325].

Wird die Klage derart quantitativ oder qualitativ erweitert, dass der Klagegrund verändert wird, so handelt es sich um eine Klageänderung im Sinne des § 263 ZPO mit der Folge, dass dessen Voraussetzungen vorliegen müs-

---

[323] Vgl. Thomas/Putzo/Reichold, ZPO, § 284 Rn. 1.
[324] Vgl. Kapitel II B) II. 1. c) cc) (2) (b).
[325] Vgl. Kapitel II B) II. 1. c) cc) (2) (b).

sen[326]. Die Tatsache, dass das Schlichtungserfordernis durch die Klageänderung wegfällt, dürfte dabei die Bewertung der Klageänderung als sachdienlich nicht beeinflussen. Das Kriterium der Sachdienlichkeit dient vorrangig dazu, die Verwertbarkeit des bisherigen Streitstoffs als Entscheidungsgrundlage für den nunmehr zu bescheidenden prozessualen Anspruch zu beurteilen[327]. Für die Beurteilung maßgebend ist der Gesichtspunkt der Prozesswirtschaftlichkeit[328]. Für deren Bewertung kommt es auf die Zulässigkeit der ursprünglichen Klage nicht an[329].

Im Falle zulässiger nachträglicher Klageerweiterung gilt für das Schlichtungserfordernis das zur objektiven Klageänderung Gesagte entsprechend[330]. Insbesondere ist für die geänderte Klage das Eingreifen des Schlichtungserfordernisses erneut zu prüfen.

b) Subjektive Klageerweiterung

Bei der subjektiven Klageerweiterung ist zwischen der Erweiterung auf Kläger- und Beklagtenseite zu unterscheiden.

Voraussetzung für die wirksame Parteierweiterung auf Klägerseite ist lediglich das Vorliegen der allgemeinen Prozessvoraussetzungen sowie der Voraussetzungen der Streitgenossenschaft gem. § 59 ff. ZPO[331]. Die nachträgliche Klageerweiterung wirkt sich auf das Schlichtungserfordernis demzufolge so aus, wie die ursprüngliche Streitgenossenschaft auf Klägerseite[332].

Nach herrschender Auffassung gelten für die Parteierweiterung auf Beklagtenseite ebenfalls lediglich die allgemeinen Zulässigkeitsvoraussetzungen, also die allgemeinen Prozessvoraussetzungen, und die Voraussetzungen der

---

[326] Vgl. BGH NJW 1970, S. 44, 45; NJW 1985, S. 1841, 1842; a.A. Musielak/Foerste, ZPO, § 263 Rn. 4.
[327] Vgl. BGH, NJW 2000, S. 800, 803.
[328] BGH, NJW 1975, S. 1228, 1229.
[329] Zur Frage der Sachdienlichkeit der Klageänderung im Falle der Unzulässigkeit der geänderten Klage vgl. Kapitel II B) II. 1. c) dd) (3) (b).
[330] Vgl. Kapitel III B) II. 2.
[331] Baumbach/Hartmann, ZPO, § 263 Rn. 14.
[332] Vgl. dazu Kapitel II C) II.

Streitgenossenschaft[333]. Es handelt sich damit faktisch um die nachträgliche Begründung einer Streitgenossenschaft[334]. Für das Schlichtungserfordernis gelten daher ebenfalls die allgemein für die Streitgenossenschaft auf Beklagtenseite aufgestellten Grundsätze[335].

4. Klagebeschränkung

Wird die Klage nachträglich beschränkt, entweder durch Reduzierung des Klageantrags (objektiv) oder durch teilweise Klagerücknahme durch einen Kläger oder gegenüber einem Beklagten (subjektiv), so stellt sich die Frage des Eingreifens des Schlichtungserfordernisses, wenn dieses für den rechtshängig verbleibenden Anspruch eingreifen würde.

a) Objektive Klagebeschränkung

Die objektive Klagebeschränkung wird gem. § 264 Nr. 2 ZPO dann nicht als Klageänderung angesehen, wenn es sich um eine quantitative oder qualitative Änderung des Klageantrags ohne Änderung des Klagegrundes handelt[336]. Sofern einer von mehreren Ansprüchen nicht weiterverfolgt wird, handelt es sich um eine teilweise Klagerücknahme[337]. Diese lässt die Rechtshängigkeit rückwirkend entfallen[338]. Gleichwohl bleibt die restliche Klage auch dann zulässig, wenn sie - isoliert betrachtet – dem Schlichtungserfordernis unterfiele.

Aus dem Wortlaut des § 10 Abs. 1 GüSchlG NRW folgt, dass die *Erhebung* der Klage erst zulässig ist, nachdem versucht worden ist, die Streitigkeit einvernehmlich beizulegen. Ausgehend davon, dass der ursprüngliche Antrag durch Zustellung rechtshängig geworden ist, lagen im Zeitpunkt der Klageerhebung die Voraussetzungen des Schlichtungserfordernisses noch nicht vor. Gem. § 261 Abs. 3 Nr. 2 ZPO analog ist von einer Fortwirkung der ursprünglichen Rechtshängigkeit auszugehen. Die Frage des Eingrei-

---

[333] Baumbach/Hartmann, ZPO, § 263 Rn. 14.
[334] Zöller/Greger, ZPO, § 263 Rn. 21.
[335] Vgl. Kapitel II C) II.
[336] Musielak/Foerste, ZPO, § 264 Rn. 3; Zöller/Greger, ZPO, § 264 Rn. 3a und 3b.
[337] Zöller/Greger, ZPO, § 264 Rn. 3c; Musielak/Foerste, ZPO, § 264 Rn. 5 f.; a.A. MüKo/ZPO/Lüke, § 264 Rn. 13.
[338] § 269 Abs. 3 S. 1 ZPO.

fens des Schlichtungserfordernisses mit der Folge der obligatorischen Einschaltung der Gütestelle ist insofern mit der Frage der unterschiedlichen Zuständigkeiten verschiedener Gerichte vergleichbar. Es ist anerkannt, dass die schlichte Ermäßigung der Klage gem. § 264 Nr. 2 ZPO die Zuständigkeit des mit der Sache befassten Gerichts nicht ändert[339]. Diese Bewertung ist auf das Eingreifen des Schlichtungserfordernisses zu übertragen, so dass die nachträgliche teilweise Klagerücknahme auch bei Unterschreitung der Gegenstandswertgrenze des § 10 Abs. 1 Nr. 1 GüSchlG NRW nicht zur Unzulässigkeit der Klage führt[340].

Werden zunächst mehrere Ansprüche geltend gemacht, die zumindest teilweise den Voraussetzungen des § 10 Abs. 1 Nr. 1, Nr. 2 und Nr. 3 GüSchlG NRW unterfallen, so hängt es von dem rechtlichen Zusammenhang zwischen den einzelnen Ansprüchen ab, ob die Klage insgesamt oder nur teilweise zulässig ist[341]. Bei teilweiser Klagerücknahme einzelner Ansprüche bleibt auch in diesen Fällen die restliche Klage entsprechend § 261 Abs. 3 Nr. 2 ZPO zulässig.

b) Subjektive Klagebeschränkung

Für die subjektive Klagebeschränkung durch Wegfall einer Partei gilt das zur objektiven Klagebeschränkung Gesagte entsprechend. Soweit durch die ursprüngliche Streitgenossenschaft der räumliche Anwendungsbereich des § 11 GüSchlG NRW nicht erfüllt war, verändert die nach Rechtshängigkeit erfolgte teilweise Klagerücknahme gegenüber einem Beklagten oder eines Klägers nicht die fortgeltende Zulässigkeit der Klage im Übrigen. Auch insofern steht der nachträglichen Unzulässigkeit die Fortwirkung der Rechtshängigkeit entsprechend § 261 Abs. 3 Nr. 2 ZPO entgegen.

---

[339] MüKo/ZPO/Lüke, § 261 Rn. 92; Zöller/Greger, ZPO, § 261 Rn. 12.

[340] I.E. ebenso Deckers, WuM 2002, S. 33, 34, allerdings mit einer allein auf die Prozessökonomie gestützten Begründung.

[341] Vgl. Kapitel II B) II. 1. c) bb).

C) Rechtliche Probleme des nicht durchgeführten Schlichtungsversuchs

Ist der Schlichtungsversuch nicht durchgeführt worden, so hängt es von der jeweiligen prozessualen Konstellation ab, wie sich die Nichtdurchführung des obligatorischen außergerichtlichen Schlichtungsverfahrens auf die Zulässigkeit der Klage auswirkt.

I. Verfahren bei Klageerhebung

Ist die Klage vor dem zuständigen Gericht erhoben, so ist sie als derzeit unzulässig durch Prozessurteil abzuweisen. Fraglich ist, ob die Klage zunächst der beklagten Partei zuzustellen ist.

1. Die Auffassung des Amtsgerichts Nürnberg

Das Amtsgericht Nürnberg vertritt die Auffassung, die Klage könne – jedenfalls im Bereich des § 495 a ZPO – ohne vorherige Zustellung als unzulässig abgewiesen werden[342]. Zur Begründung wird ausgeführt, der Zweck des außergerichtlichen Schlichtungsversuchs bestehe gerade in einer Entlastung der Gerichte; diese werde nicht erreicht, wenn das gerichtliche Verfahren mit der vorherigen Zustellung in Gang gebracht würde[343].

2. Stellungnahme

Die Entscheidung des Amtsgerichts Nürnberg überzeugt weder in ihrem Ausgangspunkt noch in ihrer Begründung.

Zum einen ist der Erlass eines Urteils ohne vorherige Zustellung der Klage der ZPO fremd. Vielmehr setzt auch das Prozessurteil ein Prozessrechtsverhältnis voraus, das gem. § 253 Abs. 1 ZPO erst durch die Zustellung der Klageschrift begründet wird[344]. Auch im Verfahren nach § 495 a ZPO erfordert der Urteilsspruch eine vorherige Zustellung der Klage[345].

Im Übrigen belastet ein Prozessurteil nach Klagezustellung das Gericht nicht stärker als ein solches ohne vorherige Zustellung der Klage. Es han-

---

342 AG Nürnberg, NJW-RR 2002, S. 430.
343 AG Nürnberg, NJW-RR 2002, S. 430.
344 Vgl. Thomas/Putzo/Reichold, ZPO, Vorbem § 253 Rn. 1.
345 Vgl. Stickelbrock, Ermessen, S. 641; Baumbach/Hartmann, ZPO, § 495 a Rn. 62.

delt sich lediglich um eine weitere Verfügung, die mit der ohnehin erforderlichen Hinweisverfügung an den Kläger, dass die Klage derzeit nicht zulässig sei, verbunden werden kann. Ergeht der Hinweis zugleich an die beklagte Partei, so ist von vorneherein nicht mit einer sachlichen Stellungnahme, die das Gericht möglicherweise zur Kenntnis nehmen und berücksichtigen müsste, zu rechnen. Da das Schlichtungserfordernis nicht dispositiv ist, „droht“ auch keine weitere Belastung des Gerichts durch eine etwaige rügelose Einlassung des Beklagten gem. § 295 ZPO.

Unbedenklich erscheint es demgegenüber, dem Kläger im Falle des Eingreifens des Schlichtungserfordernisses vor Zustellung der Klage die Gelegenheit zur Klagerücknahme zu geben. Wird die Klage zurückgenommen, bevor ihre Zustellung verfügt ist, so bedarf es der Zustellung an den Beklagten nicht. Ein Kostenbeschluss ist in diesen Fällen nicht veranlasst, so dass die Begründung eines Prozessrechtsverhältnisses nicht erforderlich ist.

II. Verfahren bei Verweisungen

Wird das für die Entscheidung eines Rechtsstreits unzuständige Gericht angerufen und handelt es sich entweder um eine Streitigkeit, für die eine ausschließliche Zuständigkeit eines anderen Gerichts besteht, oder rügt der Beklagte die fehlende Zuständigkeit des angerufenen Gerichts, so hat das angegangene Gericht sich gem. § 281 ZPO auf Antrag des Klägers durch Beschluss für unzuständig zu erklären und den Rechtsstreit an das zuständige Gericht zu verweisen. Wird der Verweisungsantrag nicht gestellt, ist die Klage durch Prozessurteil abzuweisen.

Nicht in allen Bundesländern gibt es Schlichtungsobligationen und dort, wo es sie gibt, sind sie uneinheitlich geregelt. Zudem enthalten die Regelungen teilweise, etwa § 10 Abs. 1 GüSchlG NRW, für amts- und landgerichtliche Verfahren unterschiedliche Anwendbarkeitsvoraussetzungen. Es stellt sich daher die Frage, wie bei Verweisungen von Rechtsstreiten aufgrund örtlicher oder sachlicher Unzuständigkeit, für die bei nur einem der befassten Gerichte ein Schlichtungserfordernis besteht, zu verfahren ist.

1. Schlichtungserfordernis des verweisenden Gerichts

Dem Schlichtungserfordernis des verweisenden Gerichts kommt keine Bedeutung zu. Das bestehende Schlichtungserfordernis hindert nicht die Verweisung, da das verweisende Gericht im Falle eigener Unzuständigkeit über die Zulässigkeit der Klage im Übrigen nicht zu entscheiden hat. Das empfangende Gericht ist an den Verweisungsbeschluss - außer im Falle der Willkür[346] - gebunden[347]. Da die Bindungswirkung sich allein auf die Zuständigkeit, nicht auf andere Zulässigkeitsfragen erstreckt, steht die Nichteinhaltung eines bei dem verweisenden Gericht bestehenden Schlichtungserfordernisses der Zulässigkeit der Klage vor dem empfangenden Gericht nicht entgegen. Das empfangende Gericht hat vielmehr sämtliche Zulässigkeitsvoraussetzungen mit Ausnahme der Zuständigkeit, die Grundlage der Verweisung war, nach dem für seinen Bereich geltenden Verfahrensrecht zu prüfen[348].

2. Schlichtungserfordernis des empfangenden Gerichts

Wird ein Rechtsstreit an ein Gericht verwiesen, bei dem ein Schlichtungserfordernis besteht, so ist fraglich, ob das Schlichtungserfordernis eingreift mit der Folge, dass die Klage unzulässig und ggf. durch Prozessurteil abzuweisen ist.

a) Meinungsstand in der Literatur

In der Literatur wird unterschiedlich bewertet, ob das Schlichtungserfordernis nach der Verweisung des Rechtsstreits zu beachten ist oder nicht.

Teilweise wird die Auffassung vertreten, eine Sachentscheidung sei nach der Verweisung ohne weiteres zulässig[349]. Zur Begründung wird insbesondere darauf abgestellt, dass wegen der Verfahrenseinheit bei fortbestehender Rechtshängigkeit allein die Verweisung nicht zur nachträglichen Unzu-

---

[346] Vgl. dazu BGHZ 1, S. 341 f.; BGH, NJW 1993, S. 1273; BGH, NJW 1996, S. 3013.

[347] § 281 Abs. 2 S. 4 ZPO.

[348] Vgl. zur lediglich insofern eintretenden Bindungswirkung des § 281 Abs. 2 S. 4 ZPO: Musielak/Foerste, ZPO, § 281 Rn. 15.

[349] Zöller/Gummer, ZPO, § 15 a Rn. 18; Prütting/Taxis, Streitschlichtung, S. 62; Feix, Streitbeilegung, S. 138; Stickelbrock, JZ 2002, S. 633, 637; Jenkel, Streitschlichtungsversuch, S. 258.

lässigkeit führen könne[350]. Das gelte allerdings dann nicht, wenn der Rechtsstreit formlos abgegeben werde[351]. Abzustellen sei nach dem Wortlaut und der Systematik des Schlichtungserfordernisses auf den Zeitpunkt der Klageerhebung; nachträglich entstehe dagegen im laufenden Prozess eine Verpflichtung zur Durchführung eines Einigungsversuchs nicht[352].

Andere vertreten demgegenüber die Auffassung, eine Sachentscheidung des empfangenden Gerichts sei erst nach erfolglos durchgeführtem Schlichtungsverfahren zulässig[353].

b) Stellungnahme

Es ist der zweitgenannten Auffassung zu folgen. Dafür, dass auch im Falle der Verweisung eine Sachentscheidung die vorherige erfolglose Durchführung des Schlichtungsverfahrens voraussetzt, spricht der Wortlaut des § 10 GüSchlG NRW. Das Schlichtungserfordernis stellt darauf ab, ob bei Klageerhebung, also im Zeitpunkt der Zustellung der Klage (§ 253 Abs. 1 ZPO), das Schlichtungsverfahren erfolglos durchgeführt worden ist. Diese Frage hat das empfangende Gericht zu prüfen und zwar anhand des für den eigenen Bereich geltenden Verfahrensrechts. Führt die Prüfung zu dem Ergebnis, dass im Zeitpunkt der Zustellung der Klage - auch wenn diese noch von dem verweisenden Gericht verfügt wurde - das Schlichtungsverfahren nicht durchgeführt worden war, so ist die Klage unzulässig.

Die Verweisung als solche ändert an dieser Bewertung nichts. Die Bindungswirkung der Verweisung beschränkt sich allein auf die Zuständigkeit, deren Fehlen der Grund der Verweisung war. Hinsichtlich der übrigen Zulässigkeitsvoraussetzungen tritt keine Bindungswirkung ein.

Auch die fortbestehende Rechtshängigkeit rechtfertigt keine andere Bewertung. Die Fortwirkung der Rechtshängigkeit im Rahmen von Verweisungen kann sich nämlich nur auf solche Rechtsfolgen beziehen, deren Eintritt ge-

---

[350] Feix, Streitbeilegung, S. 138; Prütting/Taxis, Streitschlichtung, S. 62; Jenkel, Streitschlichtungsversuch, S. 258.

[351] Prütting/Taxis, Streitschlichtung, S. 62.

[352] Stickelbrock, JZ 2002, S. 633, 637.

[353] Stein/Jonas/Schlosser, ZPO, § 15 a EGZPO Rn. 12.

rade an die Begründung der Rechtshängigkeit bzw. an die Zustellung der Klage anknüpft, beispielsweise die verjährungshemmende Wirkung gem. 204 Abs. 1 Nr. 1 BGB.

Gerade an einer solchen unmittelbaren Rechtsfolgenwirkung mangelt es dem Eintritt der Rechtshängigkeit für die Frage des Eingreifens der Schlichtungsobligation. Die Rechtshängigkeit bildet insofern lediglich die zeitliche Grenze, bis zu der der Schlichtungsversuch durchgeführt worden sein muss.

Anders als im Falle der Klagebeschränkung[354] war die Klage nach dem von dem empfangenden Gericht anzuwendenden Verfahrensrecht zu keinem Zeitpunkt zulässig.

Da das Schlichtungserfordernis daher auch nach der Verweisung greift und nach der hier vertretenen Auffassung eine Nachholung des nicht durchgeführten Schlichtungsverfahrens ausgeschlossen ist[355], ist auch in diesen Fällen die Klage durch Prozessurteil abzuweisen, wenn sie nicht zuvor zurückgenommen wird. Für den Kläger stellt dies keine unzumutbare Belastung dar. Da der Kläger die Einreichung der Klage bei einem unzuständigen Gericht selbst zu verantworten hat, darf er auch nicht darauf vertrauen, dass sie nach der Verweisung an das zuständige Gericht ohne vorherigen Schlichtungsversuch zulässig ist.

III. Prozesskostenhilfeprüfungsverfahren

Die Anwendbarkeit des Schlichtungserfordernisses im Zusammenhang mit dem Prozesskostenhilfeverfahren wirft unter zwei Gesichtspunkten Probleme auf. Es stellt sich die Frage, unter welchen Voraussetzungen die begehrte Prozesskostenhilfe wegen des nicht durchgeführten obligatorischen außergerichtlichen Schlichtungsversuchs mangels Erfolgsaussicht der beabsichtigten Rechtsverfolgung abzulehnen ist und ob der Schlichtungsversuch im anhängigen Prozesskostenhilfeprüfungsverfahren nachgeholt werden kann.

---

[354] Vgl. Kapitel III B) II. 4. a).
[355] Vgl. Kapitel III A) II. 2.

1. Ablehnung der Prozesskostenhilfe wegen nicht durchgeführten Schlichtungsversuchs

Gem. § 114 ZPO bedingt die Bewilligung von Prozesskostenhilfe neben den persönlichen und wirtschaftlichen Voraussetzungen des Antragstellers auch die hinreichende Erfolgsaussicht der beabsichtigten Rechtsverfolgung bzw. -verteidigung sowie die mangelnde Mutwilligkeit[356]. Zur hinreichenden Erfolgsaussicht einer beabsichtigten Klage gehört auch deren Zulässigkeit[357].

Unterfällt die beabsichtigte Klage dem Schlichtungserfordernis der §§ 10, 11 GüSchlG NRW, so muss der Antragsteller darlegen und gegebenenfalls glaubhaft machen (vgl. § 118 Abs. 2 S. 1 ZPO), dass das Schlichtungsverfahren erfolglos durchgeführt wurde, wenn nicht einer der Ausschlussgründe des § 10 Abs. 2 GüSchlG NRW vorliegt. Die erfolglose Durchführung des Schlichtungsverfahrens kann der Kläger in der Regel nur durch Vorlage der Erfolglosigkeitsbescheinigung gem. § 13 GüSchlG NRW glaubhaft machen.

Fraglich ist, wie zu verfahren ist, wenn sich bei der Prüfung der Erfolgsaussichten der beabsichtigten Klage ergibt, dass diese nur in einem solchen Umfang, etwa eine Zahlungsklage über 2000,- EUR nur in Höhe von 500,- EUR, sachlich schlüssig ist, dass sie dem Schlichtungserfordernis unterfällt, und der sachlich schlüssige Betrag mangels Durchführung des

---

[356] Da der Schlichtungsversuch obligatorisch ausgestaltet ist, stellt sich die in Rechtsprechung und Literatur diskutierte Frage, ob die Mutwilligkeit der Rechtsverfolgung damit begründet werden kann, dass der Antragsteller nicht zuvor versucht hat, seine Ansprüche außergerichtlich mit Hilfe einer fakultativen Gutachter- oder Schlichtungsstelle durchzusetzen, im Anwendungsbereich des GüSchlG NRW nicht; vgl. dazu OLG Köln, MDR 1990, S. 638; LG Aurich, NJW 1986, S. 792 f.; LG Dortmund, JZ 1988, S. 255 ff.; Sieg, NJW 1992, S. 2992 ff.; die Frage zu Recht verneint haben: MüKo/ZPO/Prütting, § 279 Rn. 23; Zöller/Philippi, ZPO, § 114 Rn. 33; Baumbach/Hartmann, ZPO, § 114 Rn. 126; vgl. zur Frage der Mutwilligkeit bei nicht durchgeführter Mediation AG Bochum, ZKM 2003, S. 233; OLG Hamm, ZKM 2003, S. 232 f.; Mankowski, ZKM 2003, S. 197 ff.; zur Frage des Bestehens gesetzlicher Kostenanreize zur Mediation unter geltendem Recht vgl. Mankowski, ZKM 2004, S. 8 ff.

[357] Vgl. Baumbach/Hartmann, ZPO, § 114 Rn. 105; Musielak/Fischer, ZPO, § 114 Rn. 25; Wieczorek/Schütze/Steiner, ZPO, § 114 Rn. 14; Thomas/Putzo/Reichold, ZPO, § 114 Rn. 3.

Schlichtungsverfahrens bei isolierter Betrachtung nicht zulässigerweise unmittelbar gerichtlich geltend gemacht werden könnte.

Die Beantwortung der Frage hängt davon ab, ob eine doppelte Zulässigkeitsprüfung vorzunehmen ist. Die beabsichtigte Klage wäre zunächst zwar insgesamt zulässig, da der Gegenstand an Geld 600,- EUR übersteigt (§ 10 Abs. 1 Nr. 1 GüSchlG NRW). Da sie aber nur in Höhe von 500,- EUR begründet ist, könnte allenfalls in diesem Umfang Prozesskostenhilfe für das anschließende Klageverfahren bewilligt werden (§ 114 ZPO). Würde nun in diesem Umfang Prozesskostenhilfe bewilligt, so müsste die Klage gleichwohl – nach Zustellung[358] – durch Prozessurteil abgewiesen werden, da im Zeitpunkt der Klageerhebung (§ 253 ZPO) die Schlichtung erforderlich war und nicht durchgeführt wurde.

a) Meinungsstand in der Rechtsprechung

Das Landgericht Paderborn hatte im Rahmen eines Beschwerdeverfahrens über einen Antrag auf Bewilligung von Prozesskostenhilfe für eine beabsichtigte Klage zu befinden. Der Antragsteller begehrte mit seiner beabsichtigten Klage die Rückzahlung eines Betrages in Höhe von mehr als 5.000,- EUR, der sich zusammensetzte aus überzahlter Kaltmiete und überzahlten Nebenkosten. Die Nebenkosten machten einen Betrag von weniger als 600,- EUR aus. Das Amtsgericht hatte die Bewilligung von Prozesskostenhilfe umfassend verweigert und zwar mit der Begründung, dass die Kaltmiete aus Rechtsgründen nicht zurückgefordert werden könne und die beabsichtigte Klage in Höhe der überzahlten Nebenkosten nicht schlüssig gewesen sei[359]. Das Landgericht Paderborn bewilligte dem Antragsteller für die beabsichtigte Klage im Umfang der zurückgeforderten Nebenkosten Prozesskostenhilfe[360].

Demgegenüber geht das Landgericht Itzehoe davon aus, dass für eine beabsichtigte, d.h. noch nicht anhängige Zahlungsklage, deren begründeter Teil

---

[358] Im Regelfall wird die Klageerhebung von der vorherigen Bewilligung von Prozesskostenhilfe abhängig gemacht, so dass später nur im Umfang der Bewilligung die Rechtshängigkeit der Klage eintritt.

[359] AG Höxter, Beschluss vom 18.9.2003, 10 C 356/03 (nicht veröffentlicht).

[360] LG Paderborn, Beschluss vom 19.12.2003, 3 T 121/03 (nicht veröffentlicht).

einen Betrag in Höhe von 750,- EUR[361] nicht übersteigt, Prozesskostenhilfe nur gewährt werden könne, wenn zuvor das Schlichtungsverfahren erfolglos durchgeführt worden sei[362].

b) Stellungnahme

Es ist der Auffassung des Landgerichts Itzehoe zu folgen. Die Entscheidung des Landgerichts Paderborn überzeugt nicht.

Wird wie im Falle des Landgerichts Paderborn für einen schlichtungsbedürftigen Klageanspruch im Verfahren über die sofortige Beschwerde Prozesskostenhilfe bewilligt, so führt dies zu einem Wertungswiderspruch. Das Amtsgericht müsste die Klage zustellen und sodann als unzulässig abweisen, denn die Klage wird im Falle der durch die Bewilligung von Prozesskostenhilfe bedingten Klageerhebung nur in dem Umfang rechtshängig, in dem Prozesskostenhilfe bewilligt wurde. Die rechtshängige Klage unterfällt aber unzweifelhaft der Schlichtungsobligation.

Dem Wertungswiderspruch kann nur auf zwei Wegen begegnet werden. Entweder ist im Rahmen des Prozesskostenhilfeprüfungsverfahrens eine doppelte Zulässigkeitsprüfung anzustellen und zwar zum einen hinsichtlich der gesamten beabsichtigten Klage und sodann nochmals für den in der Sache schlüssigen Teil der beabsichtigten Klage. Ergibt sich in der zweiten Zulässigkeitsprüfung, dass die Klage im Umfang des begründeten Teils nicht zulässig wäre, so ist Prozesskostenhilfe zu versagen.

Der zweite Weg könnte darin bestehen, im Falle der Bewilligung der Prozesskostenhilfe von einer Bindungswirkung für die Zulässigkeit des Klageverfahrens auszugehen.

Der zweitgenannte Lösungsweg findet weder in der ZPO noch im GüSchlG NRW eine Stütze. Aus der ZPO folgt die Systematik, dass die Entscheidung im Prozesskostenhilfeprüfungsverfahren für die Sachentscheidung im Hauptsacheverfahren nicht präjudiziell wirkt. Die Bindungswirkung gem.

---

[361] Vgl. § 1 Abs. 1 Nr. 1 SH LSchliG.

[362] LG Itzehoe, NJW-RR 2003, S. 352.

§ 572 Abs. 3 ZPO betrifft allein das Prozesskostenhilfeprüfungsverfahren. Das erstinstanzliche Gericht ist in der Hauptsacheentscheidung weder an die rechtliche Beurteilung noch an die tatsächliche Würdigung des Beschwerdegerichts gebunden[363].

Aus dem GüSchlG NRW folgt, dass die Ausschlussgründe in § 10 Abs. 2 GüSchlG NRW abschließend geregelt sind und dass es insofern für Analogien oder ungeschriebene Ausschlussgründe keinen Raum gibt[364].

Im Übrigen würde bei der Zugrundelegung des zweiten Lösungsweges für Klageverfahren mit vorgeschaltetem Prozesskostenhilfeprüfungsverfahren ein erhebliches Umgehungspotenzial eröffnet[365]. Der die Prozesskostenhilfe begehrende Kläger müsste nur einen (fiktiv) erhöhten Klageantrag ankündigen. Prozesskostenhilfe würde im Umfang des unschlüssigen Teils mangels hinreichender Erfolgsaussicht versagt. Wegen des schlüssigen Teils könnte der Kläger aber sodann unmittelbar das gerichtliche Klageverfahren durchführen. Aufgrund der Kostenfreiheit des Prozesskostenhilfeprüfungsverfahrens wäre dieses Vorgehen für den Kläger bzw. Antragsteller ohne jedes Risiko möglich.

Im Ergebnis führt damit nur eine doppelte Zulässigkeitsprüfung zu befriedigenden Lösungen. Der Lösungsansatz entspricht damit der herrschenden Meinung zu der ähnlich gelagerten Frage der Bewilligung von Prozesskostenhilfe durch das Landgericht, wenn die Erfolgsaussichten der beabsichtigen Klage nur in einem Umfang bestehen, der unterhalb des Zuständigkeitsstreitwerts des Landgerichts gem. §§ 23, 71 GVG liegt. Auch in diesen Fällen wird davon ausgegangen, dass Prozesskostenhilfe für die *beabsich-*

---

[363] Vgl. zur präjudiziellen Wirkung obergerichtlicher Entscheidungen Jauernig, Zivilprozessrecht, S. 33, der dann, wenn das untere Gericht seine abweichende Meinung „zurückstellt", um die Einheit der Rechtsordnung nicht zu „stören" und um die Aufhebung seiner Entscheidung im Rechtsmittelzug zu vermeiden, sogar die Frage der Rechtsbeugung aufwirft.

[364] Vgl. Kapitel II D).

[365] So auch LG Itzehoe, NJW-RR 2003, S. 352, 353.

tigte Klage zum Landgericht abzulehnen ist[366]. Dabei wird unterschieden zwischen den Fällen, in denen die Erhebung der Klage von der vorherigen Bewilligung der Prozesskostenhilfe abhängig ist („beabsichtigte Klage") und den Fällen, in denen die Klage unbedingt erhoben wird und der Kläger lediglich zusätzlich einen Antrag auf Bewilligung von Prozesskostenhilfe für die bereits anhängige Klage begehrt. Im erstgenannten Fall wird von der herrschenden Auffassung angenommen, dass das Landgericht bei nur teilweiser Schlüssigkeit unterhalb der Zuständigkeitsgrenze Prozesskostenhilfe insgesamt zu versagen habe[367], während es im Falle der unbedingten Klageeinreichung im Umfang der schlüssigen Klage Prozesskostenhilfe bewilligen müsse[368].

2. Nachholung des Schlichtungsversuchs im Prozesskostenhilfeprüfungsverfahren

Das nichterfüllte Schlichtungserfordernis wirft im Prozesskostenhilfeprüfungsverfahren ein weiteres Problem auf. Beantragt der Antragsteller für eine beabsichtigte Klage Prozesskostenhilfe und unterfällt die Klage dem Schlichtungserfordernis, so stellt sich die Frage, ob der nicht durchgeführte Schlichtungsversuch im Prozesskostenhilfeprüfungsverfahren nachgeholt werden kann. Dafür spricht, dass die Klage mit der Zustellung des Prozesskostenhilfeantrags im Regelfall noch nicht rechtshängig wird, da die Klageerhebung überwiegend nur für den Fall beantragt wird, dass der Prozesskostenhilfeantrag vorab positiv beschieden wird („beabsichtigte Klage")[369]. Der Wortlaut des § 10 GüSchlG NRW spricht insofern nicht gegen die Nachholung des Schlichtungsversuchs im anhängigen Prozesskostenhilfeprüfungsverfahren.

Auch Sinn und Zweck des Schlichtungsverfahrens sprechen nicht gegen diese Bewertung. Über die Erfolgsaussichten der beabsichtigten Klage ist unter Berücksichtigung der Sachlage im Zeitpunkt der Entscheidung zu be-

---

[366] Wieczorek/Schütze/Steiner, ZPO, § 114 Rn. 14; Thomas/Putzo/Reichold, ZPO, § 114 Rn. 3; OLG Saarbrücken, NJW-RR 1990, S. 975; OLG Hamm, MDR 1995, S. 1065; a.A. OLG Dresden, NJW-RR 1995, S. 382 ff.

[367] Wieczorek/Schütze/Steiner, ZPO, § 114 Rn. 14; OLG Brandenburg, MDR 2001, S. 769.

[368] Thomas/Putzo/Reichold, ZPO, § 114 Rn. 3; OLG München, MDR 1998, S. 922 f.

[369] Vgl. Kapitel III B) III. 1. b).

finden. Bis zu diesem Zeitpunkt besteht die Möglichkeit, eine außergerichtliche Einigung herbeizuführen. Damit wird ein Rechtsstreit obsolet. Über die Prozesskostenhilfe müsste im Falle der Einigung nicht einmal mehr entschieden werden, da es eine „Erledigung" des Prozesskostenhilfeantrags nicht gibt. Der Antrag wäre schlicht zurückzunehmen.

Liegt demgegenüber bis zur Entscheidung über die beantragte Prozesskostenhilfe die Erfolglosigkeitsbescheinigung vor, so muss Prozesskostenhilfe bewilligt werden, gegebenenfalls auch noch im (sofortigen) Beschwerdeverfahren.

Im Ergebnis ist davon auszugehen, dass das Schlichtungsverfahren im anhängigen Prozesskostenhilfeprüfungsverfahren nachgeholt und die Erfolglosigkeitsbescheinigung nachgereicht werden kann. Geschieht dies jedoch bis zur Entscheidung nicht, ist Prozesskostenhilfe wegen der Unzulässigkeit der beabsichtigten Klage zu versagen.

Wird die Klageerhebung nicht von der Bewilligung von Prozesskostenhilfe abhängig gemacht, so wird die Klage unmittelbar zugestellt und es tritt die Rechtshängigkeit der Streitsache ein (§ 261 Abs. 1 ZPO). Da der Schlichtungsversuch nach der hier vertretenen Auffassung nicht nachholbar ist[370], bleibt die Klage unzulässig. Die beantragte Prozesskostenhilfe ist dann folgerichtig abzulehnen.

---

[370] Vgl. Kapitel III A) II. 2.

Kapitel IV - Auswirkungen der Einführung des obligatorischen außergerichtlichen Schlichtungsverfahrens

Im Folgenden soll anhand der verfügbaren Zahlen aus Nordrhein-Westfalen untersucht werden, welche Auswirkungen die Einführung des obligatorischen außergerichtlichen Schlichtungsverfahrens auf den Geschäftsanfall der Gerichte hat. Zudem sollen Erklärungsansätze aufgezeigt und bewertet werden, die als Begründungen für die vergleichsweise gering gebliebenen Auswirkungen herangezogen werden.

A) Empirische Untersuchungen

Für das nordrhein-westfälische Ausführungsgesetz zu § 15 a EGZPO liegt mit dem im Auftrag des Landes erstellten Gutachten inzwischen eine erste umfassende Evaluierung vor[371]. In der Literatur sind zudem einzelne Zahlen erhoben und bewertet worden[372]. Insgesamt sind hinreichende Daten vorhanden, die eine Bewertung der Auswirkungen der Einführung des obligatorischen außergerichtlichen Schlichtungsverfahrens zulassen.

I. Geschäftsanfall der Amtsgerichte

Eine Betrachtung der Eingangszahlen der vor allem von der Einführung des GüSchlG NRW betroffenen Amtsgerichte lässt erste Rückschlüsse auf die Auswirkungen der Einführung der Schlichtungsobligation zu.

In Nordrhein-Westfalen beliefen sich die Eingänge in amtsgerichtlichen Zivilsachen im Jahr 1999 auf 370.631, im Jahr 2000 auf 361.738, im Jahr 2001 auf 352.346 und im Jahr 2002 auf 362.961[373]. Im gleichen Zeitraum entwickelten sich die Eingänge in Mahnsachen wie folgt: 2.375.379 im Jahr 1999, 2.512.725 im Jahr 2000, 2.649.304 im Jahr 2001 und 2.693.906 im Jahr 2002.

---

[371] Vgl. Fußnote 21.

[372] Vgl. Wesche, MDR 2003, S. 1029 ff.; Lauer NJW 2004, S. 1280 ff.; Feix, Streitbeilegung, S. 161 ff.

[373] Justizministerium des Landes Nordrhein-Westfalen, Justiz in Zahlen 2003, 1.1 Amtsgerichtliche Zivilsachen.

Berücksichtigt man, dass das GüSchlG NRW seit dem 9.5.2000 gilt und damit erst in den Jahren 2001 und 2002 seine volle Wirkung entfalten konnte, wird erkennbar, dass sich die Einführung der obligatorischen außergerichtlichen Streitschlichtung auf die Anzahl der amtsgerichtlichen Zivilsachen kaum reduzierend ausgewirkt haben dürfte. Die Eingangszahlen des Jahres 2002 liegen sogar noch 0,34 % höher als diejenigen des Jahres 2000, obwohl sich die Eingangszahlen seit 1993 kontinuierlich von 451.303 im Jahre 1993 auf 361.738 im Jahre 2000 zurückentwickelt hatten[374]. Demgegenüber ist bei den Eingängen in Mahnsachen in den Jahren 1999 bis 2002 sogar eine Steigerung um 13,4 % von 2.375.379 auf 2.693.906 zu konstatieren[375].

II. Tätigkeit der Schiedsämter

Betrachtet man die Tätigkeit der Schiedsämter in Nordrhein-Westfalen, so bestätigt sich die Feststellung, dass die Entlastungswirkung der Schlichtungsobligation auf den Geschäftsanfall der Gerichte allenfalls gering geblieben ist. Die Anzahl der Schiedspersonen ist mit 1.268 im Jahr 1999, 1.253 in den Jahren 2000 und 2001 sowie 1.258 im Jahr 2002 in etwa konstant geblieben[376]. Gleichzeitig stieg die Zahl der von den Schiedspersonen bearbeiteten Verfahren in bürgerlich-rechtlichen Streitigkeiten von 1.628 im Jahr 1999, über 2.330 im Jahr 2000, 5.684 im Jahr 2001 auf 6.021 im Jahr 2002. Trotz des erheblichen prozentualen Anstiegs (+270 %) handelt es sich bei dem Zuwachs an Verfahren im Verhältnis zur Anzahl der Schiedsleute und zur Anzahl bürgerlich-rechtlicher Streitigkeiten insgesamt um eine marginale Veränderung. Bearbeitete jede Schiedsperson im Jahr 1999 durchschnittlich ca. 1,3 Verfahren, so waren es im Jahr 2000 etwa 1,9 Verfahren und im Jahr 2002 etwa 4,8 Verfahren. Das Verhältnis der Schiedsverfahren zu den Eingangszahlen der Amtsgerichte betrug im Jahr

---

[374] Vgl. Justizministerium des Landes Nordrhein-Westfalen, Justiz in Zahlen 2003, 1.1 Amtsgerichtliche Zivilsachen.

[375] Teilweise wird der gestiegene Geschäftsanfall der Mahngerichte mit dem Anstieg der Insolvenzen in den Jahren 2002 und 2003 erklärt (vgl. Röhl, Gutachten, S. 119). Selbst unter Berücksichtigung dieses Umstandes bleibt dennoch festzustellen, dass eine *Reduzierung* des Geschäftsanfalls der Gerichte insgesamt jedenfalls nicht eingetreten ist.

[376] Vgl. Justizministerium des Landes Nordrhein-Westfalen, Justiz in Zahlen 2003, 7. Tätigkeit der Schiedspersonen.

2000 0,64 % (2.330 zu 361.738) und im Jahr 2002 1,66 % (6.021 zu 362.961).

Zugleich sank die Einigungsquote in Schiedsverfahren in bürgerlichen Rechtsstreitigkeiten von 59,8 % im Jahr 1999 über 52,2 % (2000), 46,2 % (2001) auf nur noch 41,0 % im Jahr 2002[377].

Bei einer Erfolgsquote von 41,0 % verbleibt für das Jahr 2002 eine Entlastung der Gerichte je Schiedsperson von etwa zwei Fällen. Geht man zudem davon aus, dass die Schiedspersonen auch vor der Einführung des obligatorischen außergerichtlichen Schlichtungsverfahrens in bürgerlichrechtlichen Streitigkeiten tätig waren und zwar mit einer Erfolgsquote von mehr als 50 %, so dürfte die durch die Einführung des GüSchlG NRW eingetretene zusätzliche Entlastung der Gerichte bei etwas mehr als einem Fall je Schlichter liegen.

Der Nordrhein-Westfälische Gesetzgeber ging bei Erlass des Gesetzes über die Anerkennung von Gütestellen im Sinne des § 794 Abs. 1 Nr. 1 der Zivilprozessordnung und die obligatorische außergerichtliche Streitschlichtung in Nordrhein-Westfalen im Jahr 2000 demgegenüber davon aus, dass von den ca. 1.200 Schiedspersonen insgesamt ca. 60.000 Verfahren bearbeitet werden würden[378]. Legt man zudem die Vergleichsquote des Jahres 1999 mit 59,8 % zu Grunde, so ergäbe sich für das Jahr 2002 eine prognostizierte Anzahl endgültig durch die Schiedspersonen erledigter Verfahren von 35.880. Daraus errechnet sich eine prognostizierte Erledigungszahl von ca. 30 Verfahren je Schlichter und eine Entlastungsquote für die Amtsgerichte von ca. 10 %. Hinter diesen Prognosen bleiben die tatsächlichen Zahlen weit zurück.

---

377 Vgl. Justizministerium des Landes Nordrhein-Westfalen, Justiz in Zahlen 2003, 7. Tätigkeit der Schiedspersonen.

378 Vgl. die Begründung des Gesetzentwurfs der Landesregierung, LT-Drucks. (NRW) 12/4614 S. 3.

III. Tätigkeit der Anwaltvereine Aachen, Bonn, Köln und Mönchengladbach

Ein Blick auf die von den Anwaltvereinen Aachen, Bonn, Köln und Mönchengladbach erhobenen Zahlen zeigt, dass auch die Statistik der durch die Rechtsanwälte durchgeführten obligatorischen außergerichtlichen Schlichtungsverfahren keine wesentlich positivere Bilanz der Einführung der Schlichtungsobligation zulässt.

Im Jahr 2001 wurden insgesamt 1.239 Verfahren anhängig gemacht. Davon wurden 153 durch Vergleich erledigt. Im Jahr 2002 standen 1.437 Eingängen 199 Vergleiche gegenüber. Im Jahr 2003 wurden bei 1.297 Eingängen 177 Vergleiche erzielt[379]. Die Vergleichsquoten betrugen damit bezogen auf die Eingänge im Jahr 2001 12,3 %, im Jahr 2002 13,8 % und im Jahr 2003 13,6 %.

Setzt man die Eingangszahlen ins Verhältnis zu den zivilrechtlichen Eingängen bei den Amtsgerichten, so zeigt sich bereits, dass eine Entlastungswirkung selbst bei erfolgreicher Schlichtung kaum eintreten konnte. Die von den Gütestellen der Anwaltvereine durchgeführten Schlichtungsverfahren machen bezogen auf das Land im Jahr 2001 0,35 % der Verfahren aus. Für 2002 beträgt die Quote 0,40 %. Berücksichtigt man zudem eine Vergleichsquote von ca. 13 %, verbleibt eine landesweite Entlastungsquote von etwa 0,05 %. Bezogen auf den Bezirk des Oberlandesgerichts Köln wird die Entlastungswirkung zusammen mit den vor den Schiedsämtern des Bezirks erledigten Verfahren für das Jahr 2001 auf 0,4 % geschätzt[380].

IV. Tätigkeit der sonstigen Gütestellen

Im Bereich der sonstigen Gütestellen war teilweise durch die Einführung der Schlichtungsobligation keine Veränderung des Fallaufkommens feststellbar, so etwa bei den Vermittlungsstellen nach der Handwerksordnung (HandwO)[381]. Teilweise wurden von den sonstigen Gütestellen nur sehr wenige Verfahren bearbeitet. So wurden an die bei fünf Handwerkskam-

---

[379] Vgl. Röhl, Gutachten, S. 103.
[380] Vgl. Feix, Streitbeilegung, S. 170.
[381] Vgl. Röhl, Gutachten, S. 110.

mern eingerichteten Bauschlichtungsstellen im Jahr 2002 insgesamt nur 22 Anträge gerichtet[382].

Relevante Zahlen liegen allein von den Schlichtungsstellen des Kfz-Gewerbes vor. Von den 48 in Nordrhein-Westfalen bestehenden Schlichtungsstellen wurden im Jahr 2002 insgesamt 1630 Beanstandungen bearbeitet[383]. Davon wurden insgesamt 397 Fälle (24,3 %) einvernehmlich geregelt: In 139 Fällen erfolgte eine weitere Leistung seitens des Kfz-Betriebes (z.B. Nachbesserung, Kostenerstattung), in 145 Fällen erfolgte eine gütliche Einigung im Vorverfahren und in 113 Fällen wurde das Verfahren durch Vergleich erledigt[384]. Die Entlastungswirkung im Verhältnis zu den Eingängen bei den Amtsgerichten liegt bei 0,11 % (397 zu 362.961).

V. Ergebnis

Insgesamt lassen die nordrhein-westfälischen Zahlen die Bewertung zu, dass die tatsächlichen Auswirkungen der Einführung des GüSchlG NRW auf den Geschäftsanfall der Gerichte ausgesprochen gering geblieben sind[385].

B) Gründe für die geringen tatsächlichen Auswirkungen

Für den geringen Umfang der tatsächlichen Auswirkungen der Einführung des obligatorischen außergerichtlichen Schlichtungsverfahrens wird in der Literatur eine Vielzahl von möglichen Erklärungsansätzen diskutiert. Teilweise werden mit den Erklärungsansätzen objektive *Eignungs*defizite des obligatorischen außergerichtlichen Schlichtungsverfahrens begründet, von einigen Erklärungsansätzen wird auf subjektive *Akzeptanz*defizite geschlossen.

---

382 Vgl. Röhl, Gutachten, S. 110.
383 Vgl. Röhl, Gutachten, S. 107 ff.
384 Vgl. Röhl, Gutachten, S. 109.
385 So auch Wesche, MDR 2003, S. 1029, 1035; Lauer, NJW 2004, S. 1280, 1282; Feix, Streitbeilegung, S. 183; i. E. auch Röhl, Gutachten, S. 2 f.; kritisch zur retrospektiven Gesetzesfolgenabschätzung durch die Auswertung einiger statistischer Daten: Schmidt, NJW 2004, Heft 26, S. XVI; einen weiteren Forschungsbedarf sieht auch Feix, Streitbeilegung, S. 220 f.

I. Eignung des Streitigkeitenkatalogs

Es stellt sich zunächst die Frage, ob der Katalog der dem Schlichtungserfordernis unterworfenen Streitigkeiten in hinreichendem Umfang deren Eignung für das Schlichtungsverfahren berücksichtigt.

1. Pauschale Unterwerfung sämtlicher vermögensrechtlicher Streitigkeiten mit geringem Gegenstandswert

§ 10 Abs. 1 Nr. 1 GüSchlG NRW hat von der Möglichkeit, Streitigkeiten mit geringen Gegenstandswerten pauschal dem Schlichtungserfordernis zu unterwerfen, umfassend Gebrauch gemacht. Eine Differenzierung nach dem Sachgebiet oder der Eignung der jeweiligen Streitigkeit findet nicht statt. Es gibt auch keinen Ausschlusstatbestand für den Fall erkennbarer Aussichtslosigkeit, wie er beispielsweise in § 278 Abs. 2 S. 1 ZPO geregelt ist[386]. Die umfassende Übernahme des sachlichen Anwendungsbereichs des § 15 a Abs. 1 Nr. 1 EGZPO war nicht zwingend, da § 15 a Abs. 5 EGZPO zugelassen hätte, den Anwendungsbereich des Schlichtungserfordernisses auf einzelne vermögensrechtliche Streitigkeiten zu reduzieren.

a) Auffassung der Literatur

In der Literatur wird die nicht hinreichende Differenzierung des Streitigkeitenkatalogs als einer der wesentlichen Gründe für die mangelnde Effizienz der Schlichtungsobligation angesehen[387]. Gerade in Anbetracht des geringen Streitwerts könne man in vielen Fällen davon ausgehen, dass es den Parteien „ums Prinzip" gehe[388]. Das schließe jedoch eine Schlichtungseignung von vorneherein aus[389]. Zumindest bedürfe es in diesen Fällen der

---

[386] Vgl. auch Art. 4 Abs. 2 BaySchlG, der dem Schlichter eine Eignungsprognosekompetenz zubilligt. Ungeeignet sollen nach der Begründung des bayerischen Landesgesetzgebers beispielsweise solche Streitigkeiten sein, in denen eine Vielzahl von Zeugen vernommen werden oder eine komplizierte Rechtsfrage entschieden werden müsste (LT-Drucks. (Bayern) 14/2265 S. 15; vgl. auch Birnstiel, MittBayNot 2000, Sonderheft zu Ausgabe 4, S. 8, 10).

[387] Stadler, NJW 1998, S. 2479, 2483; Ott, Konfliktbeilegung, S. 72 f.; Jansen, Streitschlichtung, S. 249; Greger, ZRP 1998, S. 183, 184; Feix, Streitbeilegung, S. 156; Wesche, MDR 2003, S. 1029, 1031; Jenkel, Streitschlichtungsversuch, S. 153 ff.

[388] Feix, Streitbeilegung, S. 156; Stickelbrock, JZ 2002, S. 633, 638; Wesche, MDR 2003, S. 1029, 1031.

[389] Vgl. Stadler, NJW 1998, S. 2479, 2483.

Autorität des Richters[390]. Außerdem liege bei Zahlungsklagen die Gefahr nahe, dass der Schuldner allein aufgrund von Zahlungsschwierigkeiten auf Zeit spiele und den Rechtsstreit möglichst lange hinauszögere[391]. Insgesamt hänge eine erfolgversprechende Schlichtung von vielen Faktoren ab, am wenigsten jedoch vom Streitwert[392].

b) Stellungnahme

Die Kritik an der undifferenzierten Unterwerfung der Streitigkeiten mit geringem Gegenstandswert erweist sich insbesondere unter dem Aspekt der mangelnden Effizienz der Schlichtungsobligation als zutreffend.

Effektiv kann die obligatorische außergerichtliche Streitschlichtung nur dann sein, wenn ihr in der Mehrzahl der Fälle verfahrensbeendende Wirkung zukommt[393]. Das ist aber bei der undifferenzierten Unterwerfung sämtlicher vermögensrechtlicher Streitigkeiten bis zu einem bestimmten Gegenstandswert nicht zu erwarten, da es eine erhebliche Quote von vorneherein nicht schlichtungsgeeigneter Verfahren gibt.

Die Begründung des Gesetzentwurfs geht insofern von falschen Voraussetzungen aus, wenn sie gerade die Verfahren mit geringem Streitwert unabhängig von ihrem Gegenstand als für das obligatorische Schlichtungsverfahren besonders geeignet erachtet[394]. So zeigt ein Vergleich zwischen den Erledigungsarten vor den Amts- und Landgerichten in Nordrhein-Westfalen, dass die Vergleichsquote vor den Landgerichten mit den im Regelfall deutlich höheren Streitwerten in den Jahren 2000, 2001 und 2002 zwischen 16,1 % und 18,0 % lag, während in den amtsgerichtlichen Zivilsachen Vergleichsquoten von 9,3 % bis 11,9 % erreicht wurden[395]. Auch

---

[390] Vgl. Prütting, DJT 62, S. O 11, O 30.
[391] Stadler, NJW 1998, S. 2479, 2483.
[392] Stadler, NJW 1998, S. 2479, 2483; Feix, Streitbeilegung, S. 156; vgl. auch Stickelbrock, JZ 2002, S. 633, 638; Wilke, MittBayNot 1998, S. 1, 2; a.A. wohl Hager, Konsens, S. 56.
[393] Vgl. Feix, Streitbeilegung, S. 40; im Ergebnis ebenso Wesche, MDR 2003, S. 1029, 1031; Stickelbrock, JZ 2002, S. 633, 638.
[394] Vgl. BT-Drucks. 14/980 Begründung zu Artikel 1; vgl. auch Kapitel I B) I. 1.
[395] Justizministerium des Landes Nordrhein-Westfalen, Justiz in Zahlen 2003, 1.1 Amtsgerichtliche Zivilsachen und 1.4 Landgerichtliche Zivilsachen.

für die außergerichtliche Streitbeilegung durch Rechtsanwälte ist feststellbar, dass ein deutlicher Trend zur vermehrten außergerichtlichen Klärung von Rechtsfällen bei steigendem Gegenstandswert besteht[396]. Als möglicher Erklärungsansatz wird zum einen benannt, dass mit der ansteigenden Höhe des Gegenstandswerts auch das zunehme, was es für die Parteien zu gewinnen und zu verlieren gebe. Zum anderen wird darauf verwiesen, dass mit dem steigenden Wert in der Regel auch eine höhere Komplexität einhergehe[397].

In der Literatur sind Kriterien entwickelt worden, der konsensualen Lösung zugängliche Fälle nach bestimmten Auswahlmerkmalen zu ermitteln und von den nichtgeeigneten Fällen abzugrenzen[398]. Die Merkmale der Konsenseignung werden in objektive und subjektive Eignungskriterien sowie in Eignungsausschlussgründe unterteilt.

Zu den objektiven Eignungskriterien zählt zunächst die Beziehung zwischen den Parteien[399]. Als tauglicher Anknüpfungspunkt für die Ermittlung der Schlichtungseignung bestimmter Streitigkeiten gilt danach, ob die Parteien sich in einer geschäftlichen, persönlichen oder sozialen Beziehung zu einander befinden[400]. Dazu zählen insbesondere Konflikte im Rahmen längerfristiger Austausch-, Gesellschafts- oder Familienbeziehungen mit zukünftig geteilten Interessen[401]. Bei der Bewertung der Schlichtungseignung dieser Verfahren kommt es entscheidend darauf an, ob die Parteien einen Abbruch der Dauerbeziehung in Kauf nehmen, um ihre Position durchzusetzen. Wissenschaftliche Untersuchungen haben gezeigt, dass bei Streitig-

---

396 Wasilewski, Streitverhütung, S. 61.

397 Feix, Streitbeilegung, S. 191.

398 Die Kriterien sind überwiegend für die Mediation herausgearbeitet worden. Ihre Übertragbarkeit auf das obligatorische außergerichtliche Schlichtungsverfahren erscheint aber deshalb möglich, weil zum einen die Mediatoren als sonstige Gütestellen im Sinne des § 12 Abs. 2 GüSchlG NRW faktisch auch in der obligatorischen Streitschlichtung tätig werden und zu deren Effizienz beitragen können und zum anderen auch die Tätigkeit der übrigen Gütestellen in etwa der des „sachbeurteilenden Mediators" entspricht (vgl. dazu Henssler/Koch/Duve, Mediation, Rn. 9 ff.).

399 Henssler/Koch/Duve, Mediation, Rn. 52 ff.; Hager, Konsens, S. 52; vgl. auch Breidenbach/Henssler/Eidenmüller, Mediation für Juristen, S. 51.

400 Nelle/Hacke, ZKM 2001, S. 56, 58; Wesche, MDR 2003, S. 1029, 1031.

401 Nelle/Hacke, ZKM 2001, S. 56, 57; Henssler/Koch/Duve, Mediation, Rn. 52 f.

keiten zwischen Geschäftspartnern dann, wenn die Geschäftsbeziehung aufrechterhalten werden soll, in fast 80 % aller Fälle eine außergerichtliche Lösung erreicht wird[402]. Wird demgegenüber der mögliche Abbruch der Geschäftsbeziehung in Kauf genommen, so verringert sich die außergerichtliche Streitbeilegungsquote auf etwa ein Drittel[403]. In Streitigkeiten zwischen persönlich verbundenen Parteien liegt der Anteil außergerichtlicher Streitbeilegung in den Fällen, in denen der Abbruch der Beziehung in Kauf genommen wird, bei 60 %; soll die Beziehung aufrechterhalten werden, so liegt die außergerichtliche Streitbeilegungsquote bei 72 %[404].

Ein objektives Kriterium für die Konsenseignung stellt auch das Interesse zumindest einer Partei am Schutz des eigenen guten Rufes dar[405]. Zu den objektiv geeigneten Fällen zählen zudem solche Streitigkeiten, in denen es zu einem konfliktbedingten Erliegen der Kommunikation zwischen den Parteien gekommen ist. Gerade die Wiederherstellung der Kommunikation stellt einen der Vorzüge der außergerichtlichen Konfliktlösung dar[406]. Gleiches gilt für Konflikte mit emotionalen Einflüssen[407].

Auch den sog. „polyzentrischen Konflikten" wird eine abstrakte Schlichtungseignung zugesprochen. Es handelt sich dabei um Konflikte, deren Lösung an einer Stelle zu erheblichen Auswirkungen an anderer Stelle führt[408].

Besondere Bedeutung kommt der außergerichtlichen Streitbeilegung bei den interessenorientierten Konflikten zu. Insofern wird zwischen den an Rechtspositionen orientierten Konflikten und den Konflikten, die im We-

---

[402] Wasilewski, Streitverhütung, S. 68.
[403] Wasilewski, Streitverhütung, S. 68.
[404] Wasilewski, Streitverhütung, S. 68.
[405] Henssler/Koch/Duve, Mediation, Rn. 55 f.
[406] Henssler/Koch/Duve, Mediation, Rn. 57 f.
[407] Henssler/Koch/Duve, Mediation, Rn. 60.
[408] Hager, Konsens, S. 53, zitiert hierzu folgenden Beispielsfall: Eine wohlhabende Dame mit Namen Timken ist in New York verstorben und hat eine wertvolle, aber etwas zusammengewürfelte Gemäldesammlung dem Metropolitan Museum und der National Gallery zu gleichen Teilen hinterlassen, ohne dass ihr letzter Wille eine bestimmte Aufteilung vorgesehen hätte.

sentlichen von den Interessen der Parteien bestimmt sind, unterschieden[409]. Die Stärke der außergerichtlichen Streitschlichtung liegt nicht in der Klärung von Rechten sondern darin, einen Ausgleich auf der Basis der Interessen der Parteien, insbesondere durch Vergrößerung der Verhandlungsmasse und der Suche nach kreativen Lösungen, herbeizuführen[410]. Schlichtungsgeeignet sind demzufolge die interessenorientierten Konflikte und solche, bei denen die Lösung der Interessengegensätze unabhängig von rechtlichen Positionen im Vordergrund steht[411].

Für einvernehmliche außergerichtliche Lösungen objektiv zugänglich sind zudem Fälle, die entweder die Chance zu Kooperationsgewinnen bieten oder in denen die Parteien „Alles-oder-nichts-Ergebnisse" vermeiden wollen[412]. Insofern wird zwischen dem Lösungsansatz, der auf einen beiderseitigen Kooperationsgewinn ausgerichtet ist, sog. „Mehrwertlösung"[413], und dem sog. „distributiven Ansatz"[414], der auf die Vermeidung von Nachteilen gerichtet ist, unterschieden[415].

Die Mehrwertlösung setzt voraus, dass zwischen den Parteien ein Tauschgeschäft möglich ist. Es handelt sich dann um den idealtypischen Fall des interessenorientierten Verhandelns, auf den das Standardbeispiel der Mediation, die geteilte Orange, perfekt passt[416].
Bei dem distributiven Ansatz steht die Verhandlungsmacht im Vordergrund. Diese wird vor allem beeinflusst durch die Rechtslage, die Einstellung der Parteien zum Risiko, die Fähigkeit der Parteien, die Kosten für die

---

409 Nelle/Hacke, ZKM 2001, S. 56, 57; die Unterscheidung zwischen Positionen und Interessen geht zurück auf Fisher/Ury, Harvard-Konzept, S. 68 ff.
410 Nelle/Hacke, ZKM 2001, S. 56, 57.
411 Nelle/Hacke, ZKM 2001, S. 56, 57.
412 Henssler/Koch/Duve, Mediation, Rn. 64 ff.
413 Auch „interest-based mediation" genannt.
414 Auch „rights-based mediation" genannt.
415 Feix, Streitbeilegung, S. 193.
416 Das Beispiel stellt zwei Schwestern dar, die über eine Orange streiten. Die Lösung des Problems, orientiert an den jeweiligen Interessen der Schwestern, besteht nicht in einer hälftigen Teilung der Orange sondern darin, dass die eine den Saft erhält, um ihn zu trinken, während die andere mit der ihr zugewiesenen Schale einen Kuchen backt, vgl. Breidenbach, Mediation, S. 72; Breidenbach/Henssler/Breidenbach, Mediation für Juristen, S. 5; Breidenbach/Henssler/Mähler/Mähler, Mediation für Juristen, S. 19.

streitige Austragung des Konflikts zu tragen, die Reaktion der Öffentlichkeit und ihre Maßgeblichkeit für das Parteiverhalten sowie die strategisch-taktischen Fähigkeiten der Parteien[417].

Zu den subjektiven Kriterien der Mediations- und Schlichtungseignung von Konflikten gehören das Interesse der Parteien, die Kontrolle über die Art und Weise der Beilegung ihres Konflikts zu behalten, sowie das Interesse an Vertraulichkeit[418]. Motivation für Verhandlungen in einem Konflikt, der im Falle der Nichteinigung zu einem Zivilprozess führt, kann zudem die Vorstellung beider Parteien sein, dass durch eine vom Willen beider getragene Einigung ein besseres Ergebnis erzielt werden kann als durch eine gerichtliche Auseinandersetzung[419]. Erfolgreich kann ein einvernehmlicher Konfliktlösungsansatz nur sein, wenn er von beiden Parteien als vorteilhaft gegenüber einer gerichtlichen Entscheidung empfunden wird[420].

Für eine konsensuale Lösung von vorneherein ausgeschlossen sind demgegenüber Fälle mit Mustercharakter, wenn es den Parteien um die verbindliche Klärung ihrer Rechtspositionen geht[421], oder Fälle, bei denen die Parteien ausschließlich die Klärung eines abgeschlossenen Sachverhalts begehren[422]. Gleiches gilt, wenn es lediglich um die kurzfristige Durchsetzung liquider Forderungen geht[423]. Nur bedingt schlichtungsgeeignet sind zudem Konflikte, in denen zwischen den Parteien ein erhebliches Machtungleichgewicht herrscht[424], und solche, die aus einem einmaligen Zusammentreffen der Parteien entstehen, wie zum Beispiel Verkehrsunfälle[425].

---

417 Feix, Streitbeilegung, S. 193; vgl. auch Breidenbach/Henssler/Eidenmüller, Mediation für Juristen, S. 46.

418 Henssler/Koch/Duve, Mediation, Rn. 69 f.

419 Breidenbach, Mediation, S. 57; Feix, Streitbeilegung, S. 193.

420 Vgl. Breidenbach/Henssler/Eidenmüller, Mediation für Juristen, S. 31 und 40; Feix, Streitbeilegung, S. 193.

421 Vgl. Wesche, MDR 2003, S. 1029, 1032; Monßen, ZKM 2003, S. 116; Hager, Konsens, S. 56 f.

422 Nelle/Hacke, ZKM 2001, S. 56, 57.

423 Monßen, ZKM 2003, S. 116; vgl. auch Hager, Konsens, S. 58.

424 Wesche, MDR 2003, S. 1029, 1032; Nelle/Hacke, ZKM 2001, S. 56, 57; Hager, Konsens, S. 89.

425 Vgl. Nelle/Hacke, ZKM 2001, S. 56, 57.

Versucht man, aus den genannten Kriterien einen differenzierten konkreten Streitigkeitenkatalog zu entwickeln, so zeigt sich, dass die meisten Eignungskriterien nicht abstrahiert werden können[426]. Ob die Kommunikation der Parteien im Falle eines Konflikts zum Erliegen kommt, hängt nicht von dem abstrakten rechtlichen Charakter der Streitigkeit ab. Gleiches gilt für die Frage, ob es sich um einen Konflikt mit emotionalen Einflüssen oder um eine Streitigkeit handelt, bei der eine Partei ihren guten Ruf schützen möchte. Auch die Frage, ob ein Fall mit Mustercharakter vorliegt, in dem die Parteien ihre Rechte verbindlich klären lassen möchten, kann nicht abstrakt vorhergesagt werden. Es handelt sich dabei vielmehr um Umstände, die erst nach dem Entstehen der konkreten Streitigkeit beurteilt werden können.

Trotz der aufgestellten Eignungskriterien erscheint daher eine nähere Differenzierung des Streitigkeitenkatalogs aufgrund einer abstrakten Eignungsprognose nicht möglich.

2. Nachbarrechtliche Verfahren

Die Unterwerfung nachbarrechtlicher Verfahren unter das Schlichtungserfordernis wird in der Literatur unterschiedlich bewertet.

a) Meinungsstand in der Literatur

Teilweise wird das Schlichtungserfordernis für diese Verfahren begrüßt[427]. Die Schlichtungseignung der nachbarrechtlichen Verfahren wird insbesondere mit der persönlichen und in der Regel auf Dauer angelegten Beziehung der Parteien zueinander begründet[428].

Teilweise wird die Auffassung vertreten, dass auch die nachbarrechtlichen Verfahren nicht ohne weiteres schlichtungsgeeignet seien[429]. Zwar gehen

---

[426] Vgl. zu den Schwierigkeiten einer Kategorisierung der Fälle nach ihrer Eignung für informelle Streitschlichtungsverfahren Wada, Dispute Resolution, S. 315, 322 f.

[427] Wesche, MDR 2003, S. 1029, 1031; Nelle/Hacke, ZKM 2001, S. 56, 58; Jansen, Streitschlichtung, S. 257; Röhl, Gutachten, S. 9; Jenkel, Streitschlichtungsversuch, S. 162.

[428] Wesche, MDR 2003, S. 1029, 1031.

[429] Stadler, NJW 1998, S. 2479, 2483.

die Vertreter dieser Auffassung auch davon aus, dass es in Nachbarstreitigkeiten sinnvoll sei, eine zukunftsorientierte Konfliktlösung anzustreben; diese sei jedoch auch oftmals besonders schwierig und ein Nachgeben sei bei einer obligatorischen Schlichtung nicht unbedingt zu erwarten[430].

b) Stellungnahme

Insgesamt ist die abstrakte Einordnung der nachbarrechtlichen Verfahren als schlichtungsgeeignet zutreffend. Sie erfüllen das Hauptkriterium der Schlichtungseignung, nämlich dasjenige der persönlichen und sozialen Beziehung der Parteien zu einander. Zudem sind nachbarschaftliche Verhältnisse in der Regel auf Dauer angelegt. Im Übrigen handelt es sich bei den nachbarrechtlichen Streitigkeiten überwiegend um solche, bei denen weniger Ansprüche von wirtschaftlichem Wert als vielmehr außerrechtliche Interessen im Vordergrund stehen. Das eröffnet in vielen Fällen Regelungsmöglichkeiten, die stärker von den wechselseitigen Interessen als von der streng juristischen Subsumtion bestimmt sind. Gerade diesem Umstand kann in der Schlichtung mindestens ebenso Rechnung getragen werden wie im gerichtlichen Verfahren.

3. Ehrverletzungsverfahren

Gem. § 10 Abs. 1 Nr. 3 GüSchlG NRW sind bestimmte Streitigkeiten wegen Ehrverletzungen vom Schlichtungserfordernis erfasst. Die Anwendbarkeit und die Auswirkungen des obligatorischen Schlichtungsverfahrens auf die Ehrverletzungsstreitigkeiten werden im Schrifttum überwiegend kritisch bewertet.

a) Meinungsstand in der Literatur

Teilweise wird die Schlichtungseignung der Ehrverletzungsverfahren bezweifelt[431]. Diese stellten allzu oft den Höhepunkt einer eskalierten Beziehung dar[432]. Außerdem wird die mangelnde Eignung für das obligatorische

---

[430] Stadler, NJW 1998, S. 2479, 2483.
[431] Hartmann, NJW 1999, S. 3745, 3747; Stadler, NJW 1998, S. 2479, 2483.
[432] Stadler, NJW 1998, S. 2479, 2483.

außergerichtliche Schlichtungsverfahren damit begründet, dass es in den Ehrverletzungsverfahren um beachtliche Streitwerte gehen könne[433].

Andere halten die Ehrverletzungsstreitigkeiten für besonders schlichtungsgeeignet[434]. Es komme allerdings der Kompetenz des Schlichters in diesen Streitigkeiten besondere Bedeutung zu, da es sich in der Regel um in tatsächlicher Hinsicht schwierige Konflikte handele[435].

b) Stellungnahme

Die Ehrverletzungsverfahren sind ebenso wie die nachbarrechtlichen Streitigkeiten abstrakt schlichtungsgeeignet. Das gilt insbesondere dann, wenn die Ehrverletzung nicht öffentlich erfolgt. Durch die Reduzierung auf die nicht in Rundfunk oder Presse begangenen Ehrverletzungen trägt die Regelung des § 10 Abs. 1 Nr. 3 GüSchlG NRW dem Rechnung. Es handelt sich bei den dem Schlichtungserfordernis unterfallenden Streitigkeiten im Regelfall um wenig bedeutsame und nur einer sehr begrenzten Öffentlichkeit bekannt gewordene Ehrverletzungen, die im Rahmen nichtöffentlicher Schlichtungsgespräche befriedigend gelöst werden können. In der überwiegenden Zahl der Fälle dürften die rechtlichen Ansprüche auf Widerruf, Unterlassung oder immateriellen Schadensersatz entweder nicht gewollt oder aus rechtlichen Gründen nicht gegeben sein, während das, was der Verletzte häufig begehrt, nämlich persönliche Genugtuung durch eine Entschuldigung des Verletzers, juristisch nicht durchsetzbar wäre. Das interessenorientierte Schlichtungsverfahren bietet hierfür hingegen gute Möglichkeiten.

4. Zwischenergebnis zu I.

Die mangelnde Eignung der dem Schlichtungserfordernis unterworfenen Verfahren ist eine zentrale Schwäche des § 10 Abs. 1 GüSchlG NRW. Das betrifft allerdings lediglich die undifferenzierte Unterwerfung vermögensrechtlicher Streitigkeiten mit geringem Wert. Die nachbarrechtlichen Streitigkeiten und die Ehrverletzungsverfahren sind demgegenüber durchaus abstrakt schlichtungsgeeignet.

---

433 Hartmann, NJW 1999, S. 3745, 3747.
434 Jansen, Streitschlichtung, S. 257; Jenkel, Streitschlichtungsversuch, S. 163.
435 Jansen, Streitschlichtung, S. 257; Jenkel, Streitschlichtungsversuch, S. 163.

Die pauschale Unterwerfung vermögensrechtlicher Streitigkeiten unter das Schlichtungserfordernis ohne Differenzierung nach der Einigungswahrscheinlichkeit führt dazu, dass zum einen zahlreiche Fälle der Schlichtung zugeführt werden, die von vorneherein schlichtungsungeeignet sind. Die Folge dessen ist, dass die Belastung der Gütestellen steigt, während ihre Erfolgsquoten sinken. Das wiederum führt zu einer nur geringen Akzeptanz des Schlichtungsverfahrens.

Zum anderen verringert die pauschale Unterwerfung sämtlicher vermögensrechtlicher Streitigkeiten unter das Schlichtungserfordernis aufgrund der - jedenfalls anwaltlichen - Tendenz, in sämtlichen Fällen einen pauschalen Umweg über das Mahnverfahren zu wählen, ohne die Schlichtungseignung des Konflikts überhaupt zu reflektieren, die Effizienz des obligatorischen außergerichtlichen Schlichtungsverfahrens.

Gleichwohl erscheint eine nähere Differenzierung des Streitigkeitenkatalogs aufgrund objektiver Eignungsprognosekriterien nicht möglich. Zum einen wäre ein solcher Katalog auf sehr wenige Verfahren, insbesondere auf die Streitigkeiten aus Dauerbeziehungen zu beschränken, was zu einer noch weitergehenden Effizienzschwächung führen würde. Zum anderen können weder die subjektiven Eignungsparameter noch die Eignungsausschlussgründe verobjektiviert werden, so dass auch bei den verbleibenden Katalogstreitigkeiten eine erhebliche Anzahl schlichtungsungeeigneter Verfahren dem Schlichtungserfordernis unterfallen würde[436].

II. Eignung der Gütestellen

Als möglicher Grund für die geringen Auswirkungen der Einführung des obligatorischen außergerichtlichen Schlichtungsverfahrens wird eine mangelnde Eignung bestimmter Gütestellen angesehen.

Die Vorschrift des § 15 a EGZPO unterscheidet zwischen drei Kategorien von Gütestellen, nämlich den durch die Landesjustizverwaltung eingerichteten (§ 15 a Abs. 1 S. 1 EGZPO), den durch die Landesjustizverwaltung

---

[436] Zu effizienzerhöhenden Alternativansätzen vgl. Kapitel V.

anerkannten (§ 15 a Abs. 1 S. 1 EGZPO) und den sonstigen Gütestellen (§ 15 a Abs. 3 S. 1 EGZPO).

Die landesrechtlichen Ausführungsgesetze zu § 15 a EGZPO haben die Öffnungsklausel im Hinblick auf die zugelassenen Gütestellen unterschiedlich umgesetzt. Das GüSchlG NRW enthält nur Regelungen zu den anerkannten und zu den sonstigen Gütestellen (§ 12 GüSchlG). Tatsächlich werden die Schlichtungsverfahren in Nordrhein-Westfalen im Wesentlichen von den schon vor Einführung des obligatorischen außergerichtlichen Schlichtungsverfahrens bestehenden Schiedsämtern durchgeführt. Als Gütestellen anerkannt sind daneben insbesondere Rechtsanwälte und Anwaltvereine.

1. Schiedsämter

Die sachliche Zuständigkeit der Schiedsämter für die Durchführung des obligatorischen außergerichtlichen Schlichtungsversuchs folgt unmittelbar aus § 12 Abs. 1 GüSchlG NRW. Ihre Zusammensetzung und ihr Verfahren werden durch das SchAG NRW geregelt.

Seit der Einführung des obligatorischen außergerichtlichen Schlichtungsverfahrens ist die Zahl der vor den Schiedsämtern durchgeführten Schlichtungsverfahren in bürgerlich-rechtlichen Angelegenheiten erheblich, wenn auch von niedrigem Niveau angestiegen; gleichzeitig ging die Einigungsquote deutlich zurück. Dies lässt den Schluss zu, dass die stärkere Belastung der Schiedsämter zu einem Rückgang der Schlichtungsqualität und damit der Einigungsquote führte. Die Entwicklung lässt zudem erkennen, dass durch die Schlichtungsobligation zunehmend auch von vorneherein schlichtungsungeeignete Fälle zu den Schiedsämtern gelangten.

Die Gefahr einer zumindest zeitlichen Überforderung der Schiedsstellen wurde bereits vor der Einführung des GüSchlG NRW gesehen. Diese Gefahr war einer der Gründe, die Streitwertgrenze des § 10 Abs. 1 Nr. 1 GüSchlG NRW auf 600,- EUR bzw. zunächst 1.200,- DM gegenüber 750,- EUR bzw. ursprünglich 1.500,- EUR in § 15 a Abs. 1 Nr. 1 EGZPO herabzusetzen, um damit die Zahl der zu schlichtenden Fälle zu begrenzen[437].

Die Durchführung der obligatorischen außergerichtlichen Streitschlichtung durch die Schiedsämter wird in der Literatur unterschiedlich bewertet.

a) Meinungsstand in der Literatur

Teilweise wird die Schlichtung durch die Schiedsämter befürwortet[438], teilweise wird sie kritisiert[439]. Dabei wird differenziert zum einen nach der Eignung des landesrechtlich geregelten Schiedsverfahrens und zum anderen nach der Eignung der Schiedsperson als solcher.

Das Schiedsverfahren wird als dem gerichtlichen Verfahren zu ähnlich bewertet[440]. Beide Verfahren würden durch den Antrag einer Partei eingeleitet, die Schiedsperson bestimme Zeit und Ort der Schlichtungsverhandlung, lade die Parteien, die Schlichtungsverhandlung verlaufe möglichst ununterbrochen und es werde mündlich verhandelt[441]. Diese Angleichung von Güte- und Gerichtsverfahren berge die Gefahr, dass sich die Parteien eingeschüchtert fühlten und dass diese die Vorstellung entwickelten, die Schiedsperson stelle eine dem Richter rangmäßig fast gleichzustellende Respektsperson dar, der letztlich Entscheidungskompetenz zukomme[442]. Insbesondere ein Vergleichsvorschlag der Schiedsperson stelle eher eine den Parteien autoritär auferlegte eigene Idee des Schlichters von einer mög-

---

437 LT-Drucks. (NRW) 12/4614 S. 35; Graf-Schlicker/Schmidt, SchsZtG 2000, S. 177, 178; Röhl, SchsZtg 2000, S. 317, 318.

438 Katzenmeier, ZZP 115, S. 51, 72; Stadler, NJW 1998, S. 2479, 2483; Schuster, Rechtsbefriedung, S. 74 f.; zu einer grundsätzlich positiven Einschätzung kommt auch Schmidt, NJW 2004, Heft 26, S. XVI.

439 Vgl. Jansen, Streitschlichtung, S. 180; Schilken, Festschrift für Ishikawa, S. 480; Ott, Konfliktbeilegung, S. 75; Hartmann, NJW 1999, S. 3745, 3750; Wassermann, NJW 1998, S. 1685, 1686; Busse, AnwBl 1997, S. 522, 523; Feix, Streitbeilegung, S. 158; Nöh-Schüren, ZRP 1998, S. 448, 449; Ponschab/Brinkmann, MittBayNot 2000, Sonderheft zu Ausgabe 4, S. 29, 32; Grisebach, AnwBl 1997, S. 528.

440 Rüssel, NJW 2000, S. 2800 f.

441 Rüssel, NJW 2000, S. 2800.

442 Rüssel, NJW 2000, S. 2800, 2801; zum Problem des dem Gerichtsverfahren angenäherten Schlichtungsverfahren vgl. auch Hager, Konsens, S. 93 ff.

lichen dauerhaften Beilegung des Konflikts dar, als dass darin ein Kompromiss aus den Ansichten der Parteien zum Ausdruck komme[443].

Die Kritik an der Schiedsperson wird vor allem damit begründet, dass bei der Streitschlichtung durch juristische Laien zwar das Argument der Aufwands- und Kostenminimierung locke[444], sich gleichzeitig aber die Frage stelle, ob die Schiedspersonen fachlich und zeitlich überhaupt in der Lage seien, die anfallenden Verfahren zu bearbeiten[445]. Der Bürger bekomme allein dann Vertrauen in ein Schlichtungsverfahren, wenn der Schlichter juristisch versiert sei[446]. Außerdem gelinge die Beilegung rechtlicher Streitigkeiten nur, wenn der Schlichter ein hohes Ansehen habe und die Parteien ihm neben Menschlichkeit, Ehrlichkeit, Sorgfalt und Sachkunde auch rechtliche Kompetenz einräumten[447].

Gegen die Eignung des juristischen Laien als Schlichter wird zudem angeführt, der in einer vermögensrechtlichen Streitigkeit rechtsuchende Bürger könne nicht mit dem durch ein strafrechtliches Bagatelldelikt betroffenen Opfer verglichen werden, für das bei einem strafprozessualen Sühneversuch der persönliche, weniger rechtsgebundene Aspekt der Auseinandersetzung im Vordergrund stehe[448]. Mit der zivilrechtlichen Schlichtung werde vielmehr ein dem Recht entsprechendes oder zumindest unter Einbeziehung der Rechtslage gefundenes Ergebnis erwartet[449]. Das setze aber vor allem vor dem Hintergrund, dass Gegenstand der in § 15 a Abs. 1 Nr. 1 EGZPO und § 10 GüSchlG NRW geregelten vermögensrechtlichen Streitigkeiten sämtliche denkbaren zivilrechtlichen Rechtsangelegenheiten sein könnten, Gesetzeskenntnis, Fähigkeit der Gesetzesanwendung und Kennt-

---

443 Rüssel, NJW 2000, S. 2800, 2801.

444 Schilken, Festschrift für Ishikawa, S. 480; Jansen, Streitschlichtung, S. 138 ff.

445 Kritisch: Breidenbach/Gläßer, ZKM 2001, S. 11, 13; positiv demgegenüber: Röhl, SchsZtg 2000, S. 317, 320 f.; zweifelnd hinsichtlich der zeitlichen Komponente: Rüssel, NJW 2000, S. 2800, 2801; Zweifel an der fachlichen Kompetenz wurden bereits vom Bundesrat zumindest hinsichtlich solcher Verfahren geäußert, die juristischen und technischen Sachverstand voraussetzten (vgl. BR-Drucks. 605/96 S. 58).

446 Ott, Konfliktbeilegung, S. 75; Busse, AnwBl 1997, S. 522, 523.

447 Busse, AnwBl 1997, S. 522, 523; Feix, Streitbeilegung, S. 158.

448 Schilken, Festschrift für Ishikawa, S. 481.

449 Schilken, Festschrift für Ishikawa, S. 481.

nis der Rechtsprechung voraus[450]. Fehle dem Schlichter die Kompetenz, so leide darunter auch seine Autorität[451]. Die bedingte Geeignetheit der Laienschlichter sei auch daran erkennbar, dass vor Einführung des obligatorischen außergerichtlichen Schlichtungsverfahrens die Zahl der zu schlichtenden Zivilrechtsfälle in Nordrhein-Westfalen beispielsweise bei gerade einmal 1,2 Fällen pro Jahr und Schiedsperson gelegen habe[452]. Gerade die guten Erfahrungen mit professionellen außergerichtlichen Schlichtungsstellen, etwa den Ombudsmännern im Versicherungs- und Kfz-Wesen[453], sowie den professionellen gerichtlichen Schlichtungsverfahren (amtsgerichtliche Schlichtungsverfahren in Bayern) zeigten, dass es der entsprechenden Fachkenntnis bedürfe, um mit der Schlichtung erfolgreich zu sein[454].

Als Problem des Laienschlichters wird zudem angesehen, dass es bei juristisch nicht hinreichend reflektierten Titeln zu Vollstreckungsproblemen kommen könne[455].

Von den Schiedsämtern selbst wird kritisiert, dass sie zur reinen Durchlaufstation zum Erhalt der erforderlichen Erfolglosigkeitsbescheinigung geworden seien[456].

b) Stellungnahme

Der pauschalen Ablehnung nicht juristisch gebildeter Schlichter kann nicht einschränkungslos gefolgt werden. Den Befürwortern der Streitschlichtung durch Laien ist zunächst darin beizupflichten, dass diese für bestimmte Fallkonstellationen eine hinreichende Fachkunde aufweisen. Neben juristischem Sachverstand und fachlicher Kompetenz können nämlich andere Qualitäten, insbesondere psychologisches Einfühlungsvermögen sowie Sozialkompetenz, den Erfolg des Schlichters zentral beeinflussen. Außerdem

---

450 Schilken, Festschrift für Ishikawa, S. 481; Jansen, Streitschlichtung, S. 143 und 178; Prütting, DJT 62, S. O 11, O 24.

451 Schilken, Festschrift für Ishikawa, S. 481.

452 Schilken, Festschrift für Ishikawa, S. 482.

453 Zur Definition des Begriffs des Ombudsmanns vgl. Jordans, VuR 2003, S. 253.

454 Schilken, Festschrift für Ishikawa, S. 482.

455 Vgl. dazu Jansen, Streitschlichtung, S. 293.

456 Väth, SchsZtg 2002, S. 237, 239.

kann gerade die Abwendung von der Rechtslage hin zu der Interessenlage der Parteien die Lösung eines Streits bedeuten.

Gleichwohl ist die kritische Auseinandersetzung mit der Eignung der Schiedsleute berechtigt. Dabei gilt es zunächst zu beachten, dass eine echte Qualitätsauswahl bei der Benennung und der Wahl der Schiedsleute nicht stattfindet. Dass juristische Qualifikation keine zwingende Voraussetzung einer erfolgreichen Schlichtung ist, bedeutet nicht, dass überhaupt keine Qualifikationserfordernisse bestehen. Diese bewegen sich vielmehr je nach dem Inhalt des zu schlichtenden Streits zwischen psychologischem Einfühlungsvermögen und Fachkompetenz. Um für alle Fälle geeignete Schlichter zur Verfügung zu stellen, bedarf es verschiedener Arten von Schlichtern. Dass aber bei der Auswahl der Schiedsleute taugliche Auswahlkriterien bestehen, ist bereits der maßgeblichen Regelung des § 2 SchAG NRW nicht zu entnehmen[457].

Dass die Schiedsämter zumindest nicht für die Schlichtung sämtlicher Verfahren geeignet sind, hatte auch der Landesgesetzgeber in Nordrhein-Westfalen erkannt. Deshalb bezog er auch andere anerkannte Gütestellen in die obligatorische außergerichtliche Streitschlichtung ein. Damit sollte den Bürgerinnen und Bürgern die Auswahl zwischen ganz unterschiedlichen Gütestellen eröffnet werden[458]; faktisch mangelt es jedoch noch an einer großen Bandbreite von in der obligatorischen Schlichtung tätigen Gütestellen.

2. Rechtsanwälte und Notare

Die Notare gehören zu den Gütestellen, die durch die Landesjustizverwaltung anerkannt werden können. Gleiches gilt für die Rechtsanwälte und die Anwaltvereine.

---

[457] Nach § 2 Abs. 1 SchAG NRW bestehen für die Persönlichkeit und Fähigkeit der Schiedsperson keine konkreten Anforderungen. § 2 Abs. 2 bis 4 SchAG regelt verschiedene Ausschlussgründe, die allerdings eher darauf abzielen, völlig ungeeignete Personen auszuschließen. Maßstäbe für die Eignung oder gar eine Bestenauslese finden sich auch hier nicht.

[458] Vgl. Kapitel I B) II. 3.; dazu auch Graf-Schlicker/Schmidt, SchsZtg 2000, S. 177, 179.

In Nordrhein-Westfalen sind in der Zeit zwischen dem 1. Oktober 2000 bis zum 31. Juli 2002 insgesamt 48 Gütestellen von der Landesjustizverwaltung anerkannt worden. Dabei handelte es sich um sechs juristische und 40 natürliche Personen[459], wobei zu berücksichtigen ist, dass die Gütestellen zum Teil durch die Anwaltvereine eingerichtet worden sind, bei denen wiederum tatsächlich eine Vielzahl von Rechtsanwälten als Schlichter tätig wird. Bei der vom Kölner Anwaltverein eingerichteten Gütestelle standen zu Beginn des Jahres 2002 beispielsweise 260 Rechtsanwälte zur Durchführung des obligatorischen außergerichtlichen Schlichtungsverfahrens zur Verfügung[460].

Die grundsätzliche Eignung der Rechtsanwälte und Notare zur Durchführung des obligatorischen außergerichtlichen Schlichtungsverfahrens wird in der Literatur nicht in Frage gestellt[461], wenngleich inzwischen auch darauf hingewiesen wird, dass es durchaus an Zusatzqualifikationen der als Schlichter tätigen Rechtsanwälte mangele[462]. Gleichwohl zeigen die Zahlen der Anwaltvereine Aachen, Bonn, Köln und Mönchengladbach, dass die Erfolgsquoten im Bereich der obligatorischen Schlichtung ausgesprochen gering geblieben sind[463].

Ein noch stärkeres Engagement der Rechtsanwälte und Notare für die außergerichtliche obligatorische Streitschlichtung dürfte im Wesentlichen an den limitierten Honoraransprüchen scheitern[464].

---

[459] Vgl. Feix, Streitbeilegung, S. 145.
[460] Feix, Streitbeilegung, S. 145.
[461] Vgl. Peters, AnwBl 1997, S. 531 ff.; Stadler, NJW 1998, S. 2479, 2483; Lauer, NJW 2004, S. 1280, 1281; Heßler, MittBayNot 2000, Sonderheft zu Ausgabe 4, S. 2, 4; Wagner, NJW 2001, S. 2128, 2134.
[462] Feix, Streitbeilegung, S. 158; Breidenbach/Gläßer, ZKM 2001, S. 11, 13 ff.; Schuster, Rechtsbefriedung, S. 71 ff.; Jenkel, Streitschlichtungsversuch, S. 195 ff.
[463] Vgl. Kapitel IV A).
[464] Stadler, NJW 1998, S. 2479, 2483.

3. Sonstige Gütestellen

Sonstige Gütestellen können die branchengebundenen Schlichtungsstellen[465], beispielsweise diejenigen des Handwerks[466], Ombudsmänner[467], ärztliche Schlichtungsstellen[468] aber auch Mediatoren sein. Die sonstigen Gütestellen sind nicht unmittelbar den von der Landesjustizverwaltung anerkannten gleichgesetzt. Der gesetzliche Regelfall ist vielmehr der Schlichtungsversuch vor den anerkannten Gütestellen. Der einvernehmliche Schlichtungsversuch vor sonstigen Gütestellen führt lediglich zu einem Wegfall eines weiteren Schlichtungserfordernisses (§ 12 Abs. 2 GüSchlG NRW).

a) Branchengebundene Schlichtungsstellen

Die branchengebundenen Schlichtungsstellen zählen zu den sonstigen Schlichtungsstellen. Es handelt sich dabei vor allem um die von den Handwerkskammern aufgrund gesetzlicher Verpflichtung eingerichteten Schlichtungsstellen[469]. Zu ihnen gehören beispielsweise die Schlichtungsstellen des Kfz-Handwerks, des Gebrauchtwagen-Handels und der Textilreinigung[470].

Die Eignung der branchengebundenen Schlichtungsstellen zur Durchführung des Schlichtungsverfahrens wird unterschiedlich bewertet.

aa) Meinungsstand in der Literatur

In der Literatur wird es als vorteilhaft angesehen, dass die Parteien in den Verfahren vor den branchengebundenen Schlichtungsstellen die Möglichkeit haben, unter Beteiligung eines Fachmanns auf der Grundlage dessen neutraler und unabhängiger Einschätzung des Sachverhalts und der Rechtslage schnell zu einer Einigung zu gelangen[471].

---

465 Vgl. dazu Morasch/Blankenburg, ZRP 1985, S. 217 ff.

466 Vgl. die Übersicht über die verschiedenen branchengebundenen Schlichtungsstellen bei Morasch, Schlichtungsstellen, S. 7 ff.

467 Beispielsweise der Versicherungsombudsmann oder der Bankenombudsmann; vgl. dazu Scherpe, AnwBl 2004, S. 14.

468 Vgl. dazu Weltrich, DRiZ 1996, S. 473 ff.

469 § 91 Abs. 1 Nr. 11 HandwO.

470 Vgl. die Zusammenstellung bei Morasch, Schlichtungsstellen, S. 7 ff.

471 Rüssel, NJW 2000, S. 2800, 2801.

Kritisch wird hingegen bewertet, ob bei den schnell gefundenen Einigungen die Interessen der Parteien genügend berücksichtigt werden[472].

bb) Stellungnahme

Fachlich erscheinen die branchengebundenen Schlichtungsstellen aufgrund ihrer spezifischen Kompetenz geeignet, die in ihr Sachgebiet fallenden Streitigkeiten effektiv zu schlichten. Das gilt zumindest dann, wenn zwischen den Parteien Streit über Tatsachen besteht, die in die Fachkompetenz der jeweiligen Schlichtungsstelle fallen. Regelmäßig dürfte allerdings auch nur in derartigen Fallkonstellationen auf die branchengebundenen Schlichtungsstellen zurückgegriffen werden.

Da die Inanspruchnahme der branchengebundenen Schlichtungsstellen fakultativ ist, unmittelbar also nicht einmal der Schlichtungsobligation unterfällt, dürfte das Risiko, dass eine schnell gefundene Einigung die Interessen der Parteien nicht genügend berücksichtigt, gering sein. Weder kann die Schlichtung gegen den Willen einer Partei bei einer branchengebundenen Schlichtungsstelle durchgeführt werden, noch müssen die Parteien einem Einigungsvorschlag der Schlichtungsstelle folgen. Im Übrigen dürften in den Verfahren vor den branchengebundenen Schlichtungsstellen im Wesentlichen technisch-fachliche Fragen den Streit bestimmen, so dass ohnehin eher Lösungen mit einem distributiven Ansatz, also zur Vermeidung von Nachteilen, als Mehrwertlösungen, die sich an den Interessen der Parteien orientieren, in Betracht kommen[473].

Hinsichtlich der branchengebundenen Schlichtungsstellen stellt sich allerdings die Kapazitätsfrage. Sofern durch die Einführung des außergerichtlichen obligatorischen Schlichtungsverfahrens vermehrt auf die alternativen Schlichtungsmöglichkeiten vor den sonstigen Gütestellen ausgewichen werden sollte, steht zu befürchten, dass diese zeitlich überfordert werden[474].

---

[472] Rüssel, NJW 2000, S. 2800, 2801.

[473] Zum Unterschied zwischen dem distributiven Ansatz und der Mehrwertlösung vgl. Kapitel IV B) I. 1. b).

[474] So auch Rüssel, NJW 2000, S. 2800, 2801; Boysen, ZRP 1996, S. 291, 293.

b) Mediatoren

Die Vor- und Nachteile der Mediation umfassend darzustellen, würde den Rahmen dieser Arbeit sprengen. Die auf freiwilliger Basis der Parteien durchgeführte Mediation stellt ihrem Ansatz nach - ebenso wie die Verhandlungen vor den branchengebundenen Schlichtungsstellen - einen alternativen Weg zum obligatorischen außergerichtlichen Schlichtungsverfahren dar (§ 12 Abs. 2 GüSchlG NRW).

Bei der Mediation handelt es sich um ein freiwilliges, strukturiertes Verfahren zur außergerichtlichen Beilegung von Konflikten, in dem die streitenden Parteien durch Vermittlung eines neutralen Dritten - des Mediators - dazu angeregt werden sollen, selbstbestimmte und von allen Beteiligten akzeptierte Problemlösungen zu erarbeiten[475]. Der Mediator trägt vor allem Verantwortung für das Verfahren, die Einhaltung der vereinbarten Regeln, den Ausgleich von Machtungleichgewichten, die ungestörte Kommunikation zwischen den Parteien sowie dafür, dass die Parteien sich ihrer Interessen bewusst werden und kreative eigene Lösungen entwickeln[476].

Die wesentlichen Vorteile der Mediation bestehen darin, dass die Parteien veranlasst werden, sich tatsächlich mit ihrem Konflikt - einschließlich der damit verbundenen Emotionen und Hintergründe - auseinander zu setzen. Sie lernen die Sichtweise der anderen Partei kennen und (im Idealfall) zu verstehen[477]. Im Mediationsverfahren geht es nicht um Schuld oder Unschuld und nicht um Recht oder Unrecht. Mediation setzt sich nicht vorrangig mit in der Vergangenheit liegenden Problemen auseinander. Vielmehr steht der Versuch im Vordergrund, auf einer breiten Informations- und Argumentationsbasis Lösungsoptionen zu entwickeln, die den Interessen der Parteien gerecht werden und die zu einer Beilegung des Konflikts

---

[475] Vgl. Haft, Mediation, S. 244 f.; Henssler/Koch/Koch, Mediation, Rn. 7; Gottwald, AnwBl 2000, S. 265, 268; Rüssel, NJW 2000, S. 2800, 2802; Mähler/Mähler, AnwBl 1997, S. 535, 536; Nickl, AnwBl 2004, S. 12; Wagner, NJW 2001, S. 2128, 2131; Stickelbrock, JZ 2002, S. 633, 640; Grilli, AnwBl 1997, S. 533; Risse, NJW 2000, S. 1614 f.; ders., BB 1999, Beilage 9, S. 1; Schuster, Rechtsbefriedung, S. 9 f.; Eckardt/Dendorfer, MDR 2001, S. 786; Jenkel, Streitschlichtungsversuch, S. 9.

[476] Rüssel, NJW 2000, S. 2800, 2802.

[477] Rüssel, NJW 2000, S. 2800, 2802.

auch für die Zukunft beitragen[478]. Ziel der Mediation ist nicht die Problemlösung in der Form gegenseitigen Nachgebens sondern die Ermittlung einer Lösung, bei der beide Parteien gewinnen, sog. „win-win-Lösungen“[479].

Die Eignung des freiwilligen Mediationsverfahrens, Streitigkeiten der Parteien auf freiwilliger Basis effektiv beizulegen, wird in der Literatur nicht ernsthaft bezweifelt[480].

4. Zwischenergebnis zu II.

Der Grund für die mangelnde Akzeptanz und die geringen Auswirkungen des außergerichtlichen obligatorischen Schlichtungsverfahrens ist nur zum Teil in einer mangelnden Eignung der in der obligatorischen Schlichtung tätigen Schlichtungsstellen zu finden. Gleichwohl darf nicht verkannt werden, dass einige der Schlichtungseinrichtungen nicht hinreichend qualifiziert sind. Insbesondere im Bereich der Schiedsämter fehlt es an einer differenzierten Auswahl nach fachlichen Kriterien. Selbst bei den als Schlichter tätig werdenden Rechtsanwälten mangelt es an erforderlichen Zusatzqualifikationen[481].

Im Übrigen dürfte insbesondere das Gebührenargument qualifizierte Schlichter von einem Engagement im obligatorischen außergerichtlichen Schlichtungsverfahren abhalten. Den Gebührenmaßstab bildet insofern § 45 SchAG NRW. Für die darin geregelten Pauschalhonorare in Höhe von 10,- EUR für das Schlichtungsverfahren als solches und 25,- EUR im Falle des Zustandekommens eines Vergleichs können professionelle und qualifizierte Schlichter eine sorgfältig vorbereitete Schlichtungsverhandlung nicht durchführen. Der durchschnittliche Stundensatz für professionelle Mediatoren beträgt 125,- bis 200,- EUR[482], für Anwälte 100,- bis 250,- EUR[483].

---

478 Eckardt/Dendorfer, MDR 2001, S. 786 f.; Rüssel, NJW 2000, S. 2800, 2802.

479 Stickelbrock, JZ 2002, S. 633, 641; Rüssel, NJW 2000, S. 2800, 2802; zu „win-win-Situationen“ in Nachbarschafts- und Mietrechtsstreitigkeiten vgl. Schuster, Rechtsbefriedung, S. 109 ff.

480 Vgl. Breidenbach/Gläßer, ZKM 2001, S. 11, 14 f.; Nickl, AnwBl 2004, S. 12, 13; Rüssel, NJW 2000, S. 2800, 2802.

481 So auch Feix, Streitbeilegung, S. 158.

482 Feix, Streitbeilegung, S. 160.

Aufgrund der Vorgaben des SchAG NRW dürften derartige Gebühren in der obligatorischen außergerichtlichen Streitschlichtung in Nordrhein-Westfalen, insbesondere in Bagatellstreitigkeiten, kaum durchsetzbar sein[484].

Bei einer Fortdauer des Schlichtungserfordernisses sollte der nordrhein-westfälische Gesetzgeber weiterhin eine möglichst weitreichende Ausweitung des Angebots an verschiedenartigen Schlichtungsinstitutionen anstreben. Es wird aber auch insofern dabei bleiben, dass gute Schlichtungsqualität für 10,- bis 25,- EUR Pauschalhonorar nicht zu haben ist[485].

III. Eignung des Schlichtungsverfahrens

Als mögliche Gründe für die geringen Auswirkungen des außergerichtlichen obligatorischen Schlichtungsverfahrens werden auch Mängel im Schlichtungsverfahren angeführt.

1. Obligatorischer Charakter

Die obligatorische Ausgestaltung des außergerichtlichen Schlichtungserfordernisses war von Beginn der Diskussion an einer der heftigsten Streitpunkte.

a) Meinungsstand in der Literatur

In der Literatur wird teilweise kritisiert, dass das außergerichtliche Schlichtungsverfahren obligatorisch ausgestaltet ist[486]. Insbesondere wird darauf verwiesen, dass eine Schlichtung nur dann sinnvoll erscheine, wenn sie auf einer freiwilligen Mitwirkung der Parteien beruhe[487]. Außerdem führe der Zwang dazu, dass die Gütestelle nicht nur in den für eine Schlichtung gene-

---

[483] Vgl. Ponschab, AnwBl 1997, S. 520, 521, der die Stundenhonorare für in der Schlichtung tätige Anwälte bereits für das Jahr 1997 mit 200,- bis 500,- DM beziffert.

[484] In Bayern fallen demgegenüber für die im Wesentlichen von Rechtsanwälten und Notaren durchgeführten Schlichtungsverfahren zwischen 50,- und 150,- EUR zuzüglich einer Auslagenpauschale in Höhe von 20,- EUR an (vgl. Art. 13 BaySchlG).

[485] Zum inneren Zusammenhang zwischen adäquater Honorierung und qualitativ hochwertiger Streitschlichtung vgl. bereits Prütting, DJT 62, S. O 11, O 25.

[486] Greger, ZRP 1998, S. 183, 184; Gottwald, WM 1998, S. 1257, 1264; Stadler, NJW 1998, S. 2479, 2482; Stickelbrock, JZ 2002, S. 633, 637; Katzenmeier, ZZP 115, S. 51, 87; Strempel, ZRP 1998, S. 319, 322.

[487] Stickelbrock, JZ 2002, S. 633, 637.

rell geeigneten Fällen angerufen werde, sondern auch dann, wenn eine Einigung von vorneherein ausgeschlossen erscheine[488].

Demgegenüber wird teilweise unter Hinweis auf andere Rechtsordnungen die Auffassung vertreten, gerade der Zwang zur außergerichtlichen Schlichtung könne zu deren Erfolg beitragen[489]. Er erhöhe die Bekanntheit außergerichtlicher Verfahren und könne auch bei solchen Parteien eine Einigung bewirken, die ein Verfahren zur alternativen Konfliktbeilegung nie in Erwägung gezogen hätten[490].

b) Stellungnahme

Das *Effizienz*defizit des obligatorischen außergerichtlichen Schlichtungsverfahrens beruht nicht vorrangig auf dessen obligatorischer Ausgestaltung. Vielmehr hat gerade die obligatorische Ausgestaltung des Schlichtungserfordernisses immerhin dazu geführt, dass die Gütestellen stärker in Anspruch genommen wurden[491].

Gleichwohl ist der obligatorische Charakter vor dem Hintergrund der tatsächlichen Auswirkungen zu kritisieren. Da die Schlichtungsobligation - wie jede einseitig aufoktroyierte staatliche Maßnahme - einerseits ein *Akzeptanz*hindernis für außergerichtliche Konfliktlösungsansätze darstellt, und der obligatorische Charakter auf der anderen Seite aufgrund der Umgehungsmöglichkeiten jedenfalls nicht zu einer *erheblich* stärkeren Inanspruchnahme außergerichtlicher Streitbeilegungsverfahren geführt hat[492], trägt er wesentlich zur Verfehlung von zwei der erklärten Ziele des obligatorischen außergerichtlichen Schlichtungsverfahrens bei, nämlich der (merklichen) Entlastung der Gerichte und der Förderung der konsensualen Streitbeilegung zur Sicherung dauerhaften Rechtsfriedens[493].

---

488 Katzenmeier, ZZP 115, S. 51, 87.
489 Jenkel, Streitschlichtungsversuch, S. 51 ff.; Schuster, Rechtsbefriedung, S. 66 ff.
490 Jenkel, Streitschlichtungsversuch, S. 51.
491 Vgl. zum Anstieg der Inanspruchnahme der Schiedsämter in bürgerlich-rechtlichen Angelegenheiten Kapitel IV A).
492 Vgl. zum Auseinanderfallen der ursprünglichen Prognosen und der tatsächlichen Auswirkungen Kapitel IV A).
493 Vgl. BT-Drucks. 14/980 S. 1 ff.

2. Einseitig verbindlicher Charakter des Schlichtungsverfahrens

Das Schlichtungsverfahren ist nur für den Antragsteller verbindlich. Eine Erscheinenspflicht des Antragsgegners besteht nicht[494]. Auch hierin wird ein Effizienzproblem des obligatorischen außergerichtlichen Schlichtungsverfahrens gesehen.

a) Auffassung der Literatur

Im Schrifttum wird insbesondere kritisiert, dass die Schiedsämter und sonstigen Gütestellen keine Zwangsmittel besitzen, die Parteien verbindlich zu einem Schlichtungstermin zu bestellen[495]. Diese Kritik trifft zumindest in den Ländern zu, in denen Ordnungsgelder im Falle verschuldeter Säumnis einer der Parteien nicht (mehr) vorgesehen sind. Die frühere Möglichkeit, gegen die im Termin unentschuldigt ausbleibende Partei Ordnungsgeld zu verhängen[496], ist in Nordrhein-Westfalen im Zuge der Umsetzung des § 15 a EGZPO für die Schiedsämter abgeschafft worden. Für sonstige Gütestellen besteht ohnehin keine gesetzliche Befugnis, Ordnungsmittel zu verhängen.

b) Stellungnahme

Echte Säumnisfolgen bestehen zumindest für den Antragsgegner im Schlichtungsverfahren nicht. Während im Falle der Säumnis des Antragstellers das Ruhen des Verfahrens eintritt[497], „droht" dem Antragsgegner im Falle seiner verschuldeten Säumnis nur die Erteilung der Erfolglosigkeitsbescheinigung an den Antragsteller[498]. Damit kann der Antragsgegner sich durch schlichtes Nichterscheinen der wirksamen Schlichtung entziehen. Die Erfolgsaussicht des Schlichtungsverfahrens wird dadurch

---

494 § 22 SchAG NRW sieht zwar eine Pflicht zum Erscheinen vor. Das Nichterscheinen des Antragsgegners ist aber gem. § 23 SchAG NRW nicht sanktioniert.

495 Röhl, SchsZtg 2000, S. 317, 319; Schulte, SchsZtg 2002, S. 165, 169; Resolution der 15. Bundesvertreterversammlung des Bundes Deutscher Schiedsmänner und Schiedsfrauen e.V., SchsZtg 2000, S. 30, 31; a.A. wohl Ott, Konfliktbeilegung, S. 77, die schon die Pflicht zum persönlichen Erscheinen nur in freiwillig eingeleiteten Verfahren positiv bewertet.

496 § 23 Abs. 3 SchAG NRW a.F. sah ein Ordnungsgeld in Höhe von 20 Deutsche Mark bis 150 Deutsche Mark für den Fall vor, dass eine Partei ohne genügende Entschuldigung ausblieb.

497 Vgl. § 23 Abs. 1 SchAG NRW.

498 Vgl. §§ 23 Abs. 2 SchAG NRW; 13 Abs. 1 GüSchlG NRW.

selbstredend erheblich reduziert. Für das Jahr 2000 war daher auch folgerichtig feststellbar, dass die Anzahl der Schlichtungsverfahren in bürgerlich-rechtlichen Streitigkeiten um 702 Verfahren anstieg, gleichzeitig allerdings die Erscheinensquote, also die Anzahl der Fälle, in denen beide Parteien zum Termin erschienen, von 89,8 % im Jahr 1999 auf 84 % im Jahr 2000 sank[499].
Gleichwohl ist die Einführung einer ordnungsgeldbewehrten Erscheinenspflicht des Antragsgegners nicht sinnvoll[500]. Die geringe Vergleichsquote im Falle des Erscheinens beider Parteien[501] zeigt, dass selbst bei offensichtlich vorhandener grundsätzlicher Gesprächsbereitschaft beider Parteien eine erfolgreiche Schlichtung in nicht einmal der Hälfte der Fälle erreicht wird. Erscheint der Antragsgegner nicht freiwillig, so ist davon auszugehen, dass es ihm von vorneherein an einer Einigungsbereitschaft fehlt.

Dem aus dem einseitig verbindlichen Charakter des obligatorischen außergerichtlichen Schlichtungsverfahrens resultierenden Problem sollte vielmehr dadurch begegnet werden, dass dem Antragsteller bei erkennbarer Verweigerung des Antragsgegners, etwa durch schriftliche Mitteilung seines Nichterscheinens, die Erfolglosigkeitsbescheinigung im schriftlichen Verfahren erteilt werden kann. Zur Verkürzung des Verfahrens könnte dem Antragsgegner mit der Ladung zum Schlichtungstermin eine Frist zur Mitteilung gesetzt werden, ob er an dem Termin teilnimmt. Bleibt die Mitteilung aus, könnte dem Antragsteller die Erfolglosigkeitsbescheinigung unmittelbar nach Fristablauf unter gleichzeitiger Aufhebung des Termins erteilt werden[502].

3. Vertretungsbefugnis

Mit dem Fehlen einer durchsetzbaren Erscheinenspflicht des Antragsgegners geht das Problem der Vertretungsbefugnis einher. Den Parteien ist es im obligatorischen außergerichtlichen Schlichtungsverfahren freigestellt, sich von Dritten, insbesondere von Rechtsanwälten, vertreten zu lassen (§ 22 Abs. 3 SchAG NRW).

---

[499] Vgl. Schmidt, SchsZtg 2001, S. 272, 273.
[500] Ebenso Röhl, Gutachten, S. 10.
[501] Vgl. oben Kapitel IV A).
[502] So auch Feix, Streitbeilegung, S. 213.

a) Meinungsstand in der Literatur

Die Vertretungsbefugnis im Schlichtungsverfahren ist im Schrifttum im Hinblick darauf, dass die Partei in der Schlichtungsverhandlung nicht persönlich erscheinen muss, auf Kritik gestoßen[503]. Es wird in der Literatur zudem darauf hingewiesen, dass die anwaltliche Vertretung von Parteien im Schlichtungsverfahren in finanzieller Hinsicht völlig uninteressant sei und das Honorar im Falle einer Einigung nicht den Aufwand des Anwalts decke[504].

Andererseits wird dem Schlichtungserfordernis auch der unausgesprochene Zweck zugeschrieben, Anwälte von einer energischen Verfolgung der in § 15 a EGZPO genannten Ansprüche abzuschrecken, da das obligatorische außergerichtliche Schlichtungsverfahren für sie wesentlich arbeitsaufwendiger sei[505].

Andere Stimmen in der Literatur sehen in der anwaltlichen Vertretung im Schlichtungsverfahren keinen Grund für dessen Scheitern[506]. Dagegen spreche insbesondere der Umstand, dass aufgrund der Anrechnung gem. § 65 Abs. 1 S. 2 BRAGO das Gebühreninteresse des Anwalts gerade nicht gegen eine endgültige Einigung der Parteien im Schlichtungsverfahren spreche[507]. Im Übrigen diene die Beteiligung von Anwälten gerade dazu, vorab zu klären, ob sich von vorneherein unvereinbare Positionen gegenüberstehen und deshalb ohnehin eine gütliche Beilegung des Streits nicht in Betracht komme. Dadurch würden aussichtslose Fälle erst gar nicht weiterverfolgt[508]. Außerdem gehöre die anwaltliche Vertretung zu den Wesenselementen eines rechtsstaatlichen Verfahrens[509].

---

503 Schulte, SchsZtg 2002, S. 165, 169.
504 Heck, AnwBl 2000, S. 596, 598 f.
505 Stein/Jonas/Schlosser, ZPO, § 15 a EGZPO Rn. 1.
506 Feix, Streitbeilegung, S. 211; Lauer, NJW 2004, S. 1280, 1281; Schmidt, SchsZtg 2001, S. 272, 274 f.; Schuster, Rechtsbefriedung, S. 65 f.
507 Feix, Streitbeilegung, S. 211; Lauer, NJW 2004, S. 1280, 1281.
508 Vgl. Lauer, NJW 2004, S. 1280, 1281.
509 Schmidt, SchsZtg 2001, S. 272, 274 f.

b) Stellungnahme

Es stellt sicherlich einen Grund für die mangelnde Effizienz des obligatorischen außergerichtlichen Schlichtungsverfahrens dar, dass die Parteien sich im Schlichtungsverfahren vertreten lassen können. Aus der gerichtlichen Vergleichspraxis ist bekannt, dass Einigungen überhaupt nur oder jedenfalls leichter zu erzielen sind, wenn die Parteien persönlich anwesend sind.

Bei anwaltlicher Vertretung liegt zunächst die Umgehung der Schlichtung durch Einleitung eines Mahnverfahrens nahe, da dieses Verfahren schriftlich, ohne mündliche Verhandlung, schnell und verhältnismäßig unkompliziert durchzuführen ist. Es erscheint zwar überzogen, wenn teilweise der Rat des Rechtsanwalts zum Mahnverfahren als quasi-obligatorisch angesehen wird[510]. Gleichwohl dürfte die Umgehung des Schlichtungsverfahrens durch das Mahnverfahren bei anwaltlicher Vertretung der Regelfall sein, da das Mahnverfahren den Vorteil der kürzeren Verfahrensdauer bei gleichzeitig weniger anwaltlichem Aufwand bietet. Zudem ist davon auszugehen, dass im Falle beiderseitiger anwaltlicher Vertretung bereits in der Vorkorrespondenz eine mögliche einvernehmliche Beendigung des Streits geprüft und erwogen wird. Ergibt sich bei dieser Prüfung, dass der Streit einer konsensualen Lösung nicht zugänglich ist, so macht für beide Seiten ein weiterer Schlichtungsversuch vor der Gütestelle keinen Sinn.

Unter dem Gesichtspunkt des Gebühreninteresses dürfte die Beteiligung des Anwalts an der obligatorischen außergerichtlichen Streitschlichtung dessen Effizienz nicht negativ beeinflusst haben. Im Ergebnis unterschied sich der anwaltliche Gebührenanspruch bei außergerichtlicher Einigung nach der bis zum 30. Juni 2004 geltenden Rechtslage (2,5 Gebühren gem. § 65 Abs. 2 BRAGO) von dem des gerichtlichen Verfahrens (3 Gebühren bei Urteil nach Beweisaufnahme gem. § 31 Abs. 1 Nr. 1 - 3 BRAGO) kaum.

Nicht diskutiert wird bislang die Frage, ob unter Haftungsgesichtspunkten die Vertretung durch Anwälte einer Einigung im Schlichtungsverfahren entgegensteht. In der Vergleichssituation werden an den beratenden

---

[510] Vgl. Kapitel IV B) IV. 3. b) aa).

Rechtsanwalt hohe Anforderungen gestellt[511]. Der Rechtsanwalt muss den Mandanten über die Für und Wider des Vergleiches und die damit verbundenen Folgen belehren. Dabei muss er alle Vor- und Nachteile so gewissenhaft bedenken, wie ihm dies auf Grund seiner Informationen, Erfahrungen und Erkenntnisse im Zeitpunkt der Vergleichsverhandlung möglich ist[512]. Die Situation im Schlichtungsverfahren unterscheidet sich insofern zwar nicht von derjenigen des gerichtlichen Verfahrens. Gleichwohl kann nicht ausgeschlossen werden, dass der Anwalt eher zu einem Vergleich rät, der von dem Gericht vorgeschlagen wird, als zu einem solchen, der, etwa bei unklarer Rechtslage, von dem Schlichter angeregt wird, denn der Empfehlung des Vergleichs durch das Gericht kommt im Hinblick auf das Vorliegen oder Nichtvorliegen einer Pflichtverletzung eine erhebliche Indizwirkung zu Gunsten des Rechtsanwalts zu[513]. Diese Indizwirkung besteht für das Anraten des Schlichters nicht.

4. Mangelnde Sachverhaltsaufklärung

Im obligatorischen außergerichtlichen Schlichtungsverfahren findet eine Beweisaufnahme nicht statt. Fraglich ist, ob hieraus ein Effizienz- oder Akzeptanzdefizit der Schlichtungsobligation resultiert.

a) Auffassung der Literatur

In der Literatur wird kritisiert, dass im Schlichtungsverfahren eine Sachverhaltsaufklärung nicht oder jedenfalls nur in geringem Umfang möglich und vorgesehen sei[514]. Es fehle auch die Möglichkeit, das tatsächliche Ergebnis der Schlichtung im späteren Rechtsstreit zu verwerten[515].

b) Stellungnahme

Bereits im Vorfeld des Inkrafttretens des § 15 a EGZPO war diskutiert worden, ob das außergerichtliche Schlichtungsverfahren mit dem selbstän-

---

[511] Vgl. dazu zuletzt Klos, NJW 2004, Heft 26, S. XXVI; zur Anwaltshaftung für Richterfehler vgl. Teschner, OLGR 2004, S. K 33 ff.

[512] BGH, VersR 1968, S. 450.

[513] Vgl. OLG Frankfurt, NJW 1988, S. 3269.

[514] Jansen, Streitschlichtung, S. 321 ff.; Schilken, Festschrift für Ishikawa, S. 482 f.; Heck, AnwBl 2000, S. 596, 600.

[515] Vgl. dazu bereits BR-Drucks. 605/96 S. 59.

digen Beweisverfahren verknüpft werden könnte[516]. Diese Lösung ist allerdings auf erhebliche, insbesondere verfassungsrechtliche Bedenken gestoßen[517]. Kritisiert wurde insbesondere, dass dem Schlichter durch die Verlagerung der Beweiserhebung eine rechtsprechende Funktion eingeräumt würde[518]. Das sei weder mit dem Rechtsprechungsmonopol (Art. 92 GG) noch mit dem Anspruch auf rechtliches Gehör (Art. 103 Abs. 1 GG) vereinbar[519].

In der jetzigen Ausgestaltung findet weder eine Beweisaufnahme statt noch sind die Ergebnisse der Schlichtungsverhandlung sonst verwertbar. Insbesondere kommt die Vernehmung des Schlichters als Zeuge nicht in Betracht[520].

Gleichwohl dürfte hierin kein Grund für die mangelnde Akzeptanz des außergerichtlichen obligatorischen Schlichtungsverfahrens zu sehen sein. Im Schlichtungsverfahren sollen gerade die rechtlichen Aspekte zurücktreten. Es soll eine Konfliktlösung gefunden werden, die sich vor allem am Interesse der Parteien orientiert. Sofern die Parteien zur Vermeidung eines Rechtsstreits die Klärung von Tatsachen begehren, steht ihnen für die meisten Fälle das selbständige Beweisverfahren gem. § 485 ff. ZPO zur Verfügung, das nach seiner Konzeption ebenfalls auf die Vermeidung eines anschließenden Rechtsstreits gerichtet ist (vgl. § 485 Abs. 2 S. 2 ZPO).

Ein Effizienzdefizit kann in dem Fehlen der Sachverhaltsaufklärung im obligatorischen außergerichtlichen Schlichtungsverfahren demgegenüber durchaus gesehen werden. In der gerichtlichen Praxis kommt es in vielen Fällen erst nach durchgeführter Beweisaufnahme zu einer Einigung der Parteien. Deshalb soll das Gericht auch in jeder Lage des Verfahrens auf eine gütliche Beilegung des Rechtsstreits oder einzelner Streitpunkte be-

---

516 Sog. „Kombinationsmodell", vgl. Behrens, RuP 1997, S. 73 ff.; ders., DRiZ 1997, S. 236, 238.

517 Stadler, NJW 1998, S. 2479, 2485 ff.; Jansen, Streitschlichtung, S. 323 ff.; Schilken, Festschrift für Ishikawa, S. 482 f.

518 Jansen, Streitschlichtung, S. 323 f.

519 Jansen, Streitschlichtung, S. 324; Stadler, NJW 1998, S. 2479, 2485.

520 Vgl. Kapitel IV B) III. 8.

dacht sein (§ 278 Abs. 1 ZPO). Diese Fälle sind im obligatorischen außergerichtlichen Schlichtungsverfahren von vorneherein zum Scheitern verurteilt. Es handelt sich insofern um ein systemimmanentes unabänderbares Effizienzhindernis.

5. Verfahrensdauer

Gem. § 13 Abs. 1 S. 2 GüSchlG NRW ist die Dauer des Schlichtungsverfahrens im Regelfall auf höchstens drei Monate begrenzt. Ob diese Verfahrensdauer ein Argument für oder gegen das außergerichtliche obligatorische Schlichtungsverfahren ist, wird unterschiedlich bewertet.

a) Meinungsstand in der Literatur

Die gesetzliche Höchstdauer des Schlichtungsverfahrens wird von einem Teil der Literatur als Argument für das außergerichtliche obligatorische Schlichtungsverfahren angesehen, da die durchschnittliche Verfahrensdauer in Zivilverfahren vor dem Amtsgericht über diesem Wert liege[521].

Das obligatorische außergerichtliche Schlichtungsverfahren wird demgegenüber von einem anderen Teil der Literatur unter dem Gesichtspunkt, dass es im Falle des Scheiterns des Schlichtungsversuchs die Gesamtverfahrensdauer erheblich erhöhe, kritisiert[522]. Die Vertreter dieser Auffassung weisen darauf hin, dass der *erfolglose* Schlichtungsversuch nahezu zu einer Verdoppelung der Gesamtverfahrensdauer führen könne, da die amtsgerichtlichen Verfahren in einigen Bundesländern durchschnittlich 3,6 bzw. 3,9 Monate und im Bundesdurchschnitt 4,5 Monate dauerten[523].

b) Stellungnahme

Bei der Bewertung des obligatorischen außergerichtlichen Schlichtungsverfahrens als Zulässigkeitserfordernis für zivilgerichtliche Klagen ist zum

---

[521] Vgl. Prütting/Prütting, Streitschlichtung, Rn. 72; Jansen, Streitschlichtung, S. 34; Weiß, DJT 62, S. O 37, O 40; Schuster, Rechtsbefriedung, S. 53 ff.; für das freiwillige außergerichtliche Güteverfahren ebenso Feix, Streitbeilegung, S. 92.

[522] Vgl. Stickelbrock, JZ 2002, S. 633, 635; Stadler, NJW 1998, S. 2479, 2483 f.; Ott, Konfliktbeilegung, S. 80; zum freiwilligen außergerichtlichen Güteverfahren Feix, Streitbeilegung, S. 120 f.

[523] Vgl. Stadler, NJW 1998, S. 2479, 2483 f.

einen eine vergleichende Betrachtung zu anderen Möglichkeiten der Herbeiführung der Zulässigkeit der Klage anzustellen. Setzt man die Dreimonatsfrist des § 13 Abs. 1 S. 2 GüSchlG NRW ins Verhältnis zu einem alternativ durchgeführten Mahnverfahren, das für den Rechtsuchenden in den meisten Fällen eine naheliegende Alternative zur außergerichtlichen Streitschlichtung darstellt, so dürfte dessen Dauer im Falle des Widerspruchs innerhalb der Frist des § 692 Abs. 1 Nr. 2 ZPO und selbst im Falle des Einspruchs gegen den Vollstreckungsbescheid in der Frist der §§ 700 Abs. 1, 339 Abs. 1 ZPO erheblich kürzer sein, so dass die Sache zügiger bei dem Streitgericht vorliegt als bei Vorschaltung des Schlichtungsverfahrens. Das gilt selbst dann, wenn man davon ausgeht, dass in den meisten Schlichtungsverfahren die Höchstfrist von drei Monaten nicht ausgeschöpft wird[524].

Im Übrigen ist die Gesamtverfahrensdauer zu bewerten. Wird dabei berücksichtigt, dass der Antragsteller des Schlichtungsverfahrens nicht sicher davon ausgehen kann, dass der Schlichtungsversuch auch erfolgreich sein wird, dürfte der Antragsteller bei der Überlegung, ob er das Schlichtungsverfahren oder – soweit zulässig – das Mahnverfahren wählt, in den Fällen, in denen er nicht mit einer einvernehmlichen Konfliktlösung rechnet, das schnellere und einfachere Mahnverfahren wählen. Selbst dann, wenn er eine Einigung für möglich hält, wird er in vielen Fällen das Mahnverfahren wählen. Die Regelung des § 278 Abs. 2 ZPO bietet ihm nämlich die Möglichkeit, auch nach erfolgtem Widerspruch des Antragsgegners im streitigen Verfahren noch zu einer einvernehmlichen Lösung zu gelangen, ohne dass er zuvor auf den Versuch, im Mahnverfahren zu einem schnellen und kostengünstigen Titel zu gelangen, verzichten muss.

Faktisch führt demgegenüber das erfolglos durchgeführte außergerichtliche Schlichtungsverfahren zu einer deutlichen Verfahrensverzögerung - ausgehend von der gesetzlichen Höchstdauer von drei Monaten bei vielen Amts-

---

[524] Nach den für Nordrhein-Westfalen erhobenen Zahlen waren bei den Schiedsämtern 96,3 % der Verfahren innerhalb von sieben Wochen abgeschlossen (vgl. Röhl, Gutachten, S. 74).

gerichten zu einer zeitlichen Verdoppelung[525] - und zu einer Verhärtung der Fronten und Perpetuierung der Standpunkte, so dass auch eine Einigung im anschließenden gerichtlichen Verfahren weniger wahrscheinlich ist.

Der Antragsteller wird sich demzufolge für das Schlichtungsverfahren allenfalls dann entscheiden, wenn er mit einer Einigung sicher rechnet. Anderenfalls sprechen die zeitlichen Momente für die Umgehung des Schlichtungsverfahrens durch das Mahnverfahren.

6. Zeitpunkt

Die außergerichtliche obligatorische Streitschlichtung findet vor dem gerichtlichen Verfahren statt. Die Ausgestaltung als präforensisches Verfahren ist nicht zwingend. Es ist durchaus denkbar, auch innerhalb des Zivilprozesses eine Schlichtungsobligation einzuführen, auf die der erkennende Richter die Parteien verweisen könnte[526]. Es wird deshalb diskutiert, ob der zwingend *vor* dem gerichtlichen Verfahren liegende Schlichtungszeitpunkt einen der Gründe für die mangelnde Akzeptanz und Effizienz des außergerichtlichen obligatorischen Schlichtungsverfahrens darstellt.

a) Meinungsstand in der Literatur

In der Literatur wird kritisch bewertet, dass der Zeitpunkt des Vorverfahrens nicht immer zur gütlichen Streitbeilegung geeignet sei[527]. Vielmehr könne gerade in einem späteren Stadium eines gerichtlichen Verfahrens durch richterliche Hinweise und aufgrund durchgeführter Beweisaufnah-

---

[525] Im Jahre 1998 wurden bundesweit 49,8 % der amtsgerichtlichen Zivilverfahren innerhalb von drei Monaten erledigt; die durchschnittliche Erledigungsdauer aller Verfahren lag bei 4,6 Monaten (vgl. Statistisches Bundesamt, Rechtspflege, Fachserie 10, Reihe 2, 1998, S. 104); im Jahr 2001 wurden 52,3 % aller amtsgerichtlichen Verfahren innerhalb von drei Monaten erledigt und die durchschnittliche Dauer je Verfahren lag bei 4,3 Monaten (vgl. Statistisches Bundesamt, Rechtspflege, Fachserie 10, Reihe 2, 2001, S. 46).

[526] Sog. Verweisungsmodell; vgl. zum Verweisungsmodell auf obligatorischer Basis: Feix, Streitbeilegung, S. 237.

[527] Prütting/Prütting, Streitschlichtung, Rn. 80; Stadler NJW 1998, S. 2479, 2482; Greger, ZRP 1998, S. 183, 185; Stickelbrock, JZ 2002, S. 633, 638; Katzenmeier, ZZP 115, S. 51, 90; Feix, Streitbeilegung, S. 154; Prütting, JZ 1985, S. 261, 268.

men die Vergleichsbereitschaft der Parteien zunehmen, wenn sie ihre Prozesschancen und Risiken klarer erkennen[528].

Teilweise wird in der Literatur demgegenüber vertreten, gerade durch die frühzeitige Behandlung der Konflikte könne eine Eskalation und eine Verhärtung der Fronten vermieden werden[529]. Außerdem bestehe nur dann, wenn das Schlichtungsverfahren vor dem gerichtlichen Verfahren stattfinde, die Möglichkeit, ein gerichtliches Verfahren und damit Zeitverlust zu vermeiden[530].

b) Stellungnahme

Die Bedenken an der starren Ausgestaltung des präforensischen Schlichtungsverfahrens sind berechtigt. Die Verschiedenartigkeit der Streitigkeiten verlangt eine flexible Handhabung der Einigungsansätze und -zeitpunkte. Streiten die Parteien im Wesentlichen über eine Tatsachenfrage, so bedeutet dies nicht, dass eine Einigung völlig ausgeschlossen ist. Es kann allerdings bedeuten, dass eine Einigung erst nach der Durchführung einer Beweisaufnahme möglich wird. Deshalb soll das Gericht auch in jeder Lage des Verfahrens auf eine gütliche Beilegung des Rechtsstreits oder einzelner Streitpunkte bedacht sein (vgl. § 278 Abs. 1 ZPO). Nicht selten wird ein Vergleich nicht zu Beginn des Verfahrens sondern erst in einem zweiten oder dritten Termin bzw. erst nach durchgeführter Beweisaufnahme geschlossen. Demgegenüber endet die außergerichtliche Streitschlichtung auch und bereits dann, wenn eine Einigung lediglich „zurzeit" oder „nach dem bisherigen Erkenntnisstand" nicht möglich ist. Die dadurch automatisch reduzierte Erfolgsquote des außergerichtlichen Schlichtungsverfahrens verhindert sowohl eine größere Akzeptanz als auch eine höhere Effizienz der Schlichtungsobligation.

---

[528] Prütting/Prütting, Streitschlichtung, Rn. 80; ders. JZ 1985, S. 261, 268; Breidenbach/Henssler/Prütting, Mediation für Juristen, S. 66; Stickelbrock, JZ 2002, S. 633, 638.

[529] Schuster, Rechtsbefriedung, S. 78.

[530] Schuster, Rechtsbefriedung, S. 78.

7. Nichtöffentlichkeit

Das außergerichtliche obligatorische Schlichtungsverfahren unterscheidet sich auch dadurch vom gerichtlichen Zivilprozess, dass es nichtöffentlich stattfindet. Ob die Nichtöffentlichkeit für die dem Schlichtungserfordernis unterworfenen Streitigkeiten von besonderer Bedeutung ist und ob sie zur verstärkten Nutzung und Akzeptanz des Verfahrens beitragen kann, ist fraglich.

a) Auffassung der Literatur

Die Nichtöffentlichkeit wird als starkes Argument für das obligatorische außergerichtliche Schlichtungsverfahren und sonstige außergerichtliche Konfliktlösungsverfahren angesehen[531]. Die Nichtöffentlichkeit habe den Vorteil für die Parteien, dass dadurch die Vergleichsbereitschaft erhöht, Geschäftsgeheimnisse gewahrt, Beziehungen zwischen den Parteien oder zu Dritten weniger belastet und öffentliche Berichterstattungen durch die Presse vermieden werden könnten[532].

b) Stellungnahme

Die Argumente erscheinen auf den ersten Blick zwar schlagend, dürften indes für die der Schlichtungsobligation unterworfenen Streitigkeiten kaum Bedeutung haben, so dass sie auch nicht dazu geeignet sind, die Akzeptanz des präforensischen Schlichtungserfordernisses zu erhöhen. Das amtsgerichtliche Zivilverfahren findet de facto ohnehin weit überwiegend ohne Öffentlichkeit statt. Insbesondere die Belastung der Parteien durch die sog. Medienöffentlichkeit[533] erscheint in den vermögensrechtlichen Streitigkeiten mit geringem Wert, den nachbarrechtlichen Streitigkeiten sowie den Streitigkeiten wegen Ehrverletzungen, die nicht in Presse oder Rundfunk begangen worden sind, eher gering. Dort, wo sie existiert, ist sie im Zweifel von den Parteien gewollt und initiiert. Es liegt faktisch bei den Parteien, ob sie Dritte von einem Verhandlungstermin in Kenntnis setzen und damit

---

531 Hofmann, SchsZtg 2002, S. 25; Prütting/Prütting, Streitschlichtung, Rn. 74; Katzenmeier, ZZP 115, S. 51, 72 f.; Gottwald, AnwBl 2000, S. 265, 269; Prütting, JZ 1985, S. 261, 268; Hager, Konsens, S. 43; Jenkel, Streitschlichtungsversuch, S. 31 f.; Schuster, Rechtsbefriedung, S. 103.

532 Prütting/Prütting, Streitschlichtung, Rn. 73; Prütting, JZ 1985, S. 261, 268.

533 Zum Begriff vgl. Katzenmeier, ZZP 115, S. 51, 73.

eine begrenzte tatsächliche Öffentlichkeit herstellen, oder ob sie über Verhandlungstermine Stillschweigen vereinbaren. Nicht von den Parteien initiierte Presseberichte finden an durchschnittlichen amtsgerichtlichen Sitzungstagen nicht oder nur in sehr begrenztem Umfang statt.

Wollen die Parteien eine öffentliche Berichterstattung übereinstimmend und sicher vermeiden, steht es ihnen frei, sich der fakultativen außergerichtlichen Konfliktlösung, etwa durch Mediation, anzuvertrauen. Insoweit bedarf es der Obligation von vorneherein nicht.

8. Vertraulichkeit des Schlichtungsverfahrens

Im obligatorischen außergerichtlichen Schlichtungsverfahren bestehen keine spezifischen gesetzlichen Vorgaben, die die Vertraulichkeit der in der Schlichtung offenbarten Informationen sichern[534].

a) Auffassung der Literatur

In der Literatur wird kritisiert, dass im Hinblick auf im Schlichtungsverfahren offenbar gewordene vertrauliche Informationen erhebliche Schutzlücken bestünden[535]. Das Wissen dritter Verfahrensbeteiligter könne im Wege des Zeugenbeweises in den Folgeprozess eingeführt werden; im Übrigen verbleibe die Gefahr, dass im Schlichtungsverfahren offenbarte Informationen mit anderen als unmittelbar aus dem Schlichtungsverfahren resultierenden Beweismitteln unter Beweis gestellt würden[536].

b) Stellungnahme

Das letztgenannte Argument ist keines, das für die obligatorische außergerichtliche Streitschlichtung von besonderer Bedeutung ist. Vielmehr gilt für alle auf einvernehmliche Streitbeilegung gerichteten Gespräche zwischen den Parteien, dass im Rahmen der Verhandlungen offenbarte Informationen im anschließenden Gerichtsverfahren verwertet und unter Beweis gestellt

---

[534] Zum Problem der Vertraulichkeit des Mediationsverfahrens vgl. Eckardt/Dendorfer, MDR 2001, S. 786 ff.; Groth/v. Bubnoff, NJW 2001, S. 338 ff.; Mähler/Mähler, ZKM 2001, S. 4 ff.; zur Verwertbarkeit von Ergebnissen fakultativer Schlichtungsverfahren in anderen Verfahren vgl. Walter, ZZP 103, S. 141, 166 f.

[535] Feix, Streitbeilegung, S. 111; Schuster, Rechtsbefriedung, S. 89 ff.

[536] Feix, Streitbeilegung, S. 111; Schuster, Rechtsbefriedung, S. 90.

werden können. Insofern unterscheidet sich das obligatorische außergerichtliche Schlichtungsverfahren nicht von jedem fakultativ durchgeführten Konfliktbeilegungsverfahren oder außergerichtlichen Vergleichsgespräch.

Demgegenüber kommt dem erstgenannten Argument einiges Gewicht zu, allerdings eher für als gegen das obligatorische außergerichtliche Schlichtungsverfahren. Für die professionell am außergerichtlichen Schlichtungsversuch Beteiligten greifen überwiegend Zeugnisverweigerungsrechte ein. Für den als Schlichter tätigen Rechtsanwalt folgt dies aus § 383 Abs. 1 Nr. 6 ZPO, § 43 a Abs. 2 BRAO, für den Schiedsmann aus § 10 SchAG NRW. Dadurch können gerade die professionell am Schlichtungsverfahren Beteiligten nicht als Zeugen in einem Folgeprozess vernommen werden. Das erhöht wiederum die Offenheit der Schlichtungsverhandlung und deren Erfolgschancen.

9. Mangelnde Titelkompetenz der Gütestellen

Im obligatorischen außergerichtlichen Schlichtungsverfahren kann lediglich der protokollierte Vergleich gem. § 794 Abs. 1 Nr. 1 ZPO als Vollstreckungstitel geschaffen werden. Dies wird teilweise als unzureichend angesehen.

a) Auffassung der Literatur

In der Literatur wird teilweise gefordert, den anerkannten Gütestellen, insbesondere den Schiedsämtern, weitere Befugnisse zur Schaffung von Titeln für den Fall des Anerkenntnisses oder der Säumnis, also die Kompetenz zum Erlass sog. Anerkenntnis- und Versäumnisbescheide, zuzubilligen[537].

b) Stellungnahme

Die Forderung nach weiteren Titelkompetenzen wirft tatsächliche und rechtliche Fragen auf. Zunächst würde durch eine Erweiterung der Titelkompetenzen das außergerichtliche obligatorische Schlichtungsverfahren zu einem quasi-gerichtlichen werden. Damit würde aber der Sinn und Zweck des Schlichtungsverfahrens ad absurdum geführt. Statt die Gerichte

---

[537] Väth, SchsZtg 2002, S. 237, 240.

zu entlasten und die Konsensbereitschaft der Parteien zu fördern, würden weitere autoritäre Streitentscheidungsstellen geschaffen.

Verfassungsrechtlich würde mit der Verlagerung der Titelkompetenz auf die Schlichtungsstellen der staatliche Justizgewährungsanspruch verletzt[538]. Dieser garantiert den Zugang zu den Gerichten in Deutschland auch für Bagatellangelegenheiten[539]. Dem säumigen Antragsgegner würde aber mit einem bestandskräftigen Versäumnisbescheid faktisch der Zugang zu den Gerichten verwehrt. Im Übrigen erhielte der Nichtrichter - entgegen Art. 92 GG - quasi im Wege der Beleihung richterliche Befugnisse[540].

Außerdem stellt sich die Frage, wie der ehrenamtliche Schlichter in der Säumnissituation die Schlüssigkeit des Begehrens des Antragstellers prüfen soll. Dass er dazu in der Lage sei, wird zwar im Schrifttum behauptet; an einem Nachweis oder zumindest der schlüssigen Begründung dieser Behauptung mangelt es jedoch[541].

Sachlich birgt die Titelkompetenz des Schlichters die Gefahr, dass die Vorteile der außergerichtlichen Schlichtung, nämlich Informalität und Offenheit, verloren gehen[542]. Stattdessen würden verfahrenstaktische Überlegungen wie im Gerichtsverfahren eintreten, die den Erfolg der Schlichtung in Frage stellen[543].

Die Forderung nach weitergehenden Titelkompetenzen der Gütestellen begegnet daher erheblichen Bedenken, sowohl sachlich als auch verfassungsrechtlich. Ihr Nichtvorhandensein stellt keinen Grund für das Scheitern des

---

538 Vgl. dazu Stadler, NJW 1998, S. 2479, 2484.

539 Vgl. Grunsky, Rechtsgewährung, S. 121, 126 ff.; weitergehend Jhering, Recht, S. 16 ff., der dem Umstand, dass Prozesse geführt werden, bei denen der Wert des Streitgegenstandes außer Verhältnis zum Aufwand an Mühe und Kosten steht, als sich manifestierende Rechtsethik bewertet, und der den Widerstand gegen das Unrecht zur Pflicht des Berechtigten gegen sich selbst und gegenüber dem Gemeinwesen erhebt; vgl. dazu auch Leipold, Schlichtungsgedanke, S. 237, 245 ff.; kritisch: Greger, JZ 1997, S. 1077 ff.

540 Vgl. Stadler, NJW 1998, S. 2479, 2485.

541 Kritisch insofern auch zu dem vor dem Laienschlichter geschlossenen Vergleich und dessen Auslegung: Ott, Konfliktbeilegung, S. 75.

542 Vgl. Stadler, NJW 1998, S. 2479, 2484.

543 Stadler, NJW 1998, S. 2479, 2484.

obligatorischen außergerichtlichen Schlichtungsverfahrens dar; vielmehr würde ihre Implementierung den Gütegedanken weiter schwächen.

10. Fehlen eines schriftlichen Vorverfahrens

In der Literatur wird kritisiert, dass sämtliche Streitigkeiten unabhängig von ihrer Schlichtungseignung zur Schlichtungsverhandlung gebracht werden müssen. Diese Diskussion betrifft zum einen die Frage der *abstrakten* Formulierung der dem Schlichtungserfordernis unterworfenen Streitigkeiten[544]. Zum anderen betrifft sie die Frage der *konkreten* Schlichtungseignung des jeweiligen Streits.

a) Auffassung der Literatur

In der Literatur wird vorgeschlagen, ein schriftliches Verfahren einzuführen, in dem die Parteien einen Verzicht auf die Durchführung des Schlichtungsverfahrens erklären und so unmittelbar die Voraussetzungen für die Klageerhebung schaffen könnten[545]. Dadurch könnten die von vorneherein aussichtslosen Fälle möglichst frühzeitig ausgefiltert werden[546].

b) Stellungnahme

Die Einführung eines schriftlichen Schlichtungsvorverfahrens stellt isoliert betrachtet eine taugliche Möglichkeit dar, die Schlichtungseignung der jeweiligen Streitigkeit zu überprüfen. Betrachtet man die Konsequenzen aber im Detail, so würde ein solches Vorverfahren die Effizienz des obligatorischen außergerichtlichen Schlichtungsverfahrens weiter reduzieren. Zum einen würde die außergerichtliche Streitschlichtung wieder vollends der Disposition der Parteien unterworfen. Damit wäre jedoch faktisch der ursprüngliche Rechtszustand vor Schaffung des § 15 a EGZPO wieder hergestellt, denn die freiwillige Schlichtung stand den Parteien immer frei. Da die fakultative außergerichtliche Streitschlichtung allerdings vor der Einführung der Schlichtungsobligation nur in sehr begrenztem Umfang genutzt wurde, ist davon auszugehen, dass es auch im Falle der Einführung einer

---

[544] Vgl. Kapitel IV B) I. 1.
[545] Vgl. Feix, Streitbeilegung, S. 175.
[546] Feix, Streitbeilegung, S. 175.

Verzichtsmöglichkeit nur in wenigen Fällen tatsächlich zu einer Schlichtungsverhandlung kommen würde.

Zum anderen würde ein schriftliches Vorverfahren zu einer weiteren zeitlichen Verzögerung führen. Der zahlungsunwillige Antragsgegner könnte zunächst Einigungsbereitschaft suggerieren, um mit der späteren Anberaumung eines Schlichtungstermins Zeit zu gewinnen. Diese Tendenz könnte wiederum die Attraktivität des Mahnverfahrens gegenüber dem Schlichtungsverfahren erhöhen und somit zu einer noch geringeren Inanspruchnahme der Gütestellen führen.

Es erscheint insofern ausreichend, dem Antragsgegner mit der Ladung zum Schlichtungstermin eine Frist zur Mitteilung zu setzen, ob er an dem Termin teilnimmt. Bleibt die Mitteilung aus, könnte die Erfolglosigkeitsbescheinigung unmittelbar erteilt und der Schlichtungstermin aufgehoben werden[547].

11. Mangelnde Kenntnis der Schlichtungsalternative

Voraussetzung für die Akzeptanz und Effizienz des Schlichtungsverfahrens als Alternative oder notwendige Voraussetzung zum gerichtlichen Verfahren ist, dass das Alternativ- oder Vorverfahren bei den Rechtsuchenden bekannt ist.

a) Meinungsstand in der Literatur

Für die fakultativen Streitschlichtungsmöglichkeiten wird angenommen, dass deren geringe Inanspruchnahme unter anderem an der mangelnden Kenntnis der Rechtsuchenden von etwaigen Streitbeilegungsalternativen[548] und deren fehlender Institutionalisierung[549] liege.

Demgegenüber wird im Hinblick auf die intensive Öffentlichkeitsarbeit des Gesetzgebers angenommen, dass die Erfolglosigkeit des GüSchlG NRW

[547] Vgl. Kapitel IV B) III. 2. b).

[548] Vgl. Morasch, Schlichtungsstellen, S. 9; Prütting, JZ 1985, S. 261, 264; ders., Festschrift Waseda Universität, S. 719, 721; Hager, Konsens, S. 100.

[549] Greger, ZRP 1998, S. 183, 184.

jedenfalls nicht an fehlenden Möglichkeiten der Beteiligten, von der Einrichtung der obligatorischen Streitschlichtung Kenntnis zu nehmen, liegt[550].

b) Stellungnahme

Sowohl die Anwendungsvoraussetzungen des obligatorischen außergerichtlichen Schlichtungsverfahrens als auch die zur Verfügung stehenden Gütestellen sind zumindest bei den Rechtsanwälten inzwischen bekannt. Sofern eine nicht anwaltlich beratene Partei einen Anspruch verfolgt, wird sie spätestens mit der gerichtlichen Geltendmachung auf das Eingreifen der Schlichtungsobligation hingewiesen werden, so dass die für die fakultativen Streitschlichtungsverfahren festgestellten Bekanntheitsdefizite auf das obligatorische außergerichtliche Schlichtungsverfahren nicht übertragbar sind. Das Argument fehlender Institutionalisierung greift ebenfalls nicht, so dass beide Ansätze für die mangelnde Akzeptanz und Effizienz der obligatorischen außergerichtlichen Streitschlichtung keine Erklärung liefern können.

12. Rechtsschutzversicherung

Es wird bereits seit geraumer Zeit diskutiert, welchen Einfluss die Rechtsschutzversicherungen auf den Geschäftsanfall der Gerichte haben[551]. Früher wurde angenommen, das Bestehen von Versicherungsschutz im Rahmen eines Rechtsschutzversicherungsvertrages verringere die Bereitschaft, sich einvernehmlich und außergerichtlich zu einigen, in erheblichem Maße[552]. Wäre die Vermutung richtig, so wäre es konsequent, die Frage aufzuwerfen, ob auch das Scheitern des obligatorischen außergerichtlichen Schlichtungsverfahrens in gewissem Umfang hierauf zurückgeführt werden kann. Davon, dass die Parteien sich bei Bestehen einer Rechtsschutzversicherung auch im Rahmen der außergerichtlichen Schlichtung eines Rechtsanwalts bedienen, ist auszugehen[553].

---

[550] Röhl, Gutachten, S. 1.

[551] Vgl. Rennen, DRiZ 1983, S. 347 ff.; Adams/Blankenburg, DRiZ 1983, S. 353 ff.; Frommel, AnwBl 1982, S. 9 ff.

[552] Vgl. dazu Adams/Blankenburg, DRiZ 1983, S. 353; Rennen, DRiZ 1983, S. 347, 348.

[553] Schilken, Festschrift für Ishikawa, S. 477; Weiß, DJT 62, S. O 37, O 40.

a) Meinungsstand in der Literatur

Aufgrund empirischer Untersuchungen geht die Literatur inzwischen übereinstimmend davon aus, dass das Bestehen von Rechtsschutzversicherungen den gerichtlichen Geschäftsanfall in zivilrechtlichen Streitigkeiten nicht bzw. zumindest nicht wesentlich beeinflusst[554].

Für die Frage, ob diese Bewertung auch für den Zeitraum nach der Institutionalisierung des außergerichtlichen Schlichtungsverfahrens und für dessen Entlastungswirkung fortgilt, fehlen bislang empirische Untersuchungen. In der Literatur werden insofern Zweifel angemeldet[555].

b) Stellungnahme

Bei der Bewertung, ob das Bestehen von Rechtsschutzversicherungen Einfluss auf den mangelnden Erfolg des obligatorischen außergerichtlichen Schlichtungsverfahrens hat, ist entscheidend auf die kostenrechtliche Seite aus Sicht der rechtsschutzversicherten Partei abzustellen.

Betrachtet man die kostenrechtliche Seite der außergerichtlichen Streitschlichtung, so erscheint insbesondere die Konstellation problematisch, in der es zwar zu einer sachlichen Einigung vor der Gütestelle, nicht aber zu einer Einigung über die Kosten kommt[556]. Außergerichtlich kann in diesen Fällen ein Titel über die Kostentragung nicht geschaffen werden. Insbesondere ist dem Schlichter auch im Falle des übereinstimmenden Antrags der Parteien verwehrt, einen Kostenbeschluss, etwa analog § 91 a ZPO, zu erlassen, der Grundlage für einen Kostenfestsetzungsbeschluss des Gerichts sein könnte[557].

Dieser Mangel kann bei Bestehen einer Rechtsschutzversicherung ein relevanter Grund für die Parteien sein, auch die sachliche Einigung scheitern zu lassen[558]. In diesem Fall kann nämlich im gerichtlichen Verfahren ein

---

[554] Klatt, Festschrift für Blankenburg, S. 551, 557; Frommel, AnwBl 1982, S. 9 ff.; Rennen, DRiZ 1983, S. 347, 351 f.

[555] Feix, Streitbeilegung, S. 205.

[556] Vgl. dazu bereits Wagner, DJT 62, S. O 79, O 81.

[557] Vgl. LG Bielefeld, NJW-RR 2002, 432.

[558] So auch Schläger, ZMR 2000, S. 503, 506.

Titel erwirkt werden, in dem auch die Kostengrundentscheidung getroffen und festsetzbar geregelt wird. Allein dadurch können die Parteien eine verlässliche und den Rechtsschutzversicherer im Rahmen des Versicherungsschutzes bindende Regelung der kostenrechtlichen Seite ihres Konfliktes erreichen[559].

Damit kann das Bestehen einer Rechtsschutzversicherung unter dem Gesichtspunkt des Fehlens einer verbindlichen Kostengrundentscheidung im Schlichtungsverfahren durchaus ein Hemmnis zur abschließenden Konfliktbeilegung und damit ein Grund der mangelnden Effizienz des obligatorischen außergerichtlichen Schlichtungsverfahrens sein.

13. Zwischenergebnis zu III.

Es bestehen tatsächliche und rechtliche Mängel im obligatorischen außergerichtlichen Schlichtungsverfahren, die zu einer Effizienzreduzierung und zu einem erheblichen Akzeptanzdefizit führen. Als wesentliche Gründe des Effizienzdefizits sind die mangelnde Sachverhaltsaufklärung sowie die mangelnde zeitliche Flexibilität zu nennen.

Die Gründe für das Akzeptanzdefizit liegen insbesondere in der erheblichen Verlängerung der Gesamtverfahrensdauer im Falle des Scheiterns und im Fehlen einer Erfolgsprognosekompetenz des Schlichters.
Die Mängel sind teilweise behebbar, wie etwa die Erfolgsprognosekompetenz des Schlichters, teilweise allerdings auch systemimmanent, was beispielsweise für die unvermeidliche Verlängerung der Gesamtverfahrensdauer im Falle des Scheiterns des Schlichtungsversuchs gilt.

IV. Beschränkung des Anwendungsbereichs

Die geringen tatsächlichen Auswirkungen der Einführung des obligatorischen außergerichtlichen Schlichtungsverfahrens werden auch auf die erhebliche Beschränkung des Anwendungsbereichs des Schlichtungserfordernisses zurückgeführt.

---

[559] So auch Feix, Streitbeilegung, S. 205.

1. Beschränkung des sachlichen Anwendungsbereichs

Der sachliche Anwendungsbereich des Schlichtungserfordernisses ist auf bestimmte Verfahrensarten und zudem teilweise auf Streitigkeiten mit Bagatellcharakter reduziert. Mit der Reduzierung des sachlichen Anwendungsbereichs ergibt sich von vorneherein eine erhebliche Einschränkung der zu erzielenden Effekte. Während auf der einen Seite die pauschale Unterwerfung vermögensrechtlicher Streitigkeiten mit geringem Wert ohne Berücksichtigung einer etwaigen Schlichtungseignung der Verfahren die tatsächliche Schlichtungseffizienz erheblich reduziert[560], werden andere, abstrakt schlichtungsgeeignete Streitigkeiten allein deshalb nicht der obligatorischen außergerichtlichen Schlichtung zugeführt, weil ein bestimmter Streitwert, gem. § 10 Abs. 1 Nr. 1 GüSchlG NRW 600,- EUR, überschritten ist. Die Regelung des § 10 Abs. 1 Nr. 1 GüSchlG NRW reduziert die Effektivität der außergerichtlichen Schlichtung damit gleich zweifach, indem sie dem Schlichtungsverfahren bestimmte schlichtungsungeeignete Streitigkeiten zuweist, während sie auf der anderen Seite schlichtungsgeeignete Verfahren vom Anwendungsbereich ausnimmt.

2. Beschränkung des räumlichen Anwendungsbereichs

Die tatsächlich geringen Auswirkungen der Einführung der Schlichtungsobligation beruhen zudem auf der erheblichen Erweiterung des räumlichen Ausschlussgrundes bzw. der Beschränkung des räumlichen Anwendungsbereichs. Nordrhein-Westfalen hat von der Erweiterungsmöglichkeit des § 15 a Abs. 5 S. 1 2. Halbs. EGZPO Gebrauch gemacht und den räumlichen Ausschlusstatbestand des § 15 a Abs. 2 S. 2 EGZPO dahin erweitert, dass das Schlichtungserfordernis dann keine Anwendung findet, wenn die Parteien nicht in demselben oder zumindest benachbarten Landgerichtsbezirken wohnen oder ihren Sitz oder eine Niederlassung haben (vgl. § 11 GüSchlG NRW). Dabei handelt es sich allerdings nicht einmal um die größtmögliche Einschränkung. Der Bundesgesetzgeber eröffnete den Bundesländern bewusst sogar die Möglichkeit, die Anwendbarkeit auf den jeweiligen Gemeindebezirk zu beschränken[561].

---

[560] Vgl. Kapitel IV B) I.

[561] Vgl. BT-Drucks. 14/980 S. 7.

Die Beschränkung des räumlichen Anwendungsbereichs wirft drei Probleme auf, die zu einer erheblichen Effizienzschwächung des außergerichtlichen obligatorischen Schlichtungsverfahrens führen.

Zunächst ist die Anzahl der dem Schlichtungserfordernis unterworfenen Verfahren von vorneherein limitiert und zwar mit abnehmender Tendenz, da in Zukunft durch die Zunahme von Fernabsatzverträgen, für die insbesondere die durch das Internet geschaffene Preistransparenz und Online-Bestellmöglichkeiten verantwortlich zeichnen, gerade im Bereich der für die vermögensrechtlichen Bagatellstreitigkeiten typischen Konsumentenkaufverträge vermehrt mit Verträgen über landgerichtliche Bezirksgrenzen hinweg zu rechnen sein dürfte.

Zum Zweiten hindert die für viele Verfahrensbeteiligte nicht nachvollziehbare Ungleichbehandlung der Rechtsstreitigkeiten von Beteiligten, die in einem Landgerichtsbezirk, wenn auch mehr als einhundert Kilometer von einander entfernt leben, und solcher Verfahren, in denen die Parteien in benachbarten Gemeinden, zufällig aber in unterschiedlichen Landgerichtsbezirken wohnen, die Akzeptanz des Schlichtungserfordernisses[562].

Zum Dritten führt die unterschiedliche Ausgestaltung der räumlichen Anwendbarkeit des Schlichtungserfordernisses in den verschiedenen Landesausführungsgesetzen zu einer erheblichen Rechtszersplitterung und damit Rechtsunsicherheit bei den Rechtsuchenden. Es ist daher davon auszugehen, dass der – auch und vor allem anwaltlich beratene – Rechtsuchende im Zweifel den bundeseinheitlich verlässlichen und bei Zahlungsansprüchen zulässigen Umweg über das Mahnverfahren wählt, sofern er Zweifel am Vorliegen der Voraussetzungen eines Landesgütestellen- und Schlichtungsgesetzes hat.

---

[562] Im Bezirk des Amtsgerichts Höxter führt der beschränkte räumliche Anwendungsbereich dazu, dass das Schlichtungserfordernis nicht eingreift, wenn die Parteien in Höxter und Boffzen wohnen (Distanz: 3,2 km), während die Parteien, die in Höxter und Lippstadt wohnen (Distanz: 116,5 km) zunächst das Schlichtungsverfahren durchlaufen müssen. Wenngleich es sich dabei um ein extremes Beispiel handelt, zeigt sich doch, dass die eingetretene Rechtszersplitterung für die Rechtsuchenden zu wenig nachvollziehbaren regionalen Unterschieden geführt hat, die dem Zivilprozessrecht bislang fremd waren.

3. Sachliche Ausschlussgründe

Als weiterer Grund des Effizienzdefizits des obligatorischen außergerichtlichen Schlichtungsverfahrens werden in der Literatur die als zu weitreichend beurteilten sachlichen Ausschlussgründe angesehen. Insbesondere die Ausschlusstatbestände des § 10 Abs. 2 Nr. 2 und 5 GüSchlG NRW werden als Ursache der mangelnden Effizienz des obligatorischen außergerichtlichen Schlichtungsverfahrens herangezogen.

a) Streitigkeiten in Familiensachen

§ 10 Abs. 2 Nr. 2 GüSchlG NRW regelt einen Anwendungsausschlusstatbestand für Streitigkeiten in Familiensachen.

aa) Auffassung der Literatur

In der Literatur wird kritisiert, dass die Streitigkeiten in Familiensachen vom sachlichen Anwendungsbereich des Schlichtungserfordernisses ausgenommen wurden[563]. Gerade vielschichtige Streitigkeiten im Rahmen von Dauerbeziehungen seien für konsensuale Lösungen prädestiniert, was durch die vergleichsweise hohe Akzeptanz der Familienmediation in Deutschland bestätigt werde[564].

bb) Stellungnahme

Die zunehmende Zahl von familienrechtlichen Verfahren[565] lässt es zunächst wünschenswert und sinnvoll erscheinen, außergerichtliche Konfliktlösungsansätze zu finden. Die freiwillige Mediation leistet in diesem Bereich bereits wertvolle Dienste. Sofern man das Ziel der Justizentlastung diskutiert und damit vor allem eine Entlastung des Justizhaushalts meint, zeigt sich zudem, dass der Haushalt durch die Inanspruchnahme von Prozesskostenhilfe in Familiensachen überproportional belastet wird[566].

---

[563] Feix, Streitbeilegung, S. 157; Jenkel, Streitschlichtungsversuch, S. 165 f.

[564] Feix, Streitbeilegung, S. 157.

[565] Die Eingänge in Familiensachen haben sich in Nordrhein-Westfalen in den Jahren 1995 bis 2002 wie folgt entwickelt: 117.496, 121.099, 121.958, 125.123, 133.161, 135.714, 148.081, 148.243 (Justizministerium des Landes Nordrhein-Westfalen, Justiz in Zahlen 2003, 1.2 Familiensachen).

[566] Im Jahr 2002 wurde den Klägern in 7.273 erstinstanzlichen Zivilverfahren Prozesskostenhilfe bewilligt. Bei erstinstanzlichen Eingängen in Höhe von insgesamt 455.364 Verfahren entsprach dies einem Anteil von 1,6 %. Auf Beklagtenseite wurde in 6.091 Fäl-

Nach den oben aufgestellten Eignungskriterien, insbesondere wegen der persönlichen Beziehungen der Parteien zueinander, die in der Regel auch auf Dauer angelegt sind, sind die meisten familienrechtlichen Verfahren auch als abstrakt schlichtungsgeeignet einzustufen, so dass davon auszugehen ist, dass eine Ausdehnung des sachlichen Anwendungsbereichs zumindest auf bestimmte familienrechtliche Verfahren zu einer Effizienzsteigerung der Schlichtungsobligation und einer Entlastung der Familienabteilungen der Gerichte führen könnte.

b) Ansprüche, die im Mahnverfahren geltend gemacht worden sind

Der geringe Umfang der Auswirkungen der Einführung der auf § 15 a EGZPO gründenden Schlichtungsgesetze beruht entscheidend auch auf der Umgehung durch das Mahnverfahren (§ 10 Abs. 2 Nr. 5 GüSchlG NRW). Der Sinn und Zweck der Regelung wird unter den Gesichtspunkten der Effizienz aber auch der Akzeptanz der Schlichtungsobligation unterschiedlich beurteilt.

aa) Meinungsstand in der Literatur

Teilweise wird die Möglichkeit der Vorschaltung des Mahnverfahrens zur Umgehung des Schlichtungsverfahrens kritisiert[567]. Die Regelung wird als inkonsequent und für die gewünschte Entlastung kontraproduktiv eingeschätzt[568]. Letztlich verhindere die Möglichkeit zum Ausweichen in das Mahnverfahren, dass die obligatorische Streitschlichtung bei Geldforderungen ihre Funktion erfüllen könne; bei Geldforderungen sei die Streitschlichtung damit nicht wirklich obligatorisch[569].

---

len Prozesskostenhilfe bewilligt. Das entsprach einem Anteil von 1,3 %. Dem standen im Jahre 2002 bei 148.243 erstinstanzlichen Eingängen in Familiensachen 66.979 Fälle (45,2 %) bewilligter Prozesskostenhilfe für den Kläger (Antragsteller) und 37.306 Fälle (25,2 %) bewilligter Prozesskostenhilfe für den Beklagten (Antragsgegner) gegenüber (vgl. Justizministerium des Landes Nordrhein-Westfalen, Justiz in Zahlen 2003, 1.1 Amtsgerichtliche Zivilsachen, 1.2 Familiensachen, 1.4 Landgerichtliche Zivilsachen, 11.2 Prozesskostenhilfe).

567 Stadler, NJW 1998, S. 2479, 2483; Wagner, JZ 1998, S. 836, 842; Greger, ZRP 1998, S. 183, 184.

568 Stadler, NJW 1998, S. 2479, 2483; Wagner, JZ 1998, S. 836, 842; Greger, ZRP 1998, S. 183, 184.

569 Röhl, Gutachten, S. 3.

Teilweise wird vorgeschlagen, das obligatorische Schlichtungsverfahren dann durchzuführen, wenn im Mahnverfahren Widerspruch eingelegt wurde[570]. Damit könnten die Verfahren, in denen ein tatsächlicher „Streit“ nicht vorliege, weiterhin im Mahnverfahren erledigt werden[571].

Andere befürworten den Anwendungsausschluss für Ansprüche, die im Mahnverfahren geltend gemacht werden[572]. Die Gegner der Anwendbarkeit des Schlichtungsverfahrens vor oder nach Durchführung des Mahnverfahrens befürchten, anderenfalls drohe eine Erdrosselung der Institution des Güteverfahrens[573]. Ein Güteverfahren noch nach dem Mahnverfahren sei zudem mit dem Ziel der Verfahrensbeschleunigung und der Kostenersparnis in der ersten Instanz nicht zu vereinbaren[574].

Auch in ihren Auswirkungen wird die Regelung des § 15 a Abs. 2 Nr. 5 EGZPO, § 10 Abs. 2 Nr. 5 GüSchlG NRW kritisch bewertet. Die Kritik geht zum Teil sogar so weit, anzunehmen, dass der Anwalt zum Mahnverfahren, mit dem ein Vollstreckungstitel rasch und mit verhältnismäßig geringen Kosten erwirkt werden könne, raten müsse, wolle er seine Pflichten aus dem Geschäftsbesorgungsvertrag sorgfältig erfüllen[575]. Kehrt man diesen Gedanken um, so würde der nicht zum Mahnverfahren ratende Anwalt sorgfaltswidrig handeln und sich - bei dem Nachweis eines Schadens - ersatzpflichtig machen. Damit wäre aber das Mahnverfahren in sämtlichen Fällen, in denen der Kläger von einem Rechtsanwalt vertreten wird, ein - zumindest haftungsrechtlich - „quasi-obligatorisches“ Vorverfahren.

bb) Stellungnahme

Die haftungsrechtliche Bewertung des Anwendungsausschlusstatbestandes des § 10 Abs. 5 GüSchlG NRW geht deutlich zu weit. In Fällen, in denen die begründete Aussicht besteht, dass das Schlichtungsverfahren erfolg-

[570] Schwackenberg, AnwBl 1997, S. 524, 526.
[571] Schwackenberg, AnwBl 1997, S. 524, 526.
[572] Jansen, Streitschlichtung, S. 263 ff.; Schilken, Festschrift für Ishikawa, S. 476; Stickelbrock, JZ 2002, S. 633, 635; Clausen, AnwBl 1997, S. 530; Jenkel, Streitschlichtungsversuch, S. 170.
[573] Stein/Jonas/Schlosser, ZPO, § 15 a EGZPO Rn. 11.
[574] Stickelbrock, JZ 2002, S. 633, 635.
[575] Schilken, Festschrift für Ishikawa, S. 475; Ernst, DJT 62, S. O 51, O 53.

reich durchgeführt und mit einer Einigung abgeschlossen werden kann, verletzt der zur Schlichtung ratende Rechtsanwalt keinesfalls seine aus dem Geschäftsbesorgungsvertrag resultierenden Pflichten[576]. Nur bei offensichtlich fehlender Erfolgsaussicht der Schlichtung sollte der Rechtsanwalt zu dem - im Regelfall schnelleren - Mahnverfahren raten.

Tatsächlich ist die Umgehung des Schlichtungserfordernisses durch das Mahnverfahren einer der wesentlichen Gründe für die geringen Auswirkungen der Einführung der Schlichtungsobligation. Von der Geltendmachung von Zahlungsansprüchen geringen Werts im Mahnverfahren wurde bereits vor der Einführung des § 15 a EGZPO und der landesrechtlichen Ausführungsgesetze sehr weitreichend Gebrauch gemacht[577]. In den Fällen, in denen der Anwendungsbereich des § 10 Abs. 1 GüSchlG NRW erfüllt ist, bietet die Möglichkeit, das Mahnverfahren vorzuschalten, eine relativ zügige und kostenneutrale Umgehungsmöglichkeit. Eine Motivation zur Durchführung eines Schlichtungsverfahrens dürfte in der Situation, in der die Entscheidung für die gerichtliche Geltendmachung getroffen wurde, kaum vorhanden sein, insbesondere nicht bei den mutmaßlich schlicht säumigen Schuldnern[578].

Auf der anderen Seite darf nicht verkannt werden, dass gerade in der Möglichkeit der zulässigen Umgehung des obligatorischen außergerichtlichen Schlichtungsverfahrens ein wichtiger Parameter für dessen Akzeptanz zu sehen ist. Die Umgehung durch das Mahnverfahren eröffnet nämlich gerade im Falle der erkennbaren Aussichtslosigkeit eines Schlichtungsverfahrens eine praktikable und rechtlich nicht zu beanstandende Alternative. Gäbe es diese nicht und würden damit sämtliche Streitigkeiten dem Schlichtungsverfahren zugeführt, drohten die Gütestellen zu kollabieren und das Schlichtungsverfahren würde zur Farce.

---

[576] Vgl. zur entgegengesetzten Pflicht des Anwalts, in geeigneten Fällen zur Mediation zu raten, Greger, ZKM 2003, S. 240.

[577] Zwischen 1995 und 2000 stieg die Zahl der Eingänge in Mahnsachen von 1.861.381 auf 2.512.725 (vgl. Justizministerium des Landes Nordrhein-Westfalen, Justiz in Zahlen 2003, 1.1 Amtsgerichtliche Zivilsachen).

[578] So auch Wesche, MDR 2003, S. 1029, 1032; Schilken, Festschrift für Ishikawa, S. 476.

V. Umgehungsmöglichkeiten

In der Literatur wird auf die Möglichkeit der Umgehung des Schlichtungsverfahrens durch die Wahl bestimmter Gerichtsstände, durch Klagehäufungen und durch Klageerweiterungen hingewiesen[579]. Hierin wird eine der Ursachen für die Effizienzdefizite des obligatorischen außergerichtlichen Schlichtungsverfahrens gesehen[580].

Bei der Umgehung des obligatorischen außergerichtlichen Schlichtungsverfahrens sind zwei Konstellationen zu unterscheiden:

Zum einen handelt es sich um die Fälle, in denen aufgrund bestehender zivilprozessualer Möglichkeiten solche Gestaltungen gewählt werden, durch die das eigentlich eingreifende Schlichtungserfordernis faktisch umgangen wird. Neben der bereits dargestellten Durchführung des Mahnverfahrens kommt beispielsweise die Auswahl eines konkurrierenden Gerichtsstandes in Betracht, bei dem kein Schlichtungserfordernis besteht[581]. Ohne weiteres zulässig erscheint auch das sog. „Auflaufenlassen" von Forderungen im Rahmen von Dauerschuldverhältnissen, um die Gegenstandswertgrenze des § 10 Abs. 1 Nr. 1 GüSchlG NRW zu umgehen[582].

Zum anderen handelt es sich um die Fälle erkennbar missbräuchlicher Umgehungen des Schlichtungserfordernisses. Insofern ist zu denken an die Erweiterung der Klage um unschlüssige Ansprüche zur Überschreitung der Gegenstandswertgrenze des § 10 Abs. 1 Nr. 1 GüSchlG NRW[583] oder an die Vereinbarung eines an sich unter keinem rechtlichen Gesichtspunkt bestehenden Gerichtsstandes.

---

579 Hofmann, SchsZtg 2002, S. 25, 27; Hansens, AnwBl 2002, S. 125; Prütting/Taxis, Streitschlichtung, Rn. 178.
580 Hofmann, SchsZtg 2002, S. 25, 26.
581 Vgl. Hansens, AnwBl 2002, S. 125.
582 Vgl. Hofmann, SchsZtg 2002, S. 25, 27; zur objektiven Klagehäufung vgl. Kapitel II B) II. 1. c) bb).
583 Vgl. Kapitel II B) 1. c) dd).

Die Grenze der zulässigen Umgehung des Schlichtungserfordernisses bildet insofern allein der Rechtsmissbrauch[584]. Wenn eine rechtsmissbräuchliche Gestaltung nicht festgestellt werden kann, bleiben die Umgehung des Schlichtungserfordernisses und damit die Klage unmittelbar zulässig.

Insgesamt ist davon auszugehen, dass die zulässigen Möglichkeiten zur Umgehung des Schlichtungserfordernisses einen erheblichen Anteil an der geringen Effizienz der Einführung der Schlichtungsobligation haben.

VI. Kosten

Ob durch die Durchführung des obligatorischen außergerichtlichen Schlichtungsverfahrens eine Kostenersparnis zu erzielen ist und ob die mögliche Kostenersparnis dazu geeignet ist, zur Akzeptanz und Effizienz des Verfahrens beizutragen, ist fraglich.

1. Meinungsstand in der Literatur

Das Argument der Kostenersparnis wird häufig als Hauptvorteil des außergerichtlichen obligatorischen Schlichtungsverfahrens genannt[585].

Andere bezweifeln, dass das Kostenargument des obligatorischen außergerichtlichen Schlichtungsverfahrens zu dessen Erfolg beitragen könne[586].

Teilweise werden die geringen Kosten auch im Hinblick darauf, dass zu geringe Gebühren keinen Qualitätsanreiz für gute Schlichter darstellten, kritisiert[587].

2. Stellungnahme

Eine Aufschlüsselung und Differenzierung des Kostenarguments findet kaum statt. Bei genauer Betrachtung stellt sich heraus, dass zwei Aspekte

---

[584] Vgl. zu den Voraussetzungen der Annahme rechtsmissbräuchlicher Gestaltungen Kapitel II B) II. 1. c) dd).

[585] Vgl. Prütting/Prütting, Streitschlichtung, Rn. 73; für die fakultative außergerichtliche Streitschlichtung bereits Prütting, JZ 1985, S. 261, 263.

[586] Ott, Konfliktbeilegung, S. 80; Stadler, NJW 1998, S. 2479, 2483; kritisch auch Schuster, Rechtsbefriedung, S. 79 ff.

[587] Feix, Streitbeilegung, S. 158 f.

der Kosten des obligatorischen außergerichtlichen Schlichtungsverfahrens zu unterscheiden sind, die Einfluss auf die Effizienz und Akzeptanz der Schlichtungsobligation haben können.

Auf der einen Seite ist erforderlich, dass die Kosten des obligatorischen außergerichtlichen Schlichtungsverfahrens nicht außer Verhältnis zu den Kosten des gerichtlichen Verfahrens stehen dürfen, sie vielmehr einen weiteren Anreiz zur Durchführung des Schlichtungsverfahrens setzen sollten[588]. Bei einem Streitwert in Höhe von 500,- EUR beträgt beispielsweise eine Gerichtsgebühr 35,- EUR. Schließen die Parteien einen Vergleich unter Kostenaufhebung (§ 98 ZPO), so entsteht nur eine Gerichtsgebühr, die die Parteien mit je 17,50 EUR belastet. Für das außergerichtliche obligatorische Schlichtungsverfahren vor dem Schiedsmann entstehen in Nordrhein-Westfalen Gebühren in Höhe von 10,- EUR (§ 45 Abs. 1 1. Halbs. SchAG NRW). Die Gebühr erhöht sich bei erfolgreicher Schlichtung auf 25,- EUR (§ 45 Abs. 1 2. Halbs. SchAG NRW) und kann unter Berücksichtigung der Verhältnisse der Parteien und der Schwierigkeit des Falles bis auf 40,- EUR erhöht werden (§ 45 Abs. 2 SchAG NRW). Werden auch insofern die Kosten gegeneinander aufgehoben, so trägt jede Partei im Falle erfolgreicher Schlichtung mindestens 12,50 EUR und bis zu 20,- EUR, so dass im Ergebnis in den meisten Fällen die Kostenreduzierung marginal (5,- EUR je Partei) sein dürfte. Bisweilen werden sogar höhere Kosten verursacht. In den meisten Konstellationen sind die Kosten also kein Argument für sondern gerade ein solches gegen die außergerichtliche obligatorische Streitschlichtung.

Auf der anderen Seite ist ein Zusammenhang zwischen den Kosten und der Qualität außergerichtlicher Streitbeilegung zu konstatieren[589]. Geht man davon aus, dass die im Rahmen der obligatorischen außergerichtlichen Streitschlichtung in Nordrhein-Westfalen tätigen Gütestellen ihre Gebühren an denen der Schiedsämter orientieren, so ist nicht zu erwarten, dass quali-

---

588 Vgl. zum Erfordernis von Anreizen zur außergerichtlichen Konfliktbeilegung Hager, Konsens, S. 101 f.

589 Vgl. dazu bereits Prütting, DJT 62, S. O 11, O 25.

fizierte Personen oder Berufsgruppen für die obligatorische außergerichtliche Streitschlichtung gewonnen werden können[590].

Das Schlichtungsverfahren ist hinsichtlich der Kosten auch insofern unattraktiv, weil es im Falle erfolgreicher Schlichtung an gesetzlichen Kostenerstattungsansprüchen mangelt, es sei denn, die Parteien regeln die Kostentragung im Vergleich[591].

Insgesamt rechtfertigt der Umstand, dass die durch das obligatorische außergerichtliche Schlichtungsverfahren entstehenden Kosten auf der einen Seite nur unwesentlich geringer sind als die des gerichtlichen Verfahrens, auf der anderen Seite die zu verdienenden Gebühren eine qualifizierte Schlichtung nicht erwarten lassen, die Bewertung, dass das Kostenargument jedenfalls nicht dazu geeignet ist, eine Effizienz- und Akzeptanzsteigerung der Schlichtungsobligation herbeizuführen.

VII. Rechtszersplitterung

Das obligatorische außergerichtliche Schlichtungsverfahren ist bewusst durch die bundesrechtliche Öffnungsklausel des § 15 a EGZPO mit landesrechtlicher Ausführungskompetenz ausgestaltet worden[592]. Diese Ausgestaltung wird in der Literatur kritisiert.

1. Meinungsstand in der Literatur

In der Literatur wird die Überantwortung der Einführung und Ausgestaltung des obligatorischen Schlichtungsverfahrens an die Länder überwiegend mit der Begründung kritisiert, dass dies die Gefahr unübersichtlicher Zugangsvoraussetzungen für die gerichtliche Geltendmachung von Ansprüchen berge[593].

---

[590] Vgl. Kapitel IV B) II. 4; es wird zu Recht darauf hingewiesen, dass sich die der obligatorischen Streitschlichtung unterfallenden Bagatellstreitigkeiten nicht kostendeckend oder gar gewinnbringend bearbeiten lassen, vgl. Röhl, Gutachten, S. 66.

[591] Vgl. Kapitel IV B) III. 12.

[592] Vgl. Kapitel I A) I.

[593] Eichele, ZRP 1997, S. 393, 395; Gottwald, WM 1998, S. 1257, 1264; Wagner, JZ 1998, S. 836, 845; Greger, ZRP 1998, S. 183, 184.

Teilweise wird in Anlehnung an die Begründung des Gesetzgebers die unterschiedliche Ausgestaltung durch die Bundesländer befürwortet, da zum einen in den verschiedenen Bundesländern große Unterschiede im Hinblick auf eine flächendeckende Schlichtungsstruktur bestünden und zum anderen die unterschiedlichen Regelungen zur Erprobung verschiedener Modelle unvermeidbar und hinnehmbar seien[594].

2. Stellungnahme

Die Umsetzung der Öffnungsklausel in nur acht Bundesländern und die dabei feststellbaren Unterschiede haben in der Praxis tatsächlich die bereits frühzeitig in der Literatur geäußerten Befürchtungen bestätigt. Eine besondere Unsicherheit resultiert daraus, dass der räumliche Anwendungsbereich sehr unterschiedlich geregelt wurde. Teilweise greift das Schlichtungserfordernis bereits dann ein, wenn die Parteien in demselben Bundesland wohnen[595], teilweise ist Voraussetzung für die räumliche Anwendbarkeit, dass die Parteien in demselben Landgerichtsbezirk wohnen[596]. Dass gerade anwaltlich beratene Kläger bei dieser Rechtslage dahin tendieren dürften, bei zweifelhafter Anwendbarkeit des Schlichtungserfordernisses zumindest im Falle der Geltendmachung von Zahlungsansprüchen den sicheren Weg des Mahnverfahrens zu beschreiten, liegt auf der Hand.

In Anbetracht der Bedeutung, die zivilrechtliche Streitigkeiten vor dem Amtsgericht für den – möglicherweise nur einmal in seinem Leben mit einem Gerichtsverfahren konfrontierten – rechtsuchenden Bürger haben können, erscheint es zumindest fraglich, ob man diesen Bürger mit einer unsicheren „Experimentierklausel“[597] für den Praxisversuch der Eignung unterschiedlicher Konzepte „benutzen“ sollte.

Zudem kann konstatiert werden, dass die unterschiedliche Umsetzung in den Ländern lediglich zu einer erheblichen Anwendbarkeitsverunsicherung geführt hat. Inhaltlich sind die einzelnen landesrechtlichen Konzeptionen

---

[594] So wohl Feix, Streitbeilegung, S. 155.
[595] Z.B. § 37 a Saar LSchlG.
[596] Z.B. § 11 GüSchlG NRW.
[597] Vgl. Einleitung B).

derart deckungsgleich, dass unterschiedliche Ergebnisse zur Effizienz und Akzeptanz der Schlichtungsobligation kaum zu erwarten sind.

VIII. Qualität der Rechtsprechung

Das außergerichtliche Schlichtungsverfahren soll die Justiz entlasten. Es gilt als Alternative zum gerichtlichen Verfahren. In der Literatur wird kritisch hinterfragt, ob es dieser Alternative überhaupt bedarf und ob die Alternative überhaupt eine Möglichkeit hat, sich neben dem gerichtlichen Verfahren zu etablieren. Die Beantwortung dieser Frage hängt sowohl von der Qualität des außergerichtlichen Streitschlichtungsverfahrens als auch von der Qualität der Rechtsprechung in Zivilsachen ab und lässt Rückschlüsse auf die mögliche Akzeptanz und Effizienz des obligatorischen außergerichtlichen Schlichtungsverfahrens zu.

1. Meinungsstand in der Literatur

In der Literatur wird die Fähigkeit der Gerichte, eine an den Parteiinteressen orientierte Lösung von Streitigkeiten herbeizuführen bezweifelt[598]. Es fehle an der Fähigkeit sachgerechten Verhandelns[599]. Außerdem leide das gerichtliche Verfahren daran, dass es einen in der Vergangenheit liegenden Sachverhalt erfasse und damit rückwärtsorientiert sei[600]. Gerichtsverfahren werden zudem als langwierig, aufwendig und teuer, nicht selten unpersönlich, unverständlich und unberechenbar eingeschätzt[601].

Andere sehen gerade in der Qualität der Rechtsprechung in Deutschland einen Grund dafür, dass alternative Konfliktlösungsansätze wenig Spielraum haben, sich zu etablieren[602]. Insofern wird auf die hohe Effizienz der Gerichte, die Legitimität der richterlichen Entscheidung und die Sicherung des Individualrechtsschutzes durch die Gerichte hingewiesen[603].

---

598 Risse, NJW 2000, S. 1614; ders., BB 1999, Beilage 9, S. 1, 2; Hohmann, FPR 2004, S. 168, 169; Haft, BB 1998, Beilage 10, S. 15.

599 Gottwald, AnwBl 2000, S. 265, 269; Hohmann, FPR 2004, S. 168, 169.

600 Risse, NJW 2000, S. 1614; ders., BB 1999, Beilage 9, S. 1, 2; Hager, Konsens, S. 49.

601 Vgl. Risse, NJW 2000, S. 1614; Haft, BB 1998, Beilage 10, S. 15.

602 Jansen, Streitschlichtung, S. 352; Stadler, NJW 1998, S. 2479, 2480; vgl. auch Hager, Konsens, S. 43.

603 Katzenmeier, ZZP 115, S. 51, 79 ff.; zur Bewährung der Rechtsordnung durch Richterspruch vgl. auch Jauernig, Zivilprozessrecht, S. 2.

2. Stellungnahme

Eine rechtsvergleichende Betrachtung zeigt, dass die außergerichtliche Streitschlichtung in den Ländern besonders erfolgreich ist, in denen der Zugang zu den Gerichten außergewöhnlich kompliziert oder teuer ist und staatliche Gerichtsverfahren nicht oder wenig befriedigen[604]. Betrachtet man beispielsweise das Rechtssystem der USA, so zeigt sich, dass die hohen Erfolgsquoten im Bereich der ADR im Wesentlichen darauf beruhen, dass die Parteien das gerichtliche Verfahren wegen des vergleichsweise hohen Kostenrisikos, wegen der Unwägbarkeiten des Jury-Prozesses und wegen des oftmals ausufernden vorgerichtlichen Beweisermittlungsverfahrens, sog. „pre-trial-discovery“[605], scheuen[606]. Auch für Japan wird die geringe Quote von Gerichtsverfahren je Einwohner sowie die zunehmende Institutionalisierung der alternativen Streitschlichtung vor allem auf die Dauer und die Kosten der Prozessführung vor den ordentlichen Gerichten zurückgeführt[607].

Demgegenüber arbeiten deutsche Gerichte aufwendig, zuverlässig und vergleichsweise günstig[608]. Gerade die qualitätsbedingt hohe Attraktivität der deutschen Gerichte hat bislang außergerichtlichen Alternativen der Konfliktbewältigung kaum eine Entwicklungschance gelassen[609]. Es darf gehofft werden, dass der Gesetzgeber und die Landesfinanzminister die Rahmenbedingungen der Rechtsprechung nicht weiter verschlechtern, um *dadurch* die Neigung der Bürger, statt der staatlichen Gerichte außergerichtli-

---

604 Vgl. Stadler, NJW 1998, S. 2479, 2480.

605 Vgl. dazu Jenkel, Streitschlichtungsversuch, S. 19 ff.

606 Vgl. Katzenmeier, ZZP 115, S. 51, 60; Jansen, Streitschlichtung, S. 353; Birner, Corthouse, S. 205; Schütze, ZVglRWiss 97 (1998), S. 117, 118; Nicklisch, Streitbeilegung, S. 381, 390; Jenkel, Streitschlichtungsversuch, S. 22; vgl. auch Duve, BB 1998, Beilage 9, S. 15, 20, der gleichwohl darauf hinweist, dass der Nutzen der Verhandlungsleitung durch einen Dritten im Rahmen der Mediation nicht an Eigenheiten des Rechtssystems gebunden ist.

607 Schütze, ZVglRWiss 97 (1998), S. 117, 119 f.; Prütting, Festschrift Waseda Universität, S. 719, 722; Schütze, Streitbeilegung, S. 335, 336 f.; Ishibe, Schlichtungswesen, S. 215, 236, der ergänzend darauf hinweist, dass die außergerichtliche Streitbeilegung dem japanischen Volkscharakter entspreche und dass das Schlichtungswesen in Japan die nach wie vor bestehende Kluft zwischen dem rezipierten Recht und der einheimischen Rechtsordnung überbrücke; zum Kostenrisiko vgl. Einsel, Zivilprozessrecht, S. 473, 479; zur Verfahrensquote je Einwohner vgl. Strempel, JZ 1983, S. 596 f.

608 Stadler, NJW 1998, S. 2479, 2480; Schütze, ZVglRWiss 97 (1998), S. 117, 122.

609 So auch Jansen, Streitschlichtung, S.352; a.A. Stickelbrock, JZ 2002, S. 633, 641.

che Konfliktlösungsstellen anzurufen, zu erhöhen[610]. Jedenfalls auf dieser Grundlage wäre ein durchgreifender Erfolg der außergerichtlichen Schlichtung zugleich ein schlechtes Zeugnis für die Justiz. Bislang kann die gute Qualität der Rechtsprechung in Deutschland als einer der Hauptgründe für das Scheitern außergerichtlicher Streitbeilegungsalternativen, insbesondere des obligatorischen außergerichtlichen Schlichtungsverfahrens bewertet werden.

IX. Einführung der obligatorischen Güteverhandlung im gerichtlichen Verfahren

Die größere Bandbreite möglicher Konfliktlösungsansätze gilt seit jeher als besondere Stärke der außergerichtlichen Konfliktlösung. Fraglich ist, ob dies uneingeschränkt auf das Verhältnis zwischen obligatorischer außergerichtlicher Streitschlichtung und gerichtlichem Verfahren übertragen werden kann, insbesondere nachdem mit § 278 Abs. 2 ZPO die obligatorische Güteverhandlung in den Zivilprozess implementiert wurde[611].

1. Meinungsstand in der Literatur

Es wird im Schrifttum als entscheidender Vorteil für außergerichtliche Konfliktlösungsverfahren angesehen, dass keine Bindung an die strikten Rechtsfolgen des Gesetzes bestehe[612]. Insbesondere für die Mediation wird als vorteilhaft erachtet, dass der Konflikt als Ganzes Gegenstand der Ver-

---

[610] Vgl. zu den negativen Auswirkungen staatlichen Sparens auf den Rechtsstaat Prütting, Rechtsmittelreform, S. 7 ff.; zu dem Vorhaben der nordrhein-westfälischen Landesregierung, bis zum Jahr 2008 weitere 540 Stellen im richterlichen und staatsanwaltschaftlichen Dienst zu streichen, vgl. die Presseerklärung des Deutschen Richterbundes - Landesverband Nordrhein-Westfalen vom 21.7.2004.

[611] § 278 Abs. 2 ZPO wurde neugefasst durch das Gesetz zur Reform des Zivilprozesses (Zivilprozessreformgesetz – ZPO-RG) vom 27.7.2001 (BGBl. I S. 1887); dazu Foerste, NJW 2001, S. 3103 ff.; Oberheim, JA 2002, S. 408, 410; Schellhammer, MDR 2001, S. 1081, 1082; Stickelbrock, JZ 2002, S. 633, 638 ff.; Musielak, NJW 2000, S. 2769, 2771.

[612] Prütting/Prütting, Streitschlichtung, Rn. 75; ders. JZ 1985, S. 261, 267; Ponschab/Kleinhenz, DRiZ 2002, S. 430, 431; Hager, Konsens, S. 44; Schuster, Rechtsbefriedung, S. 104 f.; Haft bezeichnet die Konfliktlösungsstrategie, bei der der Horizont des Rechts überschritten wird, indem nicht nur nach gerichtlich durchsetzbaren oder abzuwehrenden Anspruchsgrundlagen gesucht wird, sondern auch und vor allem die Interessen der Betroffenen herausgearbeitet und Lösungen erarbeitet werden, die diesen Interessen möglichst gerecht werden, als „rationales Verhandeln" (Mediation, S. 2 ff.; ders. BB 1998, Beilage 10, S. 15, 18).

handlungen sein könne, also alle Streitursachen, Beziehungsprobleme, Veränderungen, Empfindungen, Vorstellungen, Interessen, Wünsche und sozialen Belange behandelt werden könnten[613]. Es bleibe Raum für die Beleuchtung des Umfeldes des Konflikts, seine meist außerrechtliche Genese sowie für die Berücksichtigung der Auswirkungen möglicher Lösungen auf die Beteiligten oder auf Dritte[614]. Das Recht markiere als verfügbare Alternative lediglich die Ausstiegsgrenze[615]. In der gerichtlichen Güteverhandlung fehle es an der für eine interessengerechte Verhandlung notwendigen Zeit; zudem fehlten den meisten Richtern und Anwälten die Verhandlungs- und Vergleichskompetenz, so dass die Tendenz bestehe, die Differenzen in den Positionen der Parteien entsprechend dem amerikanischen Motto „split the baby" irgendwie in der Mitte zu überwinden[616].

Teilweise wird demgegenüber auch auf die Gefahren eines allein interessengelenkten Konfliktlösungsansatzes hingewiesen[617]. Es dürfe keiner Partei eine Versöhnungslösung aufgedrängt werden, die sich zwar als Versöhnung präsentiere, letztlich aber eine Entrechtung darstelle[618]. Bei dem Rechtsuchenden könne sonst die Befürchtung bestehen, aufgrund fehlender eigener Rechtskenntnisse im außergerichtlichen Streitbeilegungsverfahren übervorteilt zu werden[619]. Teilweise wird vertreten, diesem Problem könne am effektivsten durch eine zwingende anwaltliche Vertretung im außergerichtlichen Schlichtungsverfahren begegnet werden, wenngleich das allerdings dem Bestreben der Kostenreduzierung entgegenstehe[620]. Letztlich sei allein der Richter ideal geeignet, den Abgleich der einvernehmlichen Rege-

---

[613] Katzenmeier, ZZP 115, S. 51, 73; Schmidt, BB 1998, Beilage 10, S. 6, 7; Hager, Konsens, S. 42 f.

[614] Katzenmeier, ZZP 115, S. 51, 73; vgl. auch Hoffmann-Riem, JZ 1999, S. 421, 425.

[615] Vgl. Katzenmeier, ZZP 115, S. 51, 73.

[616] Hohmann, FPR 2004, S. 168, 169; wegen der als unzureichend empfundenen gerichtlichen Lösungsansätze wird die Abkürzung der ADR („Alternative Dispute Resolution") bisweilen auch als „Appropriate Dispute Resolution" („angemessene Konfliktlösung") oder als „Avoid Disastrous Results" („Vermeide katastrophale Folgen") interpretiert (vgl. Duve, BB 1998, Beilage 10, S. 9).

[617] Hager, Konsens, S. 90; Feix, Streitbeilegung, S. 121.

[618] Hager, Konsens, S. 90.

[619] Vgl. Feix, Streitbeilegung, S. 121; für die Mediation: Risse, NJW 2000, S. 1614, 1620, der die strikte Neutralitätspflicht des Mediators bei einem Machtungleichgewicht der Parteien als Schwäche des außergerichtlichen Verfahrens erachtet; im Gerichtsprozess sei in diesen Fällen die Fürsorge des Richters ein begrüßenswertes Korrektiv.

[620] Vgl. Feix, Streitbeilegung, S. 121.

lung mit der Rechtslage vorzunehmen[621]. Andere halten es für ausreichend, wenn der Schlichter sachgerecht verhandle[622].

2. Stellungnahme

Der Vorteil der größeren Bandbreite möglicher Lösungsansätze ist ohne Zweifel eine zentrale Stärke der außergerichtlichen Konfliktlösungsverfahren. Während der Richter im Falle streitiger Entscheidung lediglich über die Berechtigung der begehrten Rechtsfolge zu entscheiden hat (vgl. § 308 Abs. 1 ZPO), können in den alternativen Verfahren zur Konfliktlösung auch solche Lösungen gefunden und vereinbart werden, für die es gesetzliche oder vertragliche Anspruchsgrundlagen nicht gibt. Das Schulbeispiel der Mediation der geteilten Orange verdeutlicht diesen Vorteil sehr anschaulich[623].

Er ist allerdings spätestens seit der Neufassung des § 278 Abs. 2 ZPO kein zwingendes Argument mehr für ein obligatorisches außergerichtliches Schlichtungsverfahren. Die Parteien haben mit der obligatorischen Ausgestaltung der Güteverhandlung auch im Zivilprozess die verbindliche Möglichkeit, eine einvernehmliche Lösung des Konflikts herbeizuführen und zwar unabhängig von der Rechtslage. Auch der auf gütliche Streitbeilegung bedachte Richter kann den Parteien eine Konfliktlösung vorschlagen, die sich am Parteiinteresse orientiert, bzw. den Parteien ein Forum bieten, eine solche Lösung selbst zu finden[624]. Anders als in anderen Rechtsordnungen[625] entspricht es sowohl der Gesetzeslage als auch dem Verständnis der meisten deutschen Richter, begründete Vergleichsvorschläge zu unterbreiten oder den Parteien ein Forum zu bieten, eigene Lösungen zu entwickeln. Je nach der Art der Streitigkeit kann der Richter dabei rechtliche Argumente mehr oder weniger stark einfließen lassen. Diese können im Gütetermin selbstverständlich auch vollständig hinter die am Parteiinteresse orientier-

---

[621] Feix, Streitbeilegung, S. 121.
[622] Hager, Konsens, S. 91.
[623] Vgl. Kapitel IV B) I. 1. b).
[624] Zu mediativen Strategien im gerichtlichen Verfahren vgl. Trossen, ZKM 2003, S. 41 f.
[625] Vgl. für Frankreich und Griechenland: Schütze, ZVglRWiss 97 (1998), S. 117, 120; für Länder des anglo-amerikanischen Rechtskreises: Nicklisch, Streitbeilegung, S. 381, 387; vgl. zum traditionellen amerikanischen Rechtsverständnis, nach dem der Richter das Geschehen gleichsam „vom Olymp aus überwache“: Hager, Konsens, S. 95.

ten Lösungsansätze zurücktreten[626]. Die Grenze möglicher Konfliktlösungsansätze bildet dabei tatsächlich das Recht, allerdings nicht im Hinblick auf die den Streit entscheidende Anspruchsgrundlage sondern allein als äußerster Rahmen dessen, was durch die Parteien bis zur Grenze der Nichtigkeits-, Anfechtbarkeits- und Vertragsaufhebungsgründe in einem Vergleich *vereinbart* werden darf. Dieser Rahmen gilt allerdings für außergerichtliche Schlichtungsverfahren in gleicher Weise[627].

Gleiche Bedingungen gelten für das gerichtliche und das außergerichtliche Verfahren im Übrigen auch bei der Frage des Einflusses von Zeitdruck auf die Erfolgschancen der Streitvermittlung. Zeitdruck reduziert sowohl im gerichtlichen Gütetermin als auch in außergerichtlichen Verhandlungen die Einigungschancen[628]. Da die im obligatorischen außergerichtlichen Schlichtungsverfahren tätigen Schlichter in der Regel auf der Grundlage von Pauschalgebühren abrechnen, dürfte auch ihnen nicht unbegrenzt viel Zeit zur Verfügung stehen. Insofern können die zu der im Regelfall nach Stundensätzen abgerechneten Mediation gemachten Erfahrungen auf die obligatorische Schlichtung nicht übertragen werden.

Die Neufassung des § 278 Abs. 2 ZPO hat insgesamt die Unterschiede zwischen dem gerichtlichen Güteverfahren und dem außergerichtlichen Schlichtungsverfahren im Hinblick auf die Konsensorientierung beider Verfahren reduziert. Dadurch sind die Chancen des obligatorischen außergerichtlichen Schlichtungsverfahrens, eine wirksame Streitbeilegungsalternative zu werden, erheblich herabgesetzt worden.

---

[626] Insofern ist die Gegenüberstellung von Güteverhandlung und Mediation mit sich jeweils ausschließendem Fokus, unterschiedlichen Lösungsansätzen und unterschiedlicher Lösungsqualität bei Ponschab/Kleinhenz, DRiZ 2002, S. 430, 432, unzutreffend.

[627] Vgl. Henssler/Koch/Duve, Mediation, Rn. 26; Hager, Konsens, S. 122; zur Rolle des Rechts im Mediationsverfahren vgl. auch Köper, Mediationsverfahren, S. 76 ff. und Risse, BB 1999, Beilage 9, S. 1 ff.; zum Bedürfnis eines „Rechts der Mediation" vgl. Duve, AnwBl 2004, S. 1 ff. und Hacke, ADR-Vertrag, S. 18 ff.

[628] Vgl. zum Einfluss des Faktors Zeit auf den Erfolg der Mediation: Curtius/Schwarz, FPR 2004, S. 191, 193.

X. Verjährung

Der Gläubiger muss dafür Sorge tragen, dass sein Anspruch durchsetzbar bleibt und nicht verjährt. Wegen der mit der Durchführung eines außergerichtlichen Schlichtungsverfahrens verbundenen zeitlichen Verzögerung sieht das materielle Verjährungsrecht zwei Hemmungstatbestände vor, die im Falle der Durchführung eines Schlichtungsversuchs den Eintritt der Verjährung verhindern können[629].

Die Vorschrift des § 203 BGB regelt die Hemmung der Verjährung für den Fall schwebender Verhandlungen über den Anspruch oder die den Anspruch begründenden Umstände. Zudem enthält § 204 Abs. 1 Nr. 4 BGB einen Hemmungstatbestand aufgrund der Veranlassung der Bekanntgabe des Güteantrags.

Fraglich ist, ob hierdurch ein hinreichender Schutz der Interessen des Gläubigers erreicht wird und ob anderenfalls in einer etwa bestehenden Schutzlücke ein Grund für die mangelnde Effizienz oder Akzeptanz des obligatorischen außergerichtlichen Schlichtungsverfahrens zu sehen ist.

1. Auffassung der Literatur

In der Literatur wird darauf hingewiesen, dass der Schutz des Gläubigers im Hinblick auf die drohende Anspruchsverjährung im Schlichtungsverfahren nicht lückenlos sei[630]. Bei der Anrufung einer sonstigen, also nicht durch die Landesjustizverwaltung eingerichteten oder anerkannten oder einer unzuständigen Gütestelle bestehe für den Zeitraum zwischen Antragstellung und dem Zeitpunkt, zu dem feststehe, dass es zu einem Güteverfahren nicht komme, eine Schutzlücke. Das verbleibende Risiko sei allerdings überaus gering und der Gläubiger habe es selbst in der Hand, sich über die Zuständigkeit und den rechtlichen Status der jeweiligen Gütestelle zu informieren und das Güteverfahren so frühzeitig einzuleiten, dass nach einer etwaigen Abweisung des Verfahrens oder Weigerung des Antrags-

---

[629] Zum Problem drohender Verjährung im Schlichtungsverfahren vgl. Fricke, VersR 2000, S. 1194 ff.

[630] Feix, Streitbeilegung, S. 98 f.

gegners genügend Zeit verbleibe, verjährungshindernde Maßnahmen zu ergreifen[631].

2. Stellungnahme

Das Verjährungsrisiko ist im Vergleich zu den Alternativen des obligatorischen außergerichtlichen Schlichtungsverfahrens nicht erhöht. Hierin ist folglich kein Grund für sein Scheitern und seine mangelnde Akzeptanz zu sehen.

Dass nur die Anrufung der zuständigen Gütestelle die Verjährung hemmt, entspricht der Rechtslage bei Klageerhebung und Zustellung des Mahnbescheides. Auch hier tritt die Verjährungshemmung grundsätzlich erst mit der Zustellung des jeweiligen Rechtsschutzgesuchs ein[632]. Zwar kommt im gerichtlichen Verfahren eine Rückwirkung auf den Zeitpunkt des Eingangs der Klage bzw. des Mahnantrages in Betracht (vgl. § 167 ZPO) und zwar auch dann, wenn das Rechtsschutzgesuch zunächst bei einem unzuständigen Gericht eingeht[633]. Da es aber die Obliegenheit des Gläubigers ist, sich über die zuständige Gütestelle zu informieren, erscheint die Risikoverlagerung auf ihn und die Ungleichbehandlung der Anrufung der unzuständigen Gütestelle im Vergleich zum unzuständigen Gericht nicht unangemessen. Letztlich bleibt für Extremfälle der Ausweg des § 242 BGB. Danach kann es in Einzelfällen treuwidrig sein, dass der Schuldner die Einrede der Verjährung erhebt. Zu denken ist beispielsweise an die Fälle, in denen der Schuldner durch falsche Angaben zu seinen Personalien den Gläubiger getäuscht und damit die Anrufung der unzuständigen Gütestelle verursacht hat.

Zudem darf nicht verkannt werden, dass das GüSchlG NRW die obligatorische außergerichtliche Streitschlichtung originär den anerkannten Gütestellen zuweist. Die sonstigen Gütestellen sind diesen gerade nicht gleichgesetzt. Vielmehr soll lediglich bei freiwilliger *einvernehmlicher* vorheriger

---

[631] Feix, Streitbeilegung, S. 99.
[632] § 204 Abs. 1 Nr. 1 und 3 BGB.
[633] Vgl. MüKo/ZPO/Wenzel, Akt., § 167 Rn. 7.

Inanspruchnahme einer sonstigen Gütestelle ein weiteres Schlichtungserfordernis entfallen[634]. Dann dürfte aber § 203 BGB eingreifen.

Den Stimmen, die zur Erweiterung des Gläubigerschutzes eine Ausdehnung des Anwendungsbereichs des § 204 Abs. 1 Nr. 4 BGB auch auf die sonstigen Gütestellen fordern, ist entgegen zu halten, dass es für die Verfahren vor den sonstigen Gütestellen an jeglichen formalen Anforderungen mangelt, so dass weder eine Dokumentation der Tätigkeit der Gütestelle zwingend erfolgt noch eine Bekanntgabe eingehender Anträge an den Antragsgegner gewährleistet ist[635].

Auf die Frage der Akzeptanz und der Effizienz des obligatorischen außergerichtlichen Schlichtungsverfahrens dürfte die Problematik der Verjährung jedenfalls ohne relevanten Einfluss sein.

XI. Ergebnis zu B)

Es bestehen zahlreiche Gründe dafür, warum das außergerichtliche obligatorische Schlichtungsverfahren die gewünschten Ziele nicht erreicht. Diese sind teilweise abänderbar (beispielweise die Einrichtung bzw. Anerkennung weiterer qualifizierter Schlichtungsstellen), teilweise systemimmanent (beispielsweise die Verfahrensverzögerung im Falle der Erfolglosigkeit des Schlichtungsversuchs) und zum Teil erscheint ihre Änderung überhaupt nicht erstrebenswert (wie dies für die Qualität der Rechtsprechung als Ursache der geringen Inanspruchnahme außergerichtlicher Konfliktlösungsangebote sicher gilt).

---

[634] Vgl. § 12 Abs. 2 GüSchlG NRW.

[635] So auch Feix, Streitbeilegung, S. 99; vgl. zu den verfahrensrechtlichen Anforderungen an die anerkannten Gütestellen § 4 ff. GüSchlG NRW.

Kapitel V - Perspektive des obligatorischen außergerichtlichen Schlichtungsverfahrens (Schlussbemerkung)

Der Landesgesetzgeber hat das GüSchlG NRW mit den vorrangigen Zielen geschaffen, die konsensuale Streitbeilegung im Interesse der Parteien zu fördern und die Zivilgerichte zu entlasten. Diese Ziele wurden bislang nicht erreicht. Es mangelt sowohl an der Effizienz als auch an der erforderlichen Akzeptanz des obligatorischen außergerichtlichen Schlichtungsverfahrens. Die Gründe hierfür liegen zum einen an der konkreten Ausgestaltung der Schlichtungsobligation. Zum anderen sind die geringen Auswirkungen auf Umstände zurückzuführen, die außerhalb der Neuregelung liegen. Insbesondere die hohe Qualität der Rechtsprechung in Deutschland lässt für alternative Konfliktlösungsansätze wenig Spielraum[636].

Es lässt sich auch das Ziel der Justizentlastung mit guten Gründen in Frage stellen. Rechnet man beispielsweise für das Jahr 1996[637] die Haushalte des Bundes und der Länder zusammen, betrug der Anteil der Justizhaushalte an den Gesamthaushalten 1,76 %. Gleichzeitig betrug der Deckungsgrad durch Gebühren und Geldstrafen etwa 50 %. In absoluten Zahlen „kostete" der Rechtsstaat den Staat rund 8,5 Mrd. DM[638]. Es stellt sich damit die Frage, ob eine Entlastung der Justiz tatsächlich so erforderlich ist, wie dies die Rechtspolitiker glauben machen wollen[639].

Mit dem außergerichtlichen obligatorischen Schlichtungsverfahren erscheint das Konsensprinzip überbetont. Wenn auch die einvernehmliche Streitbeilegung gegenüber der hoheitlichen Entscheidung durch Richterspruch als kultivierter gilt, so stellt doch gerade der einfache und freie Zu-

---

636 A.A. Stickelbrock, JZ 2002, S. 633, 641.

637 In diesem Jahr ergriff der Bundesrat die erste Gesetzesinitiative zur Institutionalisierung des obligatorischen außergerichtlichen Schlichtungsverfahrens (vgl. BR-Drucks. 605/96 S. 52 ff.).

638 Vgl. die Nachweise bei Strempel, ZRP 1998, S. 319 und Vultejus, ZRP 1997, S. 433 ff.; zur Kostendeckungsquote vgl. auch Peters, AnwBl 1997, S. 531.

639 Vgl. dazu auch Jansen, Streitschlichtung, S. 50 f., die mit Recht darauf hinweist, dass die Richterzahlen pro Einwohner in Deutschland nicht unreflektiert als Indikator einer nicht hinreichend schlanken Justiz gewertet werden können, und dass sowohl das System als auch die Qualität des deutschen Rechtsstaats verantwortlich dafür sind, dass die Gerichte in der feststellbaren Art und Weise belastet sind.

gang zu den Gerichten, auch und insbesondere in Bagatellsachen[640] ein besonderes Privileg des funktionierenden Rechtsstaats dar. Dass alternative Konfliktlösungsmethoden geschaffen und angeboten werden, ist vor dem Hintergrund der großen Bandbreite möglicher Konflikte begrüßenswert, rechtfertigt aber nicht eine obligatorische Verlagerung weg vom verfassungsrechtlich verbrieften freien Zugang zu den Gerichten hin zum außergerichtlichen Schlichter[641]. Sowohl die fakultativen Konfliktlösungsverfahren als auch die gerichtsnahen bzw. -integrierten Güteverfahren bieten hinreichendes Potenzial, solche Streitigkeiten, die einer einvernehmlichen Einigung zugänglich sind, konsensual zu lösen.

Das obligatorische außergerichtliche Schlichtungsverfahren führt auch für das sich im Falle der Erfolglosigkeit anschließende gerichtliche Verfahren zu einem entscheidenden Nachteil, der mit der Überbetonung des Konsensprinzips treffend überschrieben ist. Die Parteien, die aus dem obligatorischen außergerichtlichen Schlichtungsverfahren in das gerichtliche Streitverfahren gelangen, sehen sich mit der ersten Terminsladung erneut einem Gütetermin „ausgesetzt", nunmehr zwar nicht dem gem. § 278 Abs. 2 ZPO obligatorischen Gütetermin sondern dem aus der allgemeinen Verpflichtung des Gerichts, in jeder Lage des Verfahrens auf eine gütliche Beilegung des Rechtsstreits oder einzelner Streitpunkte bedacht zu sein (§ 278 Abs. 1 ZPO). Geht man davon aus, dass bereits vor Durchführung des obligatorischen außergerichtlichen Schlichtungsverfahrens Verhandlungen unter Einschaltung der jeweiligen Rechtsanwälte erfolglos stattgefunden haben, so handelt es sich um den dritten Versuch, eine einvernehmliche Lösung zu erzielen. Dass die Neigung der Parteien, sich auf eine möglicherweise zum dritten Mal gehörte Vergleichslösung einzulassen, weniger wahrscheinlich erscheint, als wenn das Gericht erstmals, möglicherweise unter Einbringung der größeren Sach- und Rechtskunde und mit den „Druckmitteln" der Prozessdauer und der Prozesskosten, in der obligatorischen Güteverhandlung gem. § 278 Abs. 2 ZPO eine vergleichsweise Einigung anstrebt, liegt auf der Hand. Dass das als üblicherweise objektiv, sach- und rechtskundig

640 Vgl. dazu Gerhardt, JR 1998, S. 133, 136; Grunsky, Rechtsgewährung, S. 121, 126 ff.

641 So bereits für fakultative außergerichtliche Schlichtungsverfahren Prütting, JZ 1985, S. 261, 270.

erachtete Gericht nach wie vor in den meisten zivilrechtlichen Streitigkeiten die besten Möglichkeiten der Bewirkung einer einvernehmlichen Lösung besitzt, dürfte jedenfalls dann, wenn man ihm die notwendige Zeit zur Verfügung stellt, außer Frage stehen. Für die letztgenannte Voraussetzung trägt die Rechtspolitik aber mindestens in gleicher Weise Verantwortung wie für die Implementierung alternativer Verfahren zur Konfliktlösung.

Mit der Einführung der obligatorischen Güteverhandlung im zivilgerichtlichen Verfahren ist eine weitere Möglichkeit und auch Verpflichtung des Gerichts eingeführt worden, auf eine konsensuale Streitbeilegung hinzuwirken und zwar sowohl gerichtlich (§ 278 Abs. 2 und Abs. 5 S. 1 ZPO) als auch außergerichtlich (§ 278 Abs. 5 S. 2 ZPO). Es gibt zudem Bestrebungen, die Mediation im gerichtlichen Verfahren zu etablieren, sog. gerichtsnahe Mediation[642]. Es besteht damit zum einen die bereits beschriebene Gefahr der Überbetonung der konsensualen Streitbeilegung. Zum anderen findet der Richter, der den ggf. dritten Versuch der gütlichen Einigung unternimmt, derart verhärtete Fronten und einer Einigung verschlossene Parteien vor, dass er seinem gesetzlichen Auftrag aus § 278 Abs. 1 ZPO nicht mehr erfolgreich nachkommen kann und bei einem dennoch durchgeführten weiteren Einigungsversuch die „Würde des Richterspruchs" verloren zu gehen droht[643].

In diesem Zusammenhang ist auf eine weitere Gefahr hinzuweisen, die einer Justizentlastung gerade entgegensteht. Wenn mit der regelmäßigen Anhebung der Pensen die Zeit, die dem Richter zur Bearbeitung jedes einzelnen Rechtsstreits zur Verfügung steht, reduziert und gleichzeitig mit der Einführung vorheriger Schlichtungsverfahren oder „quasi-obligatorischer"[644] Mahnverfahren die „leichten" Verfahren aussortiert und die schwierigen Fälle in ihrer Verhärtung perpetuiert oder sogar verstärkt werden, wird die Zahl der im gerichtlichen Verfahren vergleichsweise zu lösenden Fälle automatisch reduziert[645]. Der Richter, der gleichwohl der

---

[642] Vgl. dazu Entringer, FPR 2004, S. 196 ff.; von Olenhusen, ZKM 2004, S. 104 ff.
[643] Vgl. dazu Ponschab/Kleinhenz, DRiZ 2002, S. 430, 435.
[644] Vgl. zur Tendenz der Umgehung Kapitel IV B) V.
[645] A.A. Röhl, Gutachten, S. 125, der allerdings bei der Bewertung des Anstiegs der gerichtlichen Vergleichsquoten im Zeitraum 2000 bis 2002 die Auswirkungen der Ein-

Verpflichtung aus § 278 Abs. 1 ZPO folgt und in den nach Aktenlage geeignet erscheinenden Fällen sowohl eine vergleichsweise als auch eine streitige Lösung vorbereitet[646], wird mit der Zahl sinkender Vergleichszahlen zunehmend zum reinen „Entscheider". Dass dies weder dem Rechtsfrieden dient noch zu einer Entlastung der Justiz führt, versteht sich von selbst.

Die Möglichkeit der Kostenreduzierung haben die Parteien gerade in den amtsgerichtlichen Bagatellsachen selbst in der Hand[647].
Das Argument der kürzeren Verfahrensdauer war schon zur Zeit der Verabschiedung des Gesetzes unrichtig, geht man davon aus, dass das Güteverfahren bis zu drei Monate dauern kann, 50 % der amtsgerichtlichen Zivilverfahren aber bereits im Jahr 1998 innerhalb eben dieser drei Monate erledigt wurden und die durchschnittliche Erledigungsdauer in amtsgerichtlichen Verfahren bundesweit gerade einmal bei 4,6 Monaten lag[648].

Für die Parteien des Zivilprozesses bedeutet das obligatorische außergerichtliche Schlichtungsverfahren eine - zumindest im Falle seines Scheiterns - Kostenintensivierung, faktische Reduzierung schnellen und damit effektiven Rechtsschutzes[649], aufgrund der unterschiedlichen Landesausführungsgesetze den Verlust an Rechtssicherheit und Einheitlichkeit[650] und

führung der obligatorischen Güteverhandlung im Jahr 2001 (§ 278 Abs. 2 ZPO n.F.) nicht berücksichtigt.

646 Zum Erfordernis der intensiven Vorbereitung richterlicher Vergleichsgespräche vgl. Stadler, NJW 1998, S. 2479, 2480; MüKo/ZPO/Prütting, Akt., § 278 Rn. 33.

647 Ein Verfahren mit einem Streitwert in Höhe von 600,- EUR kostet dann, wenn die Parteien nicht anwaltlich vertreten sind und einen Vergleich abschließen 35,- EUR (Nr. 1211 des Kostenverzeichnisses, Anlage zum Gerichtskostengesetz). Findet eine Beweisaufnahme statt und sind die Parteien anwaltlich vertreten, so entstanden nach altem Recht (BRAGO) allein 313,20 EUR brutto an Anwalts- sowie 105,- EUR an Gerichtsgebühren. Hinzu kamen die Auslagen der Rechtsanwälte und ggf. des Gerichts sowie evtl. Zeugen- und Sachverständigengebühren, so dass die Kosten den Streitwert deutlich überschreiten konnten. Das Verhältnis hat sich auch unter der Geltung des RVG nicht wesentlich verändert. Die Schlichtung in Nordrhein-Westfalen verursacht demgegenüber Kosten in Höhe von 10,- EUR, im Erfolgsfalle zusätzlich 15,- EUR.

648 Vgl. Statistisches Bundesamt, Rechtspflege, Fachserie 10, Reihe 2, 1998, S. 104.

649 Zur zeitlichen Komponente des Justizgewährungsanspruch vgl. Otto, Verfahren, S. 17 ff.

650 Stickelbrock, JZ 2002, S. 633, 638.

- in der Gesamtschau mit der obligatorischen gerichtlichen Güteverhandlung - eine Überbetonung des Konsensprinzips.

Die überwiegend kritischen Erwartungen des Schrifttums[651] haben sich in vollem Umfang bestätigt. Die Landesgesetzgeber sollten daher - wollen sie das Prinzip der konsensualen Streitbeilegung nicht überstrapazieren und damit im Ergebnis gefährden[652] - das außergerichtliche obligatorische Schlichtungsverfahren wieder abschaffen oder - die Landesgesetze sehen ohnehin überwiegend ein Außer-Kraft-Treten zum 31. Dezember 2005 vor - auslaufen lassen. Eine Verlängerung über das Jahr 2005 hinaus ist keinesfalls zu empfehlen.
Sollte dennoch an der Schlichtungsobligation festgehalten werden, so sind zumindest folgende Modifikationen notwendig, um eine Effizienz- und Akzeptanzsteigerung zu bewirken und damit die ursprünglich gesetzten Ziele zumindest teilweise zu erreichen:

- Obligatorisches außergerichtliches Schlichtungsverfahren nur auf Anordnung des angerufenen Gerichts, sog. Verweisungsmodell
Bereits vor der Einführung des § 15 a EGZPO und der auf der bundesrechtlichen Öffnungsklausel gründenden Landesgütestellen- und Schlichtungsgesetze wurde ein Alternativvorschlag in der Form des inzwischen als Verweisungsmodell bezeichneten gerichtsverbundenen Lösungsmodells gemacht[653]. Dieses Modell erscheint tatsächlich geeignet, einige der nachgewiesenen Schwächen des obligatorischen außergerichtlichen Schlichtungsverfahrens zu beseitigen. Insbesondere die Möglichkeit der gezielten Auswahl schlichtungsgeeigneter Verfahren, des geeigneten Zeitpunktes, der Auswahl der richtigen Schlichtungsmodalität und die mögliche Aus-

651 Vgl. Einleitung B).
652 So wohl auch Katzemeier, ZZP 115, S. 51, 86 ff. und Wagner, DJT 62, S. O 79, O 80.
653 Greger, ZRP 1998, S. 183 ff., der das Verfahren in Anlehnung an die strafprozessualen alternativen Sanktionsformen als „richterliche Diversion" bezeichnet; vgl. zu der auf freiwilliger Basis durchgeführten gerichtsnahen Mediation: Entringer, FPR 2004, S. 196 ff.; Monßen, ZKM 2003, S. 116 ff.; Greger, ZKM 2003, S. 240 ff.; von Olenhusen, ZKM 2004, S. 104 ff.

dehnung des Anwendungsbereichs der Schlichtungsobligation sprechen für die Umsetzung des Verweisungsmodells[654].

Die Schlichtungsobligation sollte damit ihren präforensischen Charakter verlieren. Die Parteien sollten ihre Klage unmittelbar an das Streitgericht richten können. Nachdem das Gericht die sachliche Eignung des Verfahrens und die persönliche Eignung der Parteien für die Schlichtung beurteilt hat[655], könnte es die Parteien im anhängigen Rechtsstreit bindend an eine außergerichtliche Streitschlichtungsstelle verweisen[656]. Der bindenden Verweisung bedarf es deshalb, weil sich gezeigt hat, dass von dem fakultativen Vorschlag des Gerichts mit Zustimmung der Parteien gem. § 278 Abs. 5 S. 2 und 3 ZPO kaum Gebrauch gemacht wird. Sofern zunächst über die Verweisung zur außergerichtlichen Schlichtungsstelle gerichtlich verhandelt wird und dem Gericht die Entscheidungskompetenz für die Durchführung eines Streitschlichtungsversuchs zukommt, bestünde zudem schon insofern ein gewisser Einigungsdruck[657], der dann zu einem gerichtlichen Vergleichsabschluss ohne vorherige Einschaltung der außergerichtlichen Schlichtungsstelle führen könnte[658].

---

654 Vgl. Greger, ZRP 1998, 183, 184 f.; zur in England bereits bestehenden Möglichkeit der gerichtlich veranlassten Mediation vgl. Wagner, ZKM 2004, S. 100 ff.

655 Vgl. zum Erfordernis persönlicher und sachlicher Falleignung Monßen, AnwBl 2004, S. 7 ff.; in den Prüfungsumfang könnten nach der Anhörung der Parteien auch subjektive Umstände einbezogen werden, zum Beispiel eine bislang mangelnde Kommunikation der Parteien, eine etwaige Skepsis der Parteien gegenüber einer außergerichtlichen Schlichtung oder das von einer Partei mit der Bereitschaft zur gütlichen Einigung verbundene Gefühl von Schwäche (vgl. zu den Hindernissen der freiwilligen Durchführung eines außergerichtlichen Streitbeilegungsversuchs: Feix, Streitbeilegung, S. 208 ff.; Breidenbach/Henssler/Eidenmüller, Mediation für Juristen, S. 54).

656 Kritisch zur richterlichen Verweisungskompetenz: Hager, Konsens, S. 60 und 100, der stattdessen vorschlägt, einen Zwang zu implementieren, den Parteien aber gleichzeitig das Recht zuzugestehen, unter Angabe „guter Gründe" aus der außergerichtlichen Schlichtung auszusteigen.

657 Zum „Einigungsdruck" vgl. von Schlieffen, Mediation, S. 3, 7; kritisch zum „Vergleichsdruck" und den Manipulationsmöglichkeiten des Gerichts: Feix, Streitbeilegung, S. 227; Gottwald, AnwBl 2000, S. 265, 269; Stürner, JR 1979, S. 133, 136, der den Richter als „Zwangsberater" bezeichnet; zur konfliktbewältigungsfördernden Wirkung „sanfter Gewalt" oder der Autorität des Gerichts im Rahmen „verordneter" Mediation vgl. demgegenüber Curtius/Schwarz, FPR 2004, S. 191, 193.

658 Feix, Streitbeilegung, S. 238, beurteilt die Erfolgschancen des Verweisungsmodells im Hinblick auf die ungeklärte Frage der Kosten des gerichtsintegrierten Verfahrens kritisch. Insofern dürfte richtig sein, dass die Erfolgschancen eines jeden Alternativmo-

Die Regelung könnte wie folgt lauten:

Das Gericht kann in jeder Lage des Verfahrens anordnen, dass die Parteien versuchen, den Rechtsstreit durch ein außergerichtliches Schlichtungsverfahren beizulegen, wenn der Rechtsstreit schlichtungsgeeignet erscheint.

Bei der Auswahl der Schlichtungsalternative (Schiedsverfahren, Mediation usw.) sollte dem Gericht ein Auswahlermessen eingeräumt werden, es sei denn, zwischen den Parteien besteht Einvernehmen über die Schlichtungsalternative.

Das Gericht legt die Art der außergerichtlichen Schlichtung fest, wenn die Parteien sich nicht auf eine Schlichtungsalternative einigen.

Es stellt sich dann lediglich noch die Frage nach etwaigen Sanktionen gegenüber der Partei, die in dem angeordneten Schlichtungsverfahren unkooperatives, sabotierendes oder dilatorisches Verhalten zeigt. Insofern dürfte eine Regelung, die dem Gericht die Möglichkeit einräumt, in diesen Fällen die Kosten des Rechtsstreits abweichend von einem etwaigen Obsiegen oder Unterliegen zumindest teilweise der „störenden" Partei aufzuerlegen, ein probates Mittel im Rahmen des rechtsstaatlich Zulässigen sein[659].

- Öffnungsklausel für Fälle erkennbarer Aussichtslosigkeit des Schlichtungserfordernisses

Sofern am präforensischen Schlichtungsverfahren festgehalten wird, sollte dem Gericht zumindest ein Entscheidungsspielraum zugebilligt werden, etwa folgenden Inhalts:

---

dells zum streitigen Zivilprozess auch davon abhängen, dass die entstehenden Kosten weder zu dem erreichbaren Nutzen noch zu den durch ein streitiges Gerichtsverfahren entstehenden Kosten außer Verhältnis stehen.

[659] Vgl. zur gerichtlich veranlassten Mediation: Wagner, ZKM 2004, S. 100, 103.

Die Klage ist erst zulässig, nachdem von einer durch die Landesjustizverwaltung eingerichteten oder anerkannten Gütestelle versucht worden ist, die Streitigkeit einvernehmlich beizulegen, in Streitigkeiten [...], es sei denn, das Schlichtungsverfahren erscheint erkennbar aussichtslos.[660]

Die Regelung hätte den Vorteil, dass trotz der pauschalen Unterwerfung bestimmter Verfahren unter das Schlichtungserfordernis solche Konflikte hiervon ausgenommen werden könnten, die aufgrund ihrer Besonderheiten von vorneherein schlichtungsungeeignet erscheinen. Nur wenn das Gericht die erkennbare Aussichtslosigkeit verneint und damit die Schlichtungseignung bejaht, könnte es die Parteien auf das außergerichtliche Schlichtungsverfahren verweisen.

- Prognosekompetenz des Schlichters

In das GüSchlG NRW sollte zudem eine Regelung nach dem Vorbild des Art. 4 Abs. 2 BaySchlG, nach der auch der Schlichter im Falle erkennbarer Aussichtslosigkeit die Erfolglosigkeitsbescheinigung sofort ausstellen darf, eingefügt werden[661]. So, wie der Richter im Rahmen des § 278 Abs. 2 S. 1 ZPO eine Prognose über die Erfolgsaussichten einer Güteverhandlung treffen darf, könnte auch dem Schlichter eine entsprechende Prognosekompetenz hinsichtlich der Erfolgsaussichten des Schlichtungsverfahrens zugebilligt werden. Die Regelung hat den Vorteil, dass die Dauer des Schlichtungsverfahrens in den von vorneherein aussichtslos erscheinenden Fällen auf deutlich weniger als drei Monate reduziert werden kann.

Dem Antragsgegner sollte zudem mit der Ladung zum Schlichtungstermin eine Frist zur Mitteilung gesetzt werden, ob er eine Teilnahme beabsichtigt.

---

[660] Die Formulierung orientiert sich an § 278 Abs. 2 ZPO und unterscheidet sich dadurch von der in Bayern bestehenden Regelung, dass die Prognosekompetenz dem Gericht und nicht dem Schlichter zukommt (vgl. Art. 4 Abs. 2 BaySchlG).

[661] Schuster, Rechtsbefriedung, S. 191; so ähnlich bereits Jansen, Streitschlichtung, S. 269; für eine Ausnahme von Fällen offensichtlicher Erfolglosigkeit vom Erfordernis einer vorgerichtlichen Streitschlichtung auch: Stickelbrock, JZ 2002, S. 633, 636; Dassler, AnwBl 2001, S. 336, 337.

Bleibt die Mitteilung aus, könnte der Schlichter die Erfolglosigkeitsbescheinigung unmittelbar nach Fristablauf erteilen und den Schlichtungstermin aufheben.

Kolibri 360 GmbH
Ferdinand-Jühlke-Straße 7
99095 Erfurt, Deutschland
produktsicherheit@kolibri360.de

Druck:
CPI Druckdienstleistungen GmbH
im Auftrag der
Kolibri 360 GmbH
Ferdinand-Jühlke-Str. 7
99095 Erfurt